岩　波　現　代　文　庫

秘密解除 ロッキード事件

田中角栄はなぜアメリカに嫌われたのか

奥山俊宏
Toshihiro Okuyama

社会 347

岩波書店

まえがき

総理大臣・田中角栄《たなかかくえい》が、米国の諜報機関ＣＩＡ（中央情報局）と密接なつながりのある軍需メーカーから五億円の賄賂を受け取ったとされるロッキード事件は一九七六年に発覚した。その年の夏、七月二七日、田中は東京地検に逮捕され、総理大臣の汚職が日本国民の前で暴かれた。裏金を受け取った政治家は田中だけではなかったが、多くは伏せられ、秘密とされた。日米関係の不明朗な一端を垣間見させたという点でも、ロッキード事件は戦後最大の疑獄と言って差し支えないだろう。

この本は、米国の国立公文書館や各大統領図書館などで発掘した新たな文書をもとに新たな視点からこの事件を見直していく。ある意味、徹底的に米国側の視点に立って、田中角栄ら日本の政治家やロッキード事件を見ていく。大統領補佐官や国務長官を務めたヘンリー・キッシンジャーらの、田中角栄ら日本人に対する、あまりにもの毒舌ぶりに、読んでいて不愉快に感じる読者もいるかもしれない。それがキッシンジャーらの本音だったということなのであり、私がそのような見方に立っているわけではない。キッシンジャーら米政府中枢の見方を赤裸々につづることこそが、ロッキード事件を客観的に分析する前提となるのであり、日米関係の現在・過去・未来を見通す際の前提となるのだと考えて、そうしている。私に他意がないことを最初にお断りしておきたい。

ロッキード事件とは

ロッキード事件と日本の関わりは一九七六年二月四日、米議会上院の多国籍企業小委員会、いわゆるチャーチ小委員会で明るみに出た。

米国カリフォルニア州に本社があった航空機メーカーのロッキード航空機社が、日本に航空機を売り込むため、右翼の大物、児玉誉士夫《こだまよしお》や日本政府高官に裏金を渡したとの疑惑が資料とともに暴露された。日本では翌五日に「対日工作費は三〇億円」「児玉氏に二一億円」などと大々的に報道された。

世論の憤激に後押しされて、国会は関係者の証人喚問で真相の解明を目指したが、挫折。報道機関も精力的に取材したが、ロッキード社のカネを受け取った政府高官の名前を明らかにすることはできなかった。腐敗政治への国民の怒りが頂点に達するなか、東京地検特捜部が捜査に乗り出した。

特捜部は、まず児玉の脱税容疑について捜査し、三月一三日に起訴した。しばらく内偵捜査を進めた後、同年六月二二日に商社の丸紅の元専務を国会での偽証の疑いで、全日本空輸の専務を外国為替管理法違反の疑いで逮捕した。七月八日には全日空社長の若《わか》狭得治《さとくじ》、同月一三日には丸紅の会長・檜山広《ひやまひろ》をそれぞれ外為法違反の疑いで逮捕。そして七月二七日、前首相の田中角栄を外為法違反の疑いで逮捕した。

発表された逮捕事実によれば、田中は、日本国内に住所を有する「居住者」であるのに、法定の手続きを経ることなく、七三年八月九日ごろから七四年二月八日ごろまでの間、前後四回にわたり、東京都内において、丸紅会長の檜山らから、「非居住者」であるロッキード社のためにする支払いとして、現金合計五億円を受領した、との容疑をかけられた。外為法は、一九四九年(昭和二四年)に制定された法律で、一九八〇年の改正までは「対外取引原則禁止」が建前だった。田中はそれを犯して、外国居住者であるロ社から来た巨額の現金を受領したとの容疑で逮捕され、八月一六日、受託収賄の罪も加えて起訴された。

続けて、東京地検は、二〇日に元運輸政務次官の佐藤孝行、二一日に元運輸相の橋本登美三郎を受託収賄の容疑で逮捕した。

一連の騒動の中では、米政府の諜報機関ＣＩＡがロッキード社の工作の裏で暗躍していたとの疑惑も浮上した。ＣＩＡと児玉誉士夫、自民党など保守政界中枢との関わりも指摘された。しかし、これらについては、特捜部の捜査の対象とはされず、はっきりしないまま、うやむやになった。

起訴された田中は、公判廷で無罪を主張して、徹底的に争い、弁護人と検察官の攻防の激しさは今も語りぐさとなっている。法廷の外でも、田中を擁護する論陣が保守系の月刊誌で張られた。自民党内で田中派の数はますます増えていった。数の力を背景に田中は「闇将軍」として政界に君臨し、「キングメーカー」となって中曽根康弘らを首相に選ぶのに大きな影響力を行使した。

そうしたなか、一九八三年一〇月一二日、東京地裁は田中に懲役四年の実刑判決を言い渡した。八七年七月の控訴審判決でもそれが維持され、訴訟の舞台は最高裁に移った。その間の八五年二月に田中は病に倒れて政治活動不能になり、政界への影響力を喪失。最高裁の判断は田中の上告から六年たっても示されず、田中は九三年一二月、死去した。

その一年二カ月後の九五年二月、最高裁大法廷は、贈賄などの罪で起訴された丸紅元会長・檜山の上告と、外為法違反の罪で起訴された田中の元秘書官・榎本敏夫の上告を棄却する判決を言い渡した。「ロッキード社から現職首相への五億円の賄賂」はここに確定した。

秘密解除文書でパズルを解く

言うまでもないことだが、日本で行われた刑事裁判はロッキード事件の全体を対象としたものではない。日本の刑法や外為法で罪に問える行為だけを取り上げたものであるに過ぎない。米議会で明らかにされた事実関係も決して全体像ではない。米議会の関係者自身が象徴的な代表例を選んだと認め、ＣＩＡの関わりの調査を断念したと認めている。だから、刑事裁判や米議会で取り上げられなかった事実関係も含め、全体を俯瞰しながら、戦後日米関係史の観点も加え、将来への教訓を探っていく意義は大きい。そう考えて取材と執筆を進めてきた。

私は、国際関係や外交を専門とする記者ではない。もともと社会部の事件記者であり、また、最近の一五年の大部分は調査報道担当の記者として、種々のスキャンダルを追いかけてきた。この本のもととなる取材も、そういう事件記者のアプローチを採った。

ロッキード事件が発覚したのは小学三年生のときだったから、当時の私の記憶はいずれもうっすらとした霧の向こうにあるかのようだ。二〇〇九年春に取材を始めた当初、アメリカに滞在していたということもあって、米国務省の秘密解除文書や米国の裁判の記録、米国での報道や研究に集中して目を通すことで、当時起きたことをまず追いかけた。

ワシントンＤＣにある米国立公文書館で、私は最初、どのように文書にたどり着くことができるのかがまったく分からなかった。しかし、だんだんとコツを覚え、メリーランド州カレッジパークの国立公文書館第二本館にある膨大な文書群の中で、目的の記述を探し出すための「土地勘」のようなものを身につけることができた。

ホワイトハウスの文書についても、ニクソン、フォード、カーターの三つの政権について日本関係で閲覧可能なものはほぼしらみつぶしにあたった。ニクソン政権の文書はカレッジパークの国立公文書館第二本館に保管されていた。フォード政権の文書はミシガン州アンアーバーのフォード大統領図書館に、カーター政権の文書はジョージア州アトランタのカーター大統領図書館に保管されている。それらにいずれも複数回、足を運んで、文書の密林に分け入った。秘密が解除されていないものもまだあったが、最近になって秘密を解除されたものも多かった。

存命の証言者も探した。上院多国籍企業小委員会や司法省刑事局に所属していた弁護士に話を聞くことができた。ヘンリー・キッシンジャーをはじめ、当時の米政府幹部にも取材を申し込んだが、多くは断られたり無視されたりした。

これらの取材の過程はパズルのパーツを探し出すのと似た作業だった。パーツを見つけ出してきては、試行錯誤を繰り返しながら、はめ込む先を探り当てようと努めた。その作業は、まるで推理小説を読み進めているようだった。そのようなスリリングな展開を追っていく感触をこの本にはできるだけ反映したつもりだ。

パナマ文書にロ事件暴露の発端となった人物の名前

この本をとりまとめるための最後の作業を進めようとしていた二〇一六年春、私は、国際調査報道ジャーナリスト連合(ＩＣＩＪ)のただ二人の日本人メンバーの一人として、

「パナマ文書」の取材と報道にあたることになった。二〇〇九年に米国ワシントンDCにいたときの縁で、私は二〇一一年からICIJのメンバーだった。

二・六テラバイトの「パナマ文書」の電子ファイルの中に、サウジアラビアの武器商人、アドナン・カショギの名前があった。

カショギは、この本の第三章で触れるとおり、ロッキード事件発覚のきっかけとなった人物だ。米国の航空機メーカー、ノースロップ社が米大統領のリチャード・ニクソンの側への違法献金の罪状で米国内で摘発され(七四年五月)、その関連で、ノースロップ社からカショギへの支払いが追及の対象になり(七五年六月)、そこから芋づる式にロッキード社のサウジでの手数料支払いが明らかとなり(七五年八月)、それがロッキード社の日本での賄賂支払いの暴露(七六年二月)へとつながった。

ICIJによれば、カショギは、七八年に「ISISオーバーシーズ」という名前のパナマ法人の社長となり、以後、八〇年代から今世紀にかけて、少なくとも、そのほかに四つのタックスヘイブン法人に関わった。カショギはCIAとの関係も取り沙汰されてきたが、これらの法人の事業内容は定かではない。

「パナマ文書」の報道は、二〇一六年四月に始まると、アイスランドの首相を辞任に追い込み、世界に衝撃を与え、日本国内でも注目を浴びた。その過程で、私は「パナマ文書」を不用意に漏洩せず、その秘密を守り通す責任と、「パナマ文書」にある雑多な資料のできるだけ多くに公益性の観点から意義と文脈を与え、それを世の中に公表する責任と、その双方を感じていた。私は不思議な因縁を感じざるを得なかった。ロッキード事件にまつわる秘密解除文書に関する七年ごしの取材と分析の結果をこの本に公表する意義と文脈に共通するものを「パナマ文書」の秘密ファイルに私が感じた責任に見出したと思ったからだ。

ロッキード事件は四〇年を経て今も生きている——。

そう感じつつ、私は、この本を世に送り出す。

＊ 登場人物の敬称はすべて略しました。

目　次

写真提供＝朝日新聞社(一部を除く)

第一章

アメリカ政府はなぜ田中角栄を嫌ったのか?

——田中逮捕を「奇跡」と喜んだのはなぜか?

「腐敗のオーラをまとったウソつき」

「生涯、本当の言葉を
口にしたことがない」

田中首相を迎えるニクソン大統領=1973年7月31日，ホワイトハウス写真担当 Robert L. Knudsen 氏撮影，米国立公文書館のデータベース(https://catalog.archives.gov/id/194539)から

「ほのかな腐敗のオーラ」

汚職への懸念は早くから米政府に伝わっていた。

「契約業者とのつながりに由来するほのかな腐敗のオーラ(a faint aura of corruption)」

田中角栄が日本の総理大臣に就任するより一年余り前の一九七一年四月、米国の在日大使館は本国への報告の中で田中の弱点の一つをそんなふうに表現した(1)。

当時、日本の首相は佐藤栄作《さとうえいさく》。すでに在任期間は七年に近づき、戦後日本の首相のだれよりも長くその座にあった。七〇歳を超えているということもあって、沖縄返還が実現すればおそらくそれを花道に翌七二年の夏に引退するだろうと米大使館は予測していた。

大使館がワシントンDCの国務省に航空便で送った『佐藤、合衆国、首相の継承』と題する一九七一年四月二二日付の公信に、後継首相の有力候補として名前を挙げたのは三人。外相の福田赳夫《ふくだたけお》、自民党幹事長の田中角栄、元外相の大平正芳《おおひらまさよし》だった。米大使館の分析によれば、福田と田中は「二本の柱」として共に佐藤政権を支えてきたが、互いに敵意を抱き、大平も福田を好きではなかった。このため、その時点では福田が最有力ではあったが、状況によっては、田中または大平がその代わりになる可能性があった。

その公信によれば、自民党の国会議員がそれぞれの個人的な好みだけで次期総裁を選ぶとすれば、福田は田中に負ける状況だった。しかし、福田には経済界のエスタブリッシュメント（既存体制）による強い支持があった。一方、田中は、いくつかの理由から財界長老らから信用されていなかった。第一の理由は政府の役職の経験不足、第三の理由は低い学歴。「ほのかな腐敗のオーラ」は第二の理由に挙げられていた。

「五一歳の田中としては、その相当額の政治資金と自民党幹事長としての一流の実績にもかかわらず、ここでは次の機会を待ったほうが賢明と判断するかもしれない」と米大使館はみていた。

当時、田中は五二歳、福田は六六歳だった。

「福田は信頼、田中は知らない」

米政府で外交を取り仕切っていたのは、大統領のリチャード・ニクソンと、その補佐官、ヘンリー・キッシンジャーの二人だった。

ニクソンはカリフォルニア州出身で、そのとき五九歳。苦学して法曹資格を得て弁護士として働いた後、共和党の下院議員となり、上院議員を経て、一九五三年にアイゼンハワー政権の副大統領となった。六〇年の大統領選挙でジョン・F・ケネディに敗れたが、六九年に初志を貫徹して大統領となった。

キッシンジャーは、日本外務省の経歴資料によれば(2)、一九二三年五月にドイツでユダヤ系の牧師の子として生まれた。三八年にナチスの迫害を逃れて両親とともにアメリカに移住。高校卒業後にアメリカの市民権を得て、第二次世界大戦中は米陸軍で働いた。五〇年にハーバード大学を卒業し、五四年に同大学で博士号を取得。五七年に同大学の国際問題研究所次長となり、六二年に教授となった。五〇年代から歴代の米政権に外交政策を助言し、ニクソンに請われて、六九年、国家安全保障担当の大統領補佐官としてホワイトハウスに入った。

七二年六月九日、キッシンジャーは大統領補佐官としては初めて来日し、翌一〇日夜、東京・永田町の総理大臣公邸で首相・佐藤栄作と夕食をともにした。

当時、新聞各紙は「同席者は米側通訳一人だけ」と報じたが、米側の記録によれば、佐藤の密使としてキッシンジャーの交渉相手を務めた京都産業大学教授・若泉敬《わかいずみけい》とキッシンジャーの腹心である米国家安全保障会議(NSC)スタッフのウィンストン・ロードが同席した(3)。

退任を控えた佐藤が「首相在職の終わりに公邸まで来てもらって申し訳ない」と言うと、キッシンジャーは「総理は引き続き大きな影響力を持つことでしょう」と佐藤を持ち上げた。給仕の女性たちによってキッシンジャーのグラスにワインが次々と注がれた。話題の中心は中国だった。キッシンジャーは前年七月、長年敵対していた中華人民共和国の首都・北京を秘密裏に訪問した。自国政府の外交当局である国務省にも、そして日本政府にも一切知らせることなく、中国との間で関係改善への交渉を進め、突然、大統領のニクソンが北京訪問の予定を発表した。それは、佐藤ら日本にとっては寝耳に水だった。佐藤は駐米大使の牛場信彦《うしばのぶひこ》を通じて米政府に「深い懸念」を伝えなければならなかった。(4)

「アジアの情勢に極めて大きな影響を与えることになる米中関係の将来の進展に深い懸念を感じざるを得ない」

「長年にわたって培ってきた日米の相互信頼関係を維持・強化していくためには、米政府は、日本に深刻な影響を与えるこうした事項については日本政府と事前に緊密な相談をすることを望む」

佐藤はそう米政府に伝えさせた。米中接近は、日本側に「シコリ」を生じさせ、「ニクソン・ショック」として後世に語り継がれることになる。キッシンジャーはそんな電撃外交をお膳立てした張本人だった。

キッシンジャーは佐藤を前に、中国のナンバー2だった林彪《りんぴょう》が失脚し、逃亡中にモンゴルで墜落死したとされる前年九月の事件について「私の訪中がきっかけとなって中国に内紛が起こり、その結果、林彪は放り出された」「林彪は飛行機に乗っておらず、中国国内で逮捕されて生きている」との見方を披露した。

話題が中国からソ連に移り、再び中国首脳に関する話がひとしきり続いた後、キッシンジャーは「総理に一つお聞きしたいことがある」と話題を変えた。

「日本の政治の将来はどうなるのか帰国後に聞かれるので……」

佐藤の首相退任後のことをあけすけに聞くことに躊躇を覚えたのか、キッシンジャーは言い訳する形で質問を口にした。「遠回しに質問する術を体得していないので」と、さらに言い訳を追加した。

佐藤は「一〇月に任期が終わるより前に辞めるつもりです」と早期退任の意向を明かし、「後継の首相になりうるのは外相の福田か通産相の田中です」と答えた。

佐藤の説明によれば、福田は第一高等学校から東京大学へと進んだエリートであり、エスタブリッシュメントを代表しているとみられている。佐藤が福田を外相に任命したのは福田を自分の後継者と考えたからだ。福田と対照的に、田中は教育の期間が短い。また、田中は五四歳で、六七歳の福田より大幅に若かった。一方で、自民党幹事長から通産相に就任した田中は現実に根ざしていて、力強く、党内での人気が高まっていた。

キ補佐官「もし田中が選挙に勝った場合、日本の政策に大きな変化はありますか？」

佐藤首相「田中氏が総理になっても、福田氏でも大平氏でも他の人でも、すべては自民党の枠内で動くことであり、政策変更は考えられません」

キ補佐官「総理は福田氏がベストだと考えておられる？　内緒の話ですが」
佐藤首相「その通り」
キ補佐官「総理の見積もりは？　内緒の話として」
佐藤首相「私が選挙で福田をどれだけ支援するかにかかっていると感じています。彼なら国際的にも受け入れられるんですが」
キ補佐官「彼は勝てると思いますか？」
佐藤首相「現時点では(その可能性は)半々ですね」
キ補佐官「半々ということでしたら、総理はかなりの影響力を行使できますね」
佐藤首相「半々というのは私の支援を含めての話です。国会は来週で会期末になるので、懸案の法案が通過すれば、私は福田支持を表明するつもりです」

話題は再び中国に向かった。

この会談に、日本の外務省は、だれも同席させることができなかった。のちに外務省は「会談の過半はテータ・テート(二人だけの差し向かい)で行われ、記録も作らないことになっているので、会談の具体的内容はなお明らかにし得ない点が多い」との報告を外相の福田の名義でまとめざるを得なかった。(5)

会談が終盤に入ったころ、佐藤がキッシンジャーのグラスにブランディを注ごうとすると、キッシンジャーは「もう十分」と言わんばかりにそれをさえぎった。

すると、佐藤は再び「私の後継者に関する質問」に話題を戻した。「私としては、福田には完全な信頼を置いています。彼ならば、私の精神を引き継いでくれるでしょう」

キッシンジャーは「もちろん我々がどちらかに肩入れすることはできません」と前置きし、次のように佐藤に応えた。

「我々は田中氏を知りません。我々は福田氏を完全に信用しています」

つまり、田中には信頼を置いておらず、一方、福田は信頼している、というのだ。事実上、米政府として、田中ではなく福田を好ましい次の首相と考えていると表明したともいえる口ぶりだ。

三時間五〇分にも及ぶ率直な意見交換はそれから間もなく終わった。午後一一時、キッシンジャーは佐藤に見送られて公邸玄関で車に乗り込んだ。

初めての会談、記者への説明は?

キッシンジャーがこのとき東京に滞在した実質三日間は各界の要人たちとの面談予定の超過密スケジュールで埋め尽くされた。財界人、自民党幹部、元外相、大学教授、新聞社幹部、社会党幹部、その他の野党各党の党首らにはグループで会い、首相の佐藤、外相の福田、通産相の田中の三人だけは差し向かいで会う予定だった。それぞれの相手について、背景説明と話すべきポイントが資料として、腹心のロードによってまとめられ、キッシンジャーに渡されていた。

「ブラフ・アンド・ラフ・ヒューン(Bluff and rough-hewn)」

その資料の中で、田中はそう形容された(6)。

「ブラフ」というのは、形容詞としては「率直」とか「ぶっきらぼう」とかを意味する。動詞としては「はったりをかける」とか「空威張りする」という意味もある。「ラフ・ヒューン」には、「粗削り」「粗野」「無教養」などの意味がある。

国務省の政策企画スタッフ、マイケル・アマコストが四月二一日付で準備し、NSCのロードに送った文書の中では(7)、田中は「自民党総裁の候補者たちの中でおそらく最もプロビンシャルである」と表現された。「プロビンシャル」には「いなかの」「偏狭な」などの意味がある。

その文書は元首相・吉田茂《よしだしげる》の名前を挙げ、「外交政策における吉田の伝統に深く浸ったことがある助言者が田中にはいない」と指摘した。吉田は、安全保障を米国に依存し、親米、軽武装、経済優先の路線を推し進め、それを戦後日本の国策の中心軸に確立した外務省出身の政治家である。

東京の米国大使館にとって、田中はもっとも未知数が大きい候補者だった。田中が首相になった場合、佐藤を相手にするよりは困ったことになるだろうとアマコストは予測した。

「我々の友人たち、外務官僚の影響力は減少するだろう。一方、世論の影響力が大きくなるだろう。世論は、たとえば、安保条約に対して相矛盾する両面的な態度を示してきた」

ロードが準備した別の文書では「田中は典型的な策士だ」と評された。(8)「自民党の本流の政治家の中では田中は唯一、アメリカ人との親密な接触を避けてきた」とも指摘された。

七二年六月一二日午前八時、ホテルオークラで田中とキッシンジャーは会った。

ホワイトハウスの記録によれば、田中はキッシンジャーの前で、元首相・吉田にみずから触れて「私は吉田学校の優等生でした」と自己紹介した。(9)田中としては自分の親米姿勢をアピールしようとしたのだろう。アマコストの文書で指摘されている懸念の機先を制した格好だ。

キッシンジャーが「新聞では、大臣は、佐藤首相の後任になるかもしれない指導者の一人であると書かれています」と水を向けると、田中は「新聞はたいてい百パーセント間違っています」と答えた。田中は謙遜したつもりだったのだろうが、現実に田中は一カ月もたたないうちに佐藤の後任首相となったのであり、キッシンジャーの立場でその経緯を見れば、田中にウソをつかれたことになる。

キッシンジャーは、前日に外相の福田と会談した際には、(10)自民党総裁選にからめて、「私の教え子の中曽根は派閥を持っています」と言い、「彼の投票をコントロールすることはできませんが、影響を及ぼそうとトライしてみますよ」と冗談を飛ばした。また、福田には「次の総理が決まりましたら、日本の新しい首相と大統領の会談を夏のうちに開くのがいいかと思います」と持ちかけた。「ハワイでも西海岸でもご都合のいい場所で」と、まるで福田首相の誕生が前提になっているかのような口ぶりだった。しかし、田中にはそのような冗談は飛ばさず、首脳会談の相談も持ちかけなかった。

田中との会談の話題の中心は中国、なかでも、中華民国、すなわち台湾だった。

日本政府は当時、中国本土を実効支配する中華人民共和国を正式な政府として認めておらず、代わりに、台湾にある中華民国と国交を結び、平和条約を交わしていた。米政府も同じだった。しかし、「八億の民を有する核保有国」の存在を無視するかのような、こうした現実離れした対応はそのころにはもう限界に来ていた。米政府ではその年の二月に大統領のニクソンが中国本土を訪ねて、中国共産党の主席・毛沢東《もうたくとう》と会談し、正式な国交はないものの、事実上、相互の交流を始めていた。こうした米国の動きに刺激されて、日本では一気に、中華人民共和国を唯一の中国政府と認め、国交を開くべきだという声が澎湃《ほうはい》として起こっていた。その際に最大の問題となるのは、日米がともに友好国として付き合ってきた台湾との関係だった。北京の共産党政府にとっては、中華人民共和国が中国唯一の合法政府であり、台湾は中国国内の一つの省に過ぎないという位置づけだった。

田中大臣「台湾をどうするかは非常に微妙な問題です」
キ補佐官「大臣のご意見は正確なところどのようなものであるべきとお考えですか?」
田中大臣「台湾問題については日本と米国の完全な合意が必要です」
キ補佐官「台湾について我々から独立した歩調はとらないということですか?」
田中大臣「台湾問題については、日本が独立して行動するよりも、米国の関与で解決するほうが論理的で合理的でしょう。夫婦げんかを解決できるのは友人ですから」
キ補佐官「だれが夫婦で、だれが友人ですか?」
田中大臣「良き友人は間違いなく米国です。夫婦というのは、歴史的に言えば、日中です。過去七五年に限れば、日本と台湾がカップルでした」
キ補佐官「台湾との関係については日米の政策は共通であるべきだというのが大臣の見方であると理解したのですが、正しいですか?」
田中大臣「それが最善だと思います」
キ補佐官「我々としてもそうする用意があります」

田中によれば、日本と台湾が夫婦であり、米国はその友人である、というのだ。田中は当時まだ、北京政府との国交回復を急ぐことに慎重だったようだ。キッシンジャーは、公言は控えていたものの、本心としては、日本が米国より先に急いで共産中国との関係正常化に踏み切ることには反対だった。そうではなく、日本は台湾との関係に気を配るべきであるとキッシンジャーは考えていた。だから、おそらくキッシンジャーは、田中の発言を聞いて、我が意を得たりと感じたことだろう。

キッシンジャーはここで唐突に「この会談のルールはどうなっていますか？」と田中に問いかけた。

「会談終了後に大臣は記者に会いますか？　私たちの会談はどのように報道されますか？」

実はキッシンジャーは事前に腹心のロードから「会談について記者に何を話していいか話してはならないか事前に田中と合意するのを忘れないで」と忠告されていた(11)。田中は自尊心が強く、評判を気にするたちで、キッシンジャーとの会談の機会を来る自民党総裁選で自分に有利となるよう政治利用しようとする可能性がある、というのがロードの見方だった。

田中が「記者会見を開くつもりですが、台湾について我々が話し合ったことは明かしませんよ」と答えると、キッシンジャーは「外部に何を言うか最後に合意できますね」と念を押し、田中の同意を得た。キッシンジャーはここで「大臣、だれが次の首相になっても、我々は、ホワイトハウスとの間で親密かつ秘密の関係を築きたいと希望しています」と言った。田中は謝意を表し、「それについては私は固く口を閉じておくつもりです」と答えた。

会談の前半には主にキッシンジャーが質問者となって田中の政治姿勢を探ったが、後半に入ると、田中が通産大臣としての実務的な質問を重ねた。

ソ連が日本に参加を持ちかけてきているシベリアのチュメニ油田の開発について、田中は、米企業も参加できないかとキッシンジャーに意見を求めた。

キッシンジャーは問題点をいくつか挙げて「検討中」と答え、そのうえで「私の考えでは、我々は一緒にこれをやるべきです」と述べ、「私はとても率直に話しているので、新聞にはこれを言ってほしくありません」と秘密扱いとすることを求めた。「あなたがそれを望むならば、我々はそれを一緒にやるつもりですが、これは冗談ではないのですから、どういうふうにそれをやるかは注意深く考えるべきでしょう」

田中はこれに同意した。

田中は「次の話題はウラン鉱石です」と話題を変えた。田中は、五〇〇〇トンのウラン鉱石を三億ドルで米国から購入するかどうか検討していると明かしたうえで、商務長官に伝えてほしい、とキッシンジャーに依頼した。ウランは原子力発電所の燃料で、将来の需要の急激な増大が見込まれていた。二年前、米国の技術を導入して日本原子力発電の敦賀1号機と関西電力の美浜1号機の原子炉が発電を始め、前年に東京電力の福島1号機が営業運転を始めたばかりで、各地で新規の原発建設が予定されていた。キッシンジャーはその件に疎かったらしく、即答できなかった。「我々の大使をあなたのところに秘密裏に伺わせて、我々の返答をお知らせします」

キッシンジャーは会談を締めくくるように「これは長い関係の始まりだと私は考えております」と言った。「ただし、大臣は私より長く政治にかかわるのでしょう……、私は(ニクソンの大統領二期目がほぼ終わる)一九七六年を超えて政治にかかわることができないので」

田中はこれに次のように答えた。「私の将来ははっきりしませんね」

「長い関係の始まり」というキッシンジャーの言葉に対する田中の反応としてホワイトハウスの文書に記録されているのはそれだけ。「こちらこそ今後も末永くよろしく」ではなく、いわば「こちらのほうが早く政治生活を終える可能性がある」という返答だった。

キッシンジャーは続けて、「大臣、何を記者に説明するか簡単に合意しておくことはできますか」と持ちかけた。会談後に田中が記者たちに説明する内容に歯止めをかけようというのだ。

田中が「第一に、チュメニ油田の開発について、日米は協力したいが、決定はしていない、と記者に言いたい」と言うと、キッシンジャーは「はい、我々はまだ決定していない、と言っても差し支えありません」と答えた。

田中が「第二に、日本によるウラン鉱石の購入に米国も関心がある、と言いたい」と言うと、キッシンジャーは「私はそれについて何も知らないので」と難色を示した。田中が「その件については米政府内部の他の人によって取り上げられるだろうということは言っていいですか」と重ねて迫ったが、キッシンジャーはなおも「私の専門外の事項について私が何か言うのはきわめて異常なことです」と難色を示し続けた。田中は「あなたには申し訳ないが、記者たちは何かニュースを得ようと熱心なので、彼らに何か与えなければならないので」と言い返した。

その日の夕刊に、田中とキッシンジャーの会談に関する記事が掲載された。(12)

「チュメニ油田の共同開発で日米両国が協力することで原則的に合意した」

「米国からウランを買入れることについては、米側が検討して連絡することになった」

チュメニ油田については、キッシンジャーの慎重な言いぶりとはかなり異なる。実際にはせいぜい検討に合意した程度に過ぎないのに、共同開発そのものに日米が合意したかのようなニュアンスで伝えられている。ウランについては、キッシンジャーが重ねて難色を示したのに、話の内容が記者に漏れている。中には、ウラン購入について「今後、日米両国政府で前向きに検討することになった」という前のめりの報道もあった。[13] 田中にその意識がどこまであったかは定かではないが、ホワイトハウスの詳細な会談記録を前提にする限りでは、いずれの話も、キッシンジャーの意に反するリークがあったように見える。

岸信介が「黒い霧」を心配

その五日後の六月一七日、佐藤は正式に首相退任を表明した。記者会見室に現れた佐藤は「出てください」と新聞記者を追い出し、テレビカメラに向かって一人、辞任の弁を語った。佐藤の後任を選ぶ自民党総裁選は七月五日に行われることになった。

一週間後に総裁選を控えた六月二八日、元首相・岸信介《きしのぶすけ》が米大使館の政治担当参事官に会った。岸は、首相・佐藤の実兄であり、総裁選では福田を支持していた。米大使館が国務省に送った報告の公電によれば、岸は次のように述べた。

「もっとも心配なのは、もし田中が選ばれれば、田中は、スキャンダルの疑惑、あるいは、田中が関係していると言われている『黒い霧』取引に関して左翼に攻撃されやすいということです」

「黒い霧」というのは一九六六年に相次いで自民党を襲ったスキャンダルの数々のこ

とで、田中の盟友だった国際興業会長・小佐野賢治から一億円を脅し取ったとして自民党の衆院議員が逮捕された事件もその一つだった。

起訴状によれば、恐喝の脅し文句は次のような内容だったとされる。「旧虎ノ門公園跡などの国有地の払い下げに国際興業が関係して不正を働いており、これはすべてに田中角栄が関係していることが判明している。これらの不正を公にする」

田中は被害者の立場でこの事件に登場していたが、田中の周囲に、恐喝のネタにされるような疑惑があるのもまた事実だった。米大使館の記録によれば、佐藤内閣で官房長官を務め、福田の支持者でもあった保利茂が、一九六六年末に米大使館員と会話した際、「黒い霧」で自民党が衆院解散に追い込まれたのは田中の「腐敗」のせいだ、と強く指摘した、ということがあった。(14)

田中はこの事件で、起訴された被告人の弁護人の申請に基づき、裁判所から証言を命じられたが、「公務多忙」を理由に出廷せず、最終的に田中の証人採用決定が取り消されるという経緯があった。(15) 公判は七二年当時、まだ続いていた。

岸は、これらのスキャンダルを直接見聞きして知っているわけではないとはいうものの、カネが政治家だけではなく新聞記者にも個別に配られるなど多くの噂が広がっていると指摘した。

「スキャンダルは残念ながら日本の政治システム特有の問題ですが、これまでのところ自民党の首相が個人として関与した前例はありません」

岸は分析をそう進めた。首相だった芦田均《あしだひとし》が一九四八年に汚職で退陣し、逮捕された例があるが、それは自民党発足前だった。

岸によれば、首相がスキャンダルに巻き込まれるようなことになれば、首相辞任は避けられず、その結果、野党連合政権ということにもなりかねない。「だから社会党と共産党は田中の勝利を望んでいます」。岸の目から見れば、最大野党・社会党の政策はあまりに極端で、その連合政権には「日本を悲惨なコースに向かわせる」という恐れがあった。

「これから数日、私や福田支持者は、選挙権者がこうした点を検討する機会を持てるようにあらゆる努力をするつもりです」

米大使館の公電は「何時間にも及ぶ会話の間、岸は非常に率直で、激しい言葉遣いだった」と振り返り、「田中の勝利が国家にとって悪いことだと岸が知的にも哲学的にも確信していることに疑問の余地はない。岸は、ほかの人には得られない様々な情報源を持っている」とコメントした。(16)

田中内閣発足、ハワイ会談へ

田中は七月二日、自民党総裁選で福田に打ち勝つため、派閥の領袖である大平、三木武夫の両政治家と盟約を結んだ。その中で三政治家は「中華人民共和国政府が中国を代表する唯一の正統政府であるとの認識」で合意した。三週間ほど前にキッシンジャーに話したのとは異なり、田中はここで一気に「台湾は中国の正統政府ではない」と踏み込んだのだ。米大使館は「三木が唱えた『前向き』な対中政策を反映した『政策合意』と、田中と中曽根の『賄賂』疑惑の悪影響に関して、田中派と大平派の内部に不満がある」との報道を国務省に報告した[17]。

七月五日、田中は自民党総裁に当選した。米大使館の公電によれば、田中は当選後の記者会見で、テレビのライトに照らされて大汗をかきつつ、身ぶり手ぶりを交えて、いくつかの質問には真剣な物腰で答え、別の質問には恥ずかしそうに答え、しばしば本筋から脱線したたとえ話を延々と続けた[18]。北京政府との国交について田中は「正常化の機が熟してきていると思う」と答えた。米大使館は「田中の記者会見のスタイルは、落ち着いた管理されたイメージの佐藤と対照的である。この違いは、少なくとも短期的には田中の強みとなるかもしれない」と分析した。

その日、米カリフォルニア州サンクレメンテの「西のホワイトハウス」で、大統領のニクソンが補佐官のキッシンジャーに電話した。記録によれば、次のようなやりとりがあった[19]。

大統領「ヘンリー、私から田中への個人的メッセージが発送されたことを確認したかったんだが……」
補佐官「はい、それは準備中です」
大統領「彼の娘は一九六八年の大統領選挙の期間中、ペンシルバニアのどこかで学校に行っていたんだが、そのことを言ったらいいかもしれない。彼がここサンクレメンテで私に話したところでは、彼の娘はニクソンバッジをつけていたらしい」
補佐官「それは本当ですか？」
大統領「ああ」

その年の一月、通産相だった田中は首相・佐藤栄作に随行してサンクレメンテを訪れ、そこでニクソンと言葉を交わす機会があった。

田中の長女、真紀子《まきこ》は高校時代、米ペンシルバニア州フィラデルフィアの学校に留学していた。のちの真紀子本人の回想によれば、留学中、ニクソンとジョン・F・ケネディが争った一九六〇年の大統領選挙があり、一六歳の彼女は「現職副大統領の実績」[20]を理由にニクソンを支持し、「ほかの生徒と一緒にニクソンバッジまでつけ」たという。

おそらく、田中はサンクレメンテでニクソンを前にそのことを話題にし、それがニクソンの記憶には六八年の大統領選の際の話として刻まれたのだろう。

補佐官「駐日大使があなたの手紙を(田中に)届ける際にそれを言うべきだと思います」

大統領「ああ、それを手配してくれるか?」

補佐官「もちろん」

大統領「私が特にそのことを覚えているということと、彼女(田中真紀子)にも私のお祝いの気持ちを届けたいということを伝えてほしい。なぜならば、この男(田中角栄)と良い関係を築くのは重要なことだから」

補佐官「まったくその通りです。実際、私が思うに、大統領、選挙(一一月の大統領選)の前に彼(田中)と会うことを検討してもいいかもしれません」

大統領「私もそれに賛成だ。どこで会う? ハワイか?」

補佐官「ええ、大統領がここを出る予定かどうか私は知らないので」

大統領「実際問題、ハワイに行く良い理由になるだろう」

補佐官「我々には容易ですし、彼もそれを好むでしょう」

大統領「それはアイデアだ。ハワイに行って、快適に過ごすのもいいだろう」

こうして、田中とニクソンの初めての首脳会談はハワイで開かれることになった。この時点で、ニクソンとキッシンジャーが、田中を重視し、田中との間に人としての信頼関係を築こうとしていたことがわかる。

七月七日、田中は総理大臣に就任した。

「真っすぐに突き進む」

田中内閣の滑り出しは上々だった。米大使館が八月五日に本国に送った公電によれば、[21]新聞社の世論調査で七一％もの支持率を獲得し、佐藤内閣末期の一九％とは対照的な高い支持率となった。

米大使館は、田中の「前例のない個人人気」の理由について「マスメディアの大量の好意的報道」とともに「精力的かつ率直な人柄」「庶民志向の『民主的』なリーダーのイメージ」を挙げた。「新しいスタイルのリーダーシップで日本の政治シーンの雰囲気を著しく変えたものの、基本的な政策と保守的な志向については前任者たちとはほとんど変わらない」とも指摘した。

二日後の七日、米大使館は「田中は基本的に、理論家というよりも、問題解決型の人間である」と分析する長文の公電を国務省に送った。[22]

その公電によれば、「にわか成り金であることから来る田中の虚飾や尊大さ」は、西洋人には容易に見抜くことができても、ほとんどの日本人は気づくことができず、そのため、田中は人気があった。田中は、素早く決断を下し、その決断を容赦なく実行に移すことで知られ、「コンピューターつきブルドーザー」の異名をつけられていた。そのアプローチは、長期的な戦略よりも、短期の戦術に力点が置かれる。「地雷原の向こう側にある目的地に到達するのに、前任の佐藤ならば用心深く防御線を避けるだろうが、田中は最短コースを真っすぐに突き進むだろう」。そんなたとえ話を示したうえで、公電は、「田中の手法は、最終的にうまくいくかもしれないし、場合によっては、彼の政権に予期不能の結末をもたらす可能性もある」と分析した。

八月一九日、キッシンジャーは再び訪日し、軽井沢の万平《まんぺい》ホテルに田中を訪ねた。キッシンジャーが田中に「一九六八年の大統領選挙の際にあなたの娘さんがニクソンバッジをつけたことに大統領は感謝していますよ」と言うと、田中は「彼女はあなたのお国で勉強していました。自民党に所属する父親を持っているので、彼女はニクソンバッジをつけていました」と、これに答えた。

この会談の際、キッシンジャーは、国務省や外務省の通常のチャンネルを通さない両首脳間の特別な連絡ルートの構築を田中に打診した。国務省を通さずに駐日大使のロバート・インガソルから大統領に直に連絡するルートもあるし、密使をワシントンに寄越してもらえれば喜んで会う、とキッシンジャーは田中に説明した。

田中は、インガソルにみずから直接連絡をとる、と答えた。キッシンジャーは「できるだけ早くそれをお願いしたい」と言い、「そうすれば、あなたが家族の一員として大統領に温かく迎えられるのは間違いない」と付け加えた。

インガソルは、国務省の出先機関である大使館の長ではあるものの、国務省のキャリア外交官ではなく、ニクソンとの親交で選ばれた「大統領の男たち」の一人で、この「裏チャンネル」に関わる資格があるとキッシンジャーは考えたのだろう。

このころ、北京との関係を正常化しようとする田中政権の動きはますます急だった。米国に帰った後、キッシンジャーが大統領に報告したところによれば、それは押しとどめられようのない奔流となっていた。[23] だから、キッシンジャーは「日米両国が中国の歓心を買う競争をするべきではない」と釘を刺すだけで、田中政権の「前のめり」の動きを止めようとはしなかった。[24]

キッシンジャー米大統領補佐官と会談する田中角栄首相(1972年8月19日，軽井沢の万平ホテルで)

そんなことをすれば、そうしたアメリカの働きかけそのものが「日本国民や北京政府にリークされるだろう」と恐れたからだ。

小佐野のホテルにこだわる

その夏、日米両政府の間で一つの問題が水面下にひそかに持ち上がっていた。

首相となった田中と米大統領ニクソンの初めての首脳会談が八月三一日と九月一日にハワイで開かれることになったが、その準備の過程で、田中の盟友・小佐野がハワイに所有するホテルに田中とその随行団が宿泊すべきかどうかをめぐって日米で綱引きがあったのだ。

「宿舎については、田中は個人的にサーフライダーホテルを希望している。このホテルは、田中の主要な資金支援者である小佐野氏が所有している」

七月三一日にキッシンジャーあてに提出された国家安全保障会議（NSC）極東部長ジョン・ホルドリッジのメモにはそのように記載された。(25) 小佐野は、「黒い霧」事件に登場する田中の盟友であり、日本外務省の公電によれば、その系列のホテルのどれか一つに泊まることは田中自身の「強い希望」だった。(26)

米国務省日本部長のリチャード・エリクソンは当初「ホテルは日本側要望どおりで差し支えない」と返答した。(27) 五日後、ホワイトハウスがこれを翻し、異論を唱えた。

「ニクソン大統領一行はオアフ島北端のクイリマホテルに泊まる。会議場も同ホテルと致したい。大統領は、総理はじめ日本側も同ホテルに宿泊することを望む」

八月九日午後、ハワイに派遣されたホワイトハウスの職員からホノルルの日本総領事にそんな申し入れがあった[28]。

クイリマホテルはオアフ島の最北端に位置しており、南側のワイキキにあるサーフライダーホテルからは車で一時間以上もかかる。

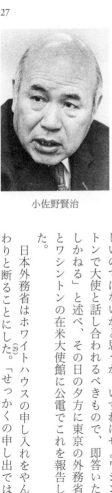

総領事が「それはワシントンで日本大使館に話したか?」と尋ねると、その返答は「まだ」だった。総領事は「数日前、国務省は日本大使館に対しサーフライダーを宿舎とすることにOKの意思表示をしたはずで、それによりわが方は既に準備を進めており、私見ではあるが、せっかく大統領のご好意ながらクイリマに変更することは相当むずかしいのではないかと思うが、いずれにせよワシントンで大使と話し合われるべきもので、即答いたしかねる」と述べ、その日の夕方に東京の外務省とワシントンの在米大使館に公電でこれを報告した。

小佐野賢治

日本外務省はホワイトハウスの申し入れをやんわりと断ることにした[29]。「せっかくの申し出ではあるが、国際興業側でも全面的に準備をはじめているので、この段階で宿舎を変更することは困難である」。日本外務省は、サーフライダーホテルを所有する小佐野の会社の名前を出し、その都合を米大統領の「好意」を断る理由に挙げたのだ。

八月一〇日、NSCのホルドリッジが在米日本大使館参事官・村田良平に「日本側の要望はわかるが、会談の便宜からいえば田中総理ご一行がクイリマホテルに宿泊されることが好都合」と働きかけた。(30) 村田は「サーフライダー宿泊は既定の方針で、変更困難である」と、これを押し返した。

一二日、ホノルルの日本総領事は観光を装ってクイリマホテルを実際に訪ねてみた。ワイキキから車で片道一時間一五分、ヘリコプターなら二〇分と見積もられた。翌一三日、総領事は東京の外務省に公電を送り、ワイキキとクイリマホテルの行き来について「極めて気ぜわしく、かつ、御疲労もはなはだしからずやと存ぜられる(31)」と指摘し、三一日夜はクイリマホテルに一泊するほうがいいのではないかと提案した。「御宿舎に関する強固なる御方針及び数次にわたる厳重なる御指令は重々拝承するところであり、本官も極力米側説得に努力中なるも、日程ならびに現地交通事情等にかんがみ意見具申する次第である」と、その公電の末尾に付け加えた。しかし、それに対する外務省本省の返答は「貴総領事せっかくの意見具申なれど、原案どおり三泊ともサーフライダーを宿舎とする」だった。(32)

一四日、米国務省は「ホワイトハウスの指示に基づく日本政府への正式連絡である」と前置きして村田に次のように言い渡した[33]。

「大統領は、田中総理がぜひともクイリマホテルへ宿泊することを希望しており、日本側がサーフライダー使用を決定している事情は理解するも、三〇日と三一日、あるいは三一日の一日のみにてもクイリマに宿泊されるよう重ねて招待申し上げる」

ニクソンは、招待であるからにはクイリマホテルの宿泊費は米側で負担するとの意向まで日本側に伝えてきた。

結局、日本側は「せっかくの大統領の御招待なので」と渋々折れる形で、大統領主催の晩餐会が予定されている八月三一日の一泊に限って田中ら少人数でクイリマホテルに泊まると米政府に返答した[34]。その前後にあたる八月三〇日と九月一日にサーフライダーに泊まる予定は変えず、三一日にはヘリコプターでサーフライダーからクイリマホテルに入ることになった。

小佐野にとって、自分のホテルに首相一行が泊まることは、ホテルの売り上げにつながるだけでなく、箔づけになる。田中は、アメリカの大統領を相手にした最初にして最大の外交の見せ場で、米政府に意図を見透かされつつ、日本外務省、米国務省、米ホワイトハウスを通じた一週間にわたる粘りの交渉を経て、疑惑の盟友のホテルに三泊ではなく二泊するという妥協を日米間に成立させた。

裏チャンネルを提案

七二年八月三一日午後一時、ハワイ州オアフ島のクイリマホテルの玄関で、ニクソンは田中を出迎え、六階のプレジデンシャルスイートまでエスコートした。駐米大使の牛場とキッシンジャー、双方の通訳が首脳会談に同席した。

儀礼的なあいさつが終わると、ニクソンは「吉田、岸、池田、佐藤、そして、田中」と歴代の日本首相の名前を挙げて、「個人的な友情を感じています」と言った。そしてニクソンは田中に、密使を通じて連絡を取り合おうと提案した。ホワイトハウスの記録によれば、(35)「佐藤前首相は、公式な接触に加えて、自身で選んだ代理人を通じてキッシンジャー博士に個人的なコミュニケーションのチャンネルを持っていました」とニクソンは言った。

ニクソン政権では、「国務省を経由せずにホワイトハウスの情勢分析室(situation room)と現地を直接結ぶ経路――いわゆる裏チャンネル――を使って重要な外国の指導者とやりとりする」のが常態となっていた。(36)田中の前任の佐藤栄作との間では京都産業大学教授の若泉敬が密使となり、偽名を使ってキッシンジャーと連絡を取り合ったし、田中の後任の三木武夫は外交評論家の平沢和重《ひらさわかずしげ》を密使としてワシントンDCに派遣し、ロッキード事件への対処をキッシンジャーと話し合わせた。

ニクソンの提案の趣旨が田中に正確に伝わったのかどうかは定かではないが、田中は「同感です」と答えた。そして、キッシンジャーが八月に軽井沢に来たことへの感謝の意を表した。八月一九日、軽井沢の万平ホテルで、田中とキッシンジャーは駐日大使のインガソルを通じて秘密裏に連絡を取り合うと合意していた。しかし、田中はそれ以上、この話を具体化させようとはしなかった。

田中は話題を変えた。前首相の佐藤栄作、その前任の元首相・池田《いけだ》勇人《はやと》、そして、元首相・吉田茂の名前を出した。「池田総理と佐藤総理は『吉田学校』の門下だと一般に言われていますが、私は彼らより一年早く吉田門下に入りました」と自己紹介し、「吉田総理は日米関係、日英関係を最重要視していました」と振り返った。

結果的に、軽井沢会談の後も、ハワイ会談の後も、田中がインガソルやキッシンジャーに密使を差し向けたり自分自身が連絡をとったりした形跡はない。

外交経験がほとんどない田中がインガソルを通じてキッシンジャーやニクソンと連絡を取り合うというのは、非現実的だったのかもしれない。しかし、ニクソンやキッシンジャーから見れば、田中は、裏チャンネルで接触を保とうという提案に「同感」と明言したにもかかわらず、その約束を守らず、「家族の一員として大統領に温かく迎えられる」のを拒否したことになる。

情報を流しているのはだれか

このころから、田中に対する米政府の態度は厳しくなっていく。

ハワイで開かれた日米首脳会談の二日目、田中が「ベトナム問題について伺いたい」と質問すると、ニクソンが答え始めるより早く、キッシンジャーが横から割り込んで言った。

「日本の新聞に本年中の和平の可能性に大統領が言及したとの報道がなされています。この種の報道が流れると北ベトナムとの交渉に障害となり、迷惑です。本会談でのベトナムについての討議の内容は漏らさないようご配慮願いたい」

その日の朝、ハワイの地元紙ホノルル・アドバタイザーの朝刊には「ニクソンが和平を示唆」という大見出しが掲げられ、記事の冒頭、次のように記述されていた。

「日本の新聞に掲載されたホノルル発の記事によると、ニクソン大統領は昨日、田中角栄首相に対し、ベトナム戦争は年内に終了すると示唆した」

日本では九月一日午後、毎日、読売、日経の各紙の夕刊が一斉に「日本側の有力筋」「田中首相同行筋」「ハワイの政府代表団筋」の話を根拠に「ニクソン米大統領は田中首相との会談で、ベトナム戦争の年内停戦を示唆した」と報じており、ホノルル・アドバタイザーの記事はそうした東京での報道を伝えていた。しかし、日米双方の会談の記録によれば、八月三一日の会談でベトナムが話題に上ったという事実はない。

九月一日、キッシンジャーは「大統領はそんなことは言っていない」と田中に抗議した。

キッシンジャーの苦情に対して、田中は「自分も大平大臣(外相)も日本の新聞記者に会っていない」と弁解した。田中の弁解は事実に反する。実際には前夜、大平が同行記者団とクイリマホテルで懇談しており、田中の弁解はウソだと受け止められただろう。米側がその懇談の事実を知らなかったはずがなく、田中の弁解はウソだと受け止められただろう。ただし、その懇談の場で、大平はベトナムについて「本日の会談に出なかった」と説明している。だから、読売など三紙の情報源は、大平の説明を覆せる立場にある別の日本人、つまり、田中本人か首脳会談に同席した駐米大使・牛場かのいずれかだったように見える。

ニクソンらを前に、田中は「日本の新聞は往々にして創作記事を書きます」と苦しい言い訳をし、「もちろん秘密を守ることをお約束しますが、米側として交渉に支障を来す危険があると思われるなら、あえて伺わなくてもよい」と述べざるを得なかった(37)。

米国は当時、南ベトナムを支援して、北ベトナムと戦争状態にあった。アメリカが戦争に介入して一〇年近くになるというのに、戦死者の数が積み上がる一方で、それは「泥沼」と呼ばれた。日米両国内で反戦の声が高まり、世論は二分されていた。そうした中で、ニクソンとキッシンジャーは和平を目指し、北ベトナムを相手に秘密交渉を続けていた。キッシンジャーとしては、和平に向けて焦っていると北ベトナム側に足元を見られてはならなかった。細心の注意を払いつつ駆け引きしているその手の内を相手に読まれてはならなかった。ニクソンは「交渉内容を外部に漏らさないという了解が北ベトナムとの間に存在します」と田中に言ったうえで、ひととおりの説明を始めた。

ハワイでの一連の首脳会談に同席した駐米大使・牛場はのちに「会談そのものは〝顔見せ〟という感じが強く、空気としてはあまりいいものではなかった」と回想している。(38)

台湾の防衛と在日米軍

ハワイ会談の後、ホワイトハウスと田中の不協和音はさらに増幅されていく。

国務次官だったアレクシス・ジョンソンの回想録によれば、(39)「ワシントンに戻ったのち、大統領が田中にひどく腹を立てているとの連絡がヘンリー(・キッシンジャー)から入った」という。その理由は、「田中は安保条約に不満を持っている」という記事がニューヨーク・タイムズに載ったからだったという。

ジョンソンの回想録ではその記事は特定されていないが、おそらく、「中国と外交関係を持とうという日本の政策をニクソンが受け入れたと日本側は感じている」との見出しで九月三日の同紙に掲載された記事のことだと思われる。(40)

その記事は、田中の話を情報源と明示したうえで、両首脳の間で日米安保条約と台湾防衛の関係に関して突っ込んだやりとりがあったかのように紹介している。

記事によれば、米国は条約上、中国本土の共産党政府の脅威から台湾を防衛する義務を負っており、その義務を果たすために沖縄など日本列島に在日米軍がある。

ところが、田中は、記事によれば、「日米安保条約は基本的には日本防衛を目的としており、台湾防衛については台北とワシントンの間の問題だ」と述べた、とされている。記事は、こうした田中の見方について「アメリカの立場とは全く異なる」と食い違いを指摘している。「日本防衛は日本の自衛隊が責任を負っている。在日米軍は、韓国、台湾、フィリピン、南ベトナムに対する米国の約束を果たすために存在している」

記事によれば、ニクソンは、三年前の一九六九年に当時の日本首相・佐藤栄作と会談した後に発表した共同声明に言及した、とされている。ニクソンは佐藤と共同で次のようなコミュニケを発表していた。(41)

「大統領は、米国の中華民国に対する条約上の義務に言及し、米国はこれを遵守するものであると述べた。総理大臣は、台湾地域における平和と安全の維持も日本の安全にとってきわめて重要な要素であると述べた」

ニクソンと佐藤の共同声明のこの二つの文は、中華民国、すなわち、台湾の安全保障と日本の安全保障を結びつけており、「台湾条項」と呼ばれた。

これに対して、田中は「事態はその後変わっており、当時想定された状況にはない」と述べた、とされている。

田中のこの見解は米政府の立場とは異なる。米政府にとっては、日米二国間の合意事項を日本が単独で勝手に再定義することは当然許されない(42)。そもそも「台湾条項」は七二年五月の沖縄返還の前提だった。日中が国交を正常化するとしても、日米安保条約はもちろん、「台湾条項」が損なわれることもあってはならなかった。日本にある米軍基地の使用が制約されてはならなかった。ハワイでの日米首脳会談を前に大統領のためにキッシンジャーが用意した資料では(43)、田中または大平が「台湾条項」の話を持ち出してきたときにはそのように答えるとの方針だった。

米国が日本のために台湾問題の解を示すことはできない。だから、米政府としては、日本は「台湾条項」に極力触れてほしくなかった。日本がもし「台湾条項」について何か言うのならば、米政府は「条約は不変だ」と公に言わざるを得ない。国務省が用意した資料では(44)、米政府としては、日本にそのつもりがないのならば、公の場では「台湾条項」には言及しない、と田中に伝える、との方針だった。これが米政府の精いっぱいの日本への配慮だった。

実際、田中とニクソンの首脳会談で「台湾条項」が取り上げられた形跡はない。

日米双方の会談記録によれば、田中はニクソンに「日本にとっていつまでも中国との国交断絶状態を継続することはできない」と言い、台湾との断交は避けられないだろうと述べた。これに対して、ニクソンは、米側の記録によれば、「日中の国交回復は友人の負担の上になされるべきではない」と言った、とされる。日中の関係正常化の利点を説く田中に、ニクソンは、ひねくれた口調で「うまくいくことを望む」と言い、時計を見て会談を切り上げた。そのように、米側の記録ではニクソンの挙措が描写されている。あからさまな言葉で伝えると、日本側から報道にリークされる恐れがあるので、物腰や表情によって真意を伝えるべきだというのがキッシンジャーの考えで、ニクソンはその助言に従ったのだろう。(45)

日米双方の記録によれば、日米安保条約と米国の台湾防衛義務の関係については、ニクソンも田中も取り上げなかった。それなのに、首脳会談終了直後に、田中発の話として「台湾条項」の問題が新聞紙面という公の場で取り上げられたのだ。

日米台にとって非常に微妙な問題について、田中は、首脳会談で踏み込まなかったにもかかわらず、会談終了後、日本人記者を対象にした記者会見で「台湾条項は事実上消滅したということか」と問われて「字句にこだわる必要もないと思う」「いろいろな事態が想定されたが、望ましい情勢がだんだん発展している」「前の立場とか理解を取り消す必要はないのではないか」と答えた。中国共産党に向けてメッセージを発したつもりだったのかもしれない。しかし、それは、キッシンジャーが許容できる一線を越え、ニクソンを出汁《だし》にして中国共産党にすり寄ったのも同然だった。「台湾条項については、日本が黙っているのならば米国も黙っている」という米政府の配慮を真っ向から否定する行いでもあった。少なくとも米国にはそのように映ったことだろう。

「問題外」の「日本方式」で台湾断交

日米首脳会談の三週間余り後の九月二五日、田中は北京を訪問し、九月二九日、中華人民共和国との間で外交関係を樹立した。台湾政府と日本の国交は断絶し、日華平和条約は失効した。台湾政府は日本の「義務をかえりみない背信行為」を非難した。

米国が台湾と断交したのはその六年余り後のことで、日本は大幅にそれに先んじる形となった。キッシンジャーの見方によれば、その過程で日本では「台湾との関係が顧みられることはまったくなかった、あるいは、ほとんどなかった」[46]。キッシンジャーにとって、こうした「日本方式」はまったく「問題外」の行いだった[46]。ニクソンらは、北京の共産党政府との「健全な関係」を模索する一方で、引き続き台湾と国交を結び、「台湾が独立した国家として存立する権利を守るべき立場」にあった[47]。それを、田中によって、コケにされたのだ。

在米大使館の参事官だった村田によれば[48]、「日本国内で対中国交正常化の声が高まるや、より冷静になれとか、台湾のことを少しは考えよという正論は抑えられてしまった」という。中国問題については、アメリカはどうせ身勝手に独走するのだから、十分な対米協議の必要はない、という印象が自民党や外務省の一部にばらまかれてしまっており、田中も、そのような印象を抱いた一人だったのだろうと、村田はのちに推測している。

結果的に、田中は、六月一二日にキッシンジャーに語った自身の言葉とは異なり、その直後から一貫して、米国と歩調を合わせることなく、台湾断交に向かって「最短コースを真っすぐに突き進んだ」ことになる。その結果、台湾が中国に攻撃された場合の問題は未解決のまま積み残され、日米安保体制は大きな矛盾を抱え続けることになった。

「腐肉を食らう国・日本」

キッシンジャーは米政府内部で、日本と付き合うことの難しさ、日本の定見のない豹変の可能性を厳しく指摘するようになった。

七三年八月三日に開かれた大統領外交情報諮問委員会で、キッシンジャーは「我々が日本を軽視しすぎて日本側の反感をあおっているなどと疑う向きがあるが、それが本当ならば、それを正せば済むのだから簡単なことだ」と述べた(49)。

キッシンジャーによれば、米政府は日本を軽視しているのではなく、「日本は付き合うのが難しい」というのが実態だった。「彼らは何でもリークする」とキッシンジャーは指摘し、次のように述べた。

「他者の残忍さを恐れる国はみずからも残忍になれると想定しなければならない。日本人は国際社会をむしばむ可能性がある。たとえばエネルギー。彼らは腐肉を食らう動物(scavengers)だ。狭量で、冷血だ。しかし、彼らは生き残るために周囲に同調できる。国際構造が彼らにとって好ましければ、彼らは(米国にとって)ＯＫだ。好ましくなければ、彼らは転向する」

七四年一月六日正午過ぎ、キッシンジャーは東アジア・太平洋地域担当の国務次官補代理アーサー・ハンメルに電話して言った。(50)

「あんたの気が狂った日本のお客さんがまた一線を越えたぞ(Your maniacal Japanese clients have gone off the reservation again.)」

そう言うと、キッシンジャーは田中の名を挙げた。そして、田中が日本の親アラブ政策に対するキッシンジャーの批判を拒否する声明を出したと指摘した。

「一体全体、いつ、私が彼らの親アラブ政策を批判したというんだ？」

怒り、いらだち、不信、驚きなどの感情を表す単語「hell(地獄)」を織り交ぜながら、キッシンジャーはそう問いかけた。ハンメルは中国の専門家だが、その職掌の中には日本も含まれている。だから、キッシンジャーは日本のことをハンメルの「お客さん」と比喩したのだろう。

ハンメルは「あなたがそんな批判をしたとは承知しておりません」と答えた。

前年秋、エジプト、シリアなどアラブ諸国とイスラエルとの間で第四次中東戦争が勃発し、それをきっかけとして、サウジアラビアなどアラブ諸国は、親イスラエルの国々への石油の輸出を禁止する措置を打ち出した。日本はあわてて、イスラエルを批判し、アラブ寄りの姿勢を表明。なんとか石油を確保した。

こうした日本の立ち回り方にキッシンジャーは批判的だった。しかし、表だっては「日本が否応なしに置かれた立場を理解している」と述べ、「最小限の軋轢《あつれき》」に抑えたつもりだった。[51]にもかかわらず、田中の発言に関する報道を見て、キッシンジャーは、自分の配慮を逆撫《さかな》でされた、と受け止めたのだろう。

七四年四月二三日、日本の駐米大使・安川壮《やすかわたけし》に会ったとき、キッシンジャーは「私は日本好きではないといわれていますが、しかし、私は大平外相を尊敬しています」と言った。[52]

たとえ日本嫌いであったとしても、その日本の中で外相の大平だけは高く評価している、というのだ。

「もちろん、私が日本好きではないというのは事実ではありませんが、しかし、私は特に大平外相が好きです」

日本嫌いとの評判を逆手に利用した独特の表現で、大平への好意をその部下の安川に伝え、そのうえで、キッシンジャーは言った。

「私の印象では、田中は再選されそうにありません」

田中とは対照的に、中国共産党の指導者たちは尊敬に値する、とキッシンジャーは感じていた。キッシンジャーにとって、いわく言いがたく不可解な日本人に比べ、中国人は、はるかに容易に理解しあえる相手だった。

国務次官だったジョンソンの回想録によれば[53]、「キッシンジャーは中国に魅了されていた」という。

「とりわけ上品で洗練された周恩来《しゅうおんらい》に魅せられていた。中国にひきかえ、日本人は単調でおもしろみに欠け、関心を向けるほどの価値がないと考えていた」

ニクソンとキッシンジャーは国務省を軽んじ、対中国、対ソ連など重要な外交交渉については、国務省を無視してホワイトハウスで直接担当した。しかし、対日本については、ジョンソンの回想録によれば、キッシンジャーはとくに関心を示さず、国務省に任せた。

「秘密主義と、国務省に対する軽蔑と日本人蔑視が相俟《あいま》って、中国問題では日米関係がひどくねじ曲げられてしまった」

ジョンソンはのちに回想録の中でこう振り返っている。

七四年三月一一日、国防総省で開かれた会議で、国防長官や統合参謀本部の将官らを前に、キッシンジャーは「一九四五年以降の日本の民主主義は、それを永遠に続く現象だとみなすことはできない」と述べた。(54)「日本は非常に急激にコースを変えることができる」

だからこそ、アメリカは強くなければならず、米軍は日本にいなければならないとキッシンジャーらは考えた。そして、米政府だけでなく、中国・北京の共産党政府もまた同様の認識に至ったことにキッシンジャーは感銘を受けていた。キッシンジャーによれば、毛沢東ら中国共産党の首脳は、政治と力の実態を知悉する現実主義者で、米中の交渉の途中で当初の考えを変え、「日米同盟関係こそ、日本の一方的な行動を制約する(55)」「アメリカとの結びつきが、日本の軍国主義傾向の歯止めとなっている(56)」と認め、アジアにおける米軍の存在を支持するようになった。

キッシンジャーは「日本は、力の均衡がある限りは大丈夫だが、もしそれが変化すれば、一夜にして態度を変える可能性がある。日本を抑えるためには米軍の存在は不可欠だ」と述べた。

国防副長官のウィリアム・クレメンツが「日本の自衛隊については？」と尋ねると、キッシンジャーは「我々が大国として力を維持している限りでは、好ましいと思う」と答えた。「中国は少し心配するだろうが、我々にとっては有用だ。日本は一〇年以内に核兵器を持つだろうと私は思う。我々は、日本を我々に結びつけておきつつ、日本を他への脅しとして使うべきだろう」

蟻塚と一匹の蟻

キッシンジャーは、田中による情報漏洩を疑うだけではなかった。田中が発する言葉そのものについても信用しなかった。田中の言葉が本当に日本の意思を反映したものなのか、それとも、田中の個人的希望に過ぎないのか、キッシンジャーにはよく分からなかった。(57)

七三年八月一日にホワイトハウスで開かれた日米首脳会談で、それを象徴するような出来事があった。

南ベトナムや韓国などアジアの非共産国を支えることの重要性について意見を交わしていたとき、田中が唐突に「ベトナムの周辺の自由主義国で——日本だけでなく、オーストラリアやニュージーランドなども含め——、自由主義国を守るためのシステムを作るのもいいかもしれません」と提案したのだ。(58)

アイデアとしてはあり得るが、日本政府がそれを本気で検討した形跡はなかった。脇にいた外相の大平が割って入って「アメリカはいつ、中華人民共和国と外交関係を樹立するつもりですか？」と話題を変えた、そのあわてぶりを米側は見逃さなかった。ホワイトハウスの会談記録のこの田中発言の部分には「最重要の課題を最少の準備で持ち出すのは田中首相の性癖である」との注釈がつけられた。

大統領がニクソンからフォードに交代しても、田中や日本に対するホワイトハウスの見方は不変だった。

七四年九月二一日午前、田中との初めての首脳会談を控えた大統領のジェラルド・フォードにキッシンジャーはアドバイスした。[59]

「田中については、あなたが話したことはすべてリークされるでしょう。彼は信じられないウソつきで、おそらく再選はされないでしょう」

その日の夕方、田中がホワイトハウスを訪ねてきた。ニクソンの後を継いだフォードと田中の初めての首脳会談で、その冒頭部分は、日本の記者たちが取材のため傍聴していた。それを見て、キッシンジャーは「大統領、日本の記者には驚嘆させられますよ」と、いきなり口をさしはさんだ。[60]「私が東京を訪問した際、民間人との会合でオフレコで話をした翌日、私の一語一句がそのまま新聞に出ているのに驚かされました」とキッシンジャーはフォードに話しかけた。

日本側からすれば、それは「予想もしていなかった辛らつな皮肉」であり、「雰囲気をぶち壊す毒舌」であり、友好ムードに冷水を浴びせる強烈な当てこすりだった。[61]

二三日付の朝日新聞では「なんとも露骨な発言に、日本側の出席者はこわばった笑いを作るより仕方がなかった」「首相らを一時シラケさせた」と報じられた。一方、キッシンジャーによれば、それは単なるジョークのつもりだったらしい。

二三日夜、ニューヨークでブラジルの外相と会った際、キッシンジャーはぼやいた。[62]

「田中が大統領に会いに来た際に、私はまたしても日本の記者たちを怒らせてしまいました」

田中は、その訪米の直前、ブラジルを訪ねていた。だからなのだろう、キッシンジャーは続けて「田中をどう思いましたか」とブラジルの外相に尋ねた。

ブラジルの外相は「私は彼をとても好きになりました」と答えた。「彼はとても賢い男です。難しい問題をいくつか抱えていますが、しかし、彼はとても賢い」

キッシンジャーはそれに同意せず、「彼はとてもタフです」とだけ言い、話題を変えた。

その四日後の二七日にも、キッシンジャーは、日本の外相・木村俊夫と会った際、「私のユーモアのセンスが米日関係への最大の脅威だと批判されました」とこぼした。[63]

キッシンジャーは、日米首脳会談冒頭の自身の発言を日本の記者たちに報道批判と受け止められたと思っていたようだ。

「私は、報道そのものではなく、情報をリークした日本人のことを指摘したのに……」

当時、キッシンジャーら米政府の認識では、日米間に大きな対立はなく、日米関係は戦後最良だった。懸案だった日米貿易不均衡もほぼ解消した。田中が首相に就任した七二年に四一億ドルに達した米国の対日貿易赤字は翌七三年には一三億ドルまで減り、「著しい向上」を見た(64)。しかし、日本の首相・田中に対する米政府の評価はとても低かった。

一〇月、田中の盟友・小佐野が虎ノ門の国有地の払い下げで二七億円の利益を得たなどと指摘する評論家・立花隆の記事「田中角栄研究――その金脈と人脈」を掲載した月刊『文藝春秋』が発売され、日本ではこれをきっかけに、田中の「金権政治」を批判する世論が沸騰した。

前年秋のオイルショックで、物価は「狂乱」と形容されるほどに高騰しており、それもまた田中政権を直撃していた。

田中内閣の命運を分析する秘密報告が米政府内部でまとめられた(65)。

「田中角栄は、一九七二年七月に首相になったとき、戦後日本の指導者たちの中で最も人気があった。今日、経済は急激な不況に陥り、年間の実質総生産は戦後初めて減少した。自民党は厳しいインフレの政治的責任を負わされている」

「先月、田中が国有地における不適切な取引から利益を得てきたとの詳細な疑惑が権威ある雑誌で報じられ、これも田中にとっては新たな問題となった」

一一月一一日朝、キッシンジャーは、六日後に出発が迫った日本、韓国、ソ連の歴訪について大統領のフォードにアドバイスした。(66)

「日本ではたいしたことはできません。頭と頭を突き合わせての直接会談は避けるべきでしょう。首相はあなたのカウンターパートではありません。首脳会談で決まったことが実行に移される保証はありません」

二年余り前の七二年八月、キッシンジャーら米政府は、ハワイでの首脳会談のスケジュールに田中とニクソンの二人だけのサシの会談を入れるよう日本側に執拗に働きかけた。そのときとは逆に、サシの会談をできるだけ避けようというのだった。二年余りの間に、キッシンジャーの田中観は大きく変化してしまっていた。

キッシンジャーはフォードに念押しした。

「彼らは、あなたがしゃべったことをすべてリークするだろうということを覚えておかねばなりません。あなたがしゃべっていないこともたくさんリークするのです！」

その日の昼前、ホワイトハウスの情勢分析室(シチュエーションルーム)で、各省庁の高官が集まって対日政策を検討した。東アジア・太平洋担当の国務次官補フィリップ・ハビブは、フォードの訪日の有無にかかわらず、田中政権の命脈は尽きたとの見方を紹介した[67]。

「彼は単純に日本の人々の信認を失いました。彼の政権には首尾一貫した政策がありませんでした。それが私たちの大使館の見方です。手立ては尽きました。私の考えでは、田中は大きな喪失ではありません。大平が後任になるのなら、それはけっこうなことです」

米政府にとって田中内閣は倒れてかまわない、というのだ。キッシンジャーも加わって言った。

「私の経験では、田中は生涯、本当のことを口から発したことが一度もない」

田中が発する言葉はすべてウソにまみれており、それは田中の骨の髄に由来しているのだと指摘する、キッシンジャーならではの毒舌だ。

キッシンジャーは部下のハビブに向かって言った。

「あなたは正しい。彼は何も大きな喪失にはならないでしょう」

この会議でも、キッシンジャーは、大統領は、田中と差し向かいの会談をするのではなく、グループで会うようにするべきだと念を押した。

一一月一五日、キッシンジャーは閣僚会議で、田中政権が不安定な状態に陥っているにもかかわらず、大統領が訪日する目的を次のように説明した[68]。

「日本と渡り合うのは、コンセンサスと渡り合うということです。日本では一人の人間によって決定が下されることはありません。この旅行で重要な決定を期待するのは、蟻塚に行って、一匹の蟻を取り上げ、その蟻に蟻塚全体のための決断を下すよう求めるのと似ています。この訪日で重要なのは、将来の関係のための雰囲気づくりです」

翌一六日、ホワイトハウスの大統領執務室で、キッシンジャーはフォードに日本の危険性を語った。(69)

「日本は大変な脅威です。歴史上、彼らが恒久的な同盟を持ったことは一度もありません。日本人は何でも受け入れます。何にでも適合できる異常な社会です。彼らの社会の基礎的な構造はいかなる体制にも順応できます。もし我々が大国としての地位を失えば、我々は日本も失うでしょう」

一八日、フォードは米国の現職大統領として史上初めて日本の土を踏み、翌一九日、田中と会談した。のちにフォードが回顧したところによれば、田中は「気安く温かい感情を抱けるようなタイプの男」ではとうていなかった。(70)

フォードに同行して来日したキッシンジャーは翌一九日、蔵相となっていた大平に会うと、「だれが田中の後任になると思いますか」と質問した。(71) 大平が「本当に分かりません」と答えると、キッシンジャーは「もしあなたが彼の後任になるのなら、私は必ずしも悲嘆には暮れませんよ」と言った。キッシンジャーは、田中を嫌う一方で、大平が好きだった。

帰米後の一二月二日午前、ホワイトハウスの閣議室で、フォードは、国務長官のキッシンジャーら国家安全保障会議のメンバーを前に日本旅行を振り返って「素晴らしい成果が得られた」と言った(72)。

「我々は何を成し遂げたか。まず、アメリカの大統領が日本に行ったということが極めて重要だった。田中の辞任が我々の努力を損なったと疑う人がいる。たしかに我々は田中と会った。しかし、そのほかの多くの高官とも会った。田中と会おうが、福田や三木、そのほか、だれと会おうが、我々は実際のところ、コンセンサス政府と会った」

フォード政権にとって、初の本格的な外遊が「無駄な時間」であってはならなかった(73)。

それから間もない一二月九日、田中は首相を辞任した。二年五カ月の在任期間だった。

「田中の命運はニクソンと似通っていた」

キッシンジャーは回顧録の中で田中について「田中の命運は、ニクソンと奇妙に似通っていた」と書き記している(74)。

「ニクソン同様、類い稀な能力に恵まれ、ニクソン同様、ひどく情緒不安定で、しかも、日本人にはきわめて珍しく、それを表面に出した」

「非常に聡明で、無類に率直である。個人権力臭のある話し方は、他の国の政府首班であれば当たり前だが、その点、日本の指導者のなかでは、田中は異色だった。しかも、なんとも奇妙なことに、そのために彼の発言は時には信用されなかった」

ニクソンはウォーターゲート事件のもみ消し工作に関わり、議会に刑事責任を追及され、任期途中の一九七四年八月九日に大統領を辞任しなければならなかった。

田中はその日、駐米大使の安川を通じてキッシンジャーにニクソンあてのメッセージを託した[75]。

「ホノルル、ワシントン、そしてパリであなたと実のある議論をしたことを思い出します。私たちの友情が将来も不変であることが私の心からの希望です」

田中が首相を辞任したのはそのちょうど四カ月後のことだった。

二年後の一九七六年七月二七日、ロッキード社から五億円を受け取った疑いで田中が東京地検に逮捕されたその日、米国の在日大使館は、田中逮捕を国務省に報告する公電の中で[76]、「自民党結党以来最大のスキャンダルである」と指摘する一方で、前向きな見通しも伝えた。「日本の一般の人々の間には、米政府と日本政府がスキャンダルを隠蔽しようと談合しているという疑念が根強くあったが、田中逮捕はこれを払拭することになるだろう」

田中逮捕は米政府にとって「本当の奇跡」だった[77]。

第二章　中曽根事務所から「米政府ハイレベルの圧力」

首脳会談で機種を決めるべしと
「天の声」を提案した大統領補佐官

ロッキード事件で証人喚問を
受ける中曽根康弘

「ハイレベルの米政府の圧力を理由に、日本政府が日本の航空会社にロッキードL1011を購入するよう圧力をかけている」

一九七二年九月二〇日、米国ミズーリ州セントルイスに本社を置く航空機メーカー、マクダネル・ダグラスの副社長チャールズ・フォーサイスが、東京にある米国の在日大使館を「緊急の用件」で訪ね、経済担当の参事官にそんな苦情を持ち込んだ。

マクダネル・ダグラスは当時、日本の航空会社に自社製の旅客機DC10を売り込もうと、代理店商社の三井物産とともに営業活動を展開しており、フォーサイスはマーケティング担当の副社長だった。ロッキードは、米国カリフォルニア州に本社を置く航空機メーカーで、自社製の旅客機L1011トライスターを日本の航空会社、特に全日本空輸に売ることに社運をかけて、代理店商社の丸紅と組んでいた。つまり、民間旅客機の売り込みをめぐって、マクダネル・ダグラスとロッキードは互いに競争相手であり、商売敵であった。

「日本政府の圧力」とは何なのか? ワシントンDCの国務省に在日大使館から送られた報告の公電には次のように記された[1]。

「フォーサイスによれば、三井物産の上級副社長が九月一九日、中曽根通産相のオフイスに呼び出され……」

首相の田中角栄ではなく、そこに名指しされていたのは通産相・中曽根康弘の事務所だった。

貿易の不均衡

戦後の日米関係を彩った安全保障の問題が沖縄返還によって後景に退き、一九七二年、日米の政治課題の主役に躍り出たのは貿易不均衡だった。日米関係は「戦後初めて」と言われるほどの「緊張」にさらされた(2)。

米政府の資料によれば、一九六四年まで戦後一貫して、日本から米国への輸出は、米国から日本への輸出より少なく、日本は対米貿易赤字を記録し続けた。しかし、六五年にこれが初めて逆転(3)。以後、その差はどんどん大きく広がった(4)。日本は、乗用車やテープレコーダー、オートバイ、発電機器、オフィス機器などを米国内で「集中豪雨」的に販売し、前例のない急激な輸出拡大を果たした。

一方、米国の企業が日本で製品を売ろうとしても、そこには様々な障壁があった。東京の米大使館から国務省への報告によれば(5)、たとえば、日本の航空会社は、海外のメーカーから購入せざるを得ない大型機ではなく、比較的小さな機体を国内のメーカーから購入するようにと「奨励」された。これは、日本政府が国内産業の育成に努め、航空会社が政府と緊密な協力関係にあることの結果であると米大使館は分析した。米国から日本への輸出も増えたが、その逆に比べると、増え方は緩やかだった。

一九七〇年に一二億ドルだった日本の対米貿易黒字は、七一年に三二億ドルに増加し、七二年には三八億ドルに達すると見込まれた。(6) 米国の貿易赤字の二分の一超を日本向けが占めるという異例の事態になる見通しだった。

固定相場だった円ドル為替レートが七一年一二月に一ドル三六〇円から三〇八円に切り上げられた。しかし、その効果が十分に表れて日本の輸出が抑えられるのは七三年以降のこととみられた。

日本の国民総生産(GNP)はカナダや仏英、西ドイツを追い抜いて、米国、ソ連に次ぐ世界第三位となった。しかし、ほんの一〇年ほど前まで貧乏国の国民だった日本人にとって、心情として環境の激変についていくのは簡単ではなく、「追いつけ追い越せ」の気分から抜け出すことはなかなかできなかった。(7)

米国民の対日イメージは急激に悪化した。労働組合などを中心に「日本は脅威」との見方が広まり、新聞論調や一般の世論に「不満といらだたしさ」が表れ始めた。保護主義者の声が大きくなり、米国務省は「情勢の過熱化を静めるのに困難」を感じるようになっていった。(8)

米政府にとって日本の経済成長は目を見張らされるものだった。国務省の分析によれば、[9]日米は「人類史上最大の渡洋貿易」によって結びついており、ホワイトハウスの分析によれば、日本の経済成長は「過去二五年間の米国の対日政策の成功を表すもの」ではあった。七二年六月に来日したとき、大統領補佐官のヘンリー・キッシンジャーは日本の政治学者たちを前に「私たち日米がこのようにお互いに競争相手になろうとは一〇年前は考えられないことでした」と漏らし、[10]財界人らとの会合では「日本経済の奇跡」と評した。

しかし、一方で、ホワイトハウスでは「日本の対米黒字の増大は、日米関係を緊張させ、究極的には国際的な貿易・金融システムを崩壊させる可能性がある」と危険視された。[11]日本外務省は「事態がこのまま放置されて、対日不満がホワイトハウスの世論形成力により増幅されるようなこととなれば、日米関係全般に対しても好ましからざる危機となる」と心配した。[12]

丸紅社長の檜山

田中内閣が発足した直後の七二年七月一一日、米国の駐日大使ロバート・インガソルは丸紅の社長・檜山広と同社で会い、貿易不均衡について意見を交換した。

国務省に対する在日大使館の報告によれば、[13]檜山はその際、「日本政府は、貿易黒字を段階的に削減していく目標値を年ごとに定め、国内産業界や商社にそれを守らせるべきです」という意見を開陳し、「米政府は日本政府に対し、目標値が達成されない場合はさらに強力な是正策を約束するよう求めるべきです」と述べた。「そのような約束が公表されれば、米国民、特に議会に日本の真剣さが伝わるでしょう」という檜山の意見は米国側にとっては「我が意を得たり」というものだったのだろう。インガソルは「現状を変えるには、確かに劇的な何かが必要です」と檜山の意見に同意した。

大使館は本国への報告の中で、檜山について「日本三位の大手商社の社長として相当な影響力を持つ男」と紹介し、「インガソル大使と会話した時点では檜山はそのアイデアについて新しい政権の指導者らと議論していなかったが、彼は近くそうしたいと述べた」と締めくくった。

檜山は「日米経済協議会」という団体のメンバーでもあった。日本外務省の資料によれば[14]、日本の財界人たちの間に、「ぎごちなくなってきた日米経済関係」について米国の財界と意見を交換して相互理解を図ろうという機運が生まれ、七一年四月に富士銀行の会長を代表世話人として日米経済協議会は発足した。檜山はその発足時の三四人のメンバーの一人だった。アメリカ側のカウンターパートとして「日米経済関係諮問協議会」という団体も同月に設立され、ロッキードの社長だったカール・コーチャンもそのメンバーとなった[15]。

両団体は七一年六月に顔合わせのために日米合同の会合を開き、同年八月には「それぞれの政府に要すれば勧告を行うということ」で第二回の会合を開いた。七二年三月にサンフランシスコで開かれた第三回の会合では、米側から「日米貿易アンバランス問題に対する日本側の反応が遅い」との苦言が呈された。七二年六月にキッシンジャーが訪日した際には、日米経済協議会がその招請元になった。

のちに一大疑獄として戦後史に残ることになるロッキード事件の贈賄側の主役がそろって、日米の財界の架け橋ともいえる団体に参加していたことは注目に値する。キッシンジャーのために側近が用意した資料では、(16)日米経済協議会のメンバーたちは自民党の資金支援者でもあると指摘された。

「圧力をかけ続ける必要」

日本の総理大臣・田中角栄と米国の大統領リチャード・ニクソンの初めての首脳会談が八月三一日から九月一日にかけてハワイで開かれるとの発表があったのは七月二四日のことだった。それまで日米首脳会談は例外なく米国本土で開かれていたが、ハワイは東京と米本土の中間に位置する。田中はニクソンの招待を喜んで受けた。日本外務省はハワイでの首脳会談開催を「日米新時代の幕あけにふさわしい」と評価した。(17)一方、アメリカにとってハワイは「強力な是正策」を日本に約束させる格好の場だった。

七月二六日、米国務次官のアレクシス・ジョンソンは、日本の駐米大使・牛場信彦と面談し、ハワイ会談に関連して、貿易問題については日本側が「ドラマティックな発表」をできるようになることを希望すると述べた。これに対して、牛場は「米政府はハワイ会談で貿易に関する細かな交渉に入るつもりなのですか」と心配そうに質問し、ハワイ会談には外相の大平と牛場が同席するだけだと指摘した。[18] つまり、通産相ら経済閣僚が同行しないハワイ会談は貿易交渉の場としてはふさわしくない、と牛場は言おうとした。これに対して、ジョンソンは、「貿易交渉を期待しているわけではない」と言いつつ、「日本によるドラマティックな発表が必要だ」と繰り返した。

日本政府としては「会談では国際情勢を中心に取り上げ、格調の高い意見の交換を行うことにしたい」「通商問題に時間を費やすことはなるべく避けたい」というのが希望だった。[19] しかし、アメリカ側はその後も、貿易不均衡について「首相を困惑させるつもりはないが、[20] 大統領としては、首相の率直な見方をぜひお聞きしたい」という姿勢を崩さなかった。

米政府の見方によれば、日本の経済官庁の中堅官僚らは日本の財界、産業界の目先の利益に忠実で、考え方としては貿易不均衡是正の必要性を分かってはいても、具体的な是正策、つまり、貿易黒字削減策となると頑強な抵抗勢力と化した。補佐官のキッシンジャーが大統領のために用意した文書によれば、[21] それら官僚の抵抗を抑え込むためのテコとして、米政府が頼りに考えたのが首相の田中と外務省だった。特に、田中は世論調査で七〇%を超える支持率を得て政治的に強い立場にあり、そのきっぱりした気質もあって、米政府の期待は大きかった。実際、田中は、米政府が受け入れられる黒字削減策をまとめるべく官僚機構に強く働きかけた。田中としては、米政府の圧力で譲歩させられたとみられるのを避けるため、八月三一日の日米首脳会談より前に黒字削減策をまとめることを目標にしていた。米政府は、そうした田中と日本政府の事情を詳細に分析し、「ホノルルで特定の経済問題を議題に取り上げるという脅し」を背景に、黒字削減策の早急な具体化を日本に迫った。[22]

米国の在日大使館は八月六日付の公電で[23]「田中首相と中曽根通産相は対米黒字の削減に取り組む意向を示しているが、我々は短期・長期の行動を求めて圧力をかけ続ける必要があるだろう」と本国に報告した。「圧力をかけ続ける必要がある」との報告に応えるかのように、本国の国務省は、八月一〇日付の公電で[24]「ホノルル会談の前までに経済問題の決着がなければ、大統領は田中首相に直接、それを提起することを欲するだろう、と我々は日本側に伝えている」と東京の在日大使館に知らせた。

日本外務省も状況は把握していた。

「米国の貿易収支を見るに、本年一～六月ですでに三三億ドルの赤字を生じ、年間では昨年の二〇億ドルを大幅に上まわる五〇～六〇億ドルの赤字が生ずると予測されている。貿易収支がこのように昨年以上に悪化している現状は(中略)議会を更に硬化させ、

（中略）極端な保護措置の立法化の危険すらある。（中略）労働組合が輸入制限や対外投資等の制限を主張していることもあり、来る一一月の米大統領選挙においてもこれらの問題が大きな争点の一つとなる可能性はありうる」

日米首脳会談の参考資料として八月一五日付で作成した文書に外務省は「かかる大幅不均衡の存在は昨年来の努力によりようやく好転した日米関係全般に対し不幸な影響を与える」と心配する言葉を盛り込んだ。(25)「日本政府としてはこの際対米輸入促進のために思い切った措置をとることが必要と思われる」として、外務省は次のように結論づけた。

「臨時の措置であっても、バランス改善に役立つものはすべて可能な限り実施されるべきである」

「トップの政治的決断が必要」

その「思い切った臨時の措置」の一つが、日本の航空会社による米国製航空機の購入だった。

日本の対米貿易黒字を減らすには、日本による米製品の輸入を増やすのがもっとも手っ取り早く、また、縮小均衡に陥る恐れもない。それは〝即効薬〟であり、ハワイでのニクソンへの〝手みやげ〟でもあると考えられた。農作物、濃縮ウランなどいくつかの品目が日米交渉の俎上に載せられたが、日米首脳会談の日程が決まった後、民間旅客機もその一つににわかに浮上した。

米大使館が国務省に八月六日に送った前述の公電は「日本が今年の貿易黒字を減らすために急激に増やすことができる購入品目」として、濃縮ウランやウラン鉱石、農産品とともに「商用機と軍用機」を挙げた。

当時、日本の空では胴長の飛行機が旅客輸送に使われていたが、近い将来の大量輸送時代には広胴(ワイドボディ)のズングリ型の飛行機がそれに取って代わるのが必至とみられていた。七月二三日には、広胴の旅客機であるロッキードのL1011、マクダネル・ダグラスのDC10が日本に相次いで飛来し、全日空や日航など関係者を前にデモンストレーション飛行をしてみせた。

米国の在日大使館ではこのころ、経済担当の公使が、ロッキード、ダグラス、ボーイングの三社の東京代表や運輸省の大臣官房審議官・原田《はらだ》昇左《しょうぞう》右に接触し、日本航空と全日空が米国製旅客機を購入する可能性とその時期を探った。その結果を国務省に報告した八月八日の公電は「大阪・伊丹《いたみ》空港の地元住民が騒音問題を心配していることによる政治的プレッシャー」などの阻害要因を挙げ、「ハワイ会談より前に問題を解決するのは航空会社にとっても日本政府にとっても簡単ではないのは明らか」「二週間かそこらで大阪の騒音問題を処理するよう運輸省航空局を説得するためのトップレベルの政治的決断が必要だろう」と分析した。(26) 期待を寄せられたのは田中だった。「トップからの強い圧力、たぶん田中首相自身からの圧力があれば、彼はハワイで、日本の航空会社は速やかにかなりの数の特定の航空機の購入契約を結ぶと表明できる可能性がある」

八月一〇日午前、米国の駐日大使インガソルは外相の大平正芳に面会し、農産物、濃縮ウラン、航空機などの品目を挙げて、「ホノルルでは日本による米製品の購入について数字を明示して発表したい」と申し入れた。(27)

「我々は外務省と交渉してきましたが、多数の省庁にまたがる問題もあり、そのため、ハイレベルの決断が必要です。ですので、外相にこうして申し上げています。ここに挙げられている品目はいずれも、日本国内の政治問題にはならないものばかりです。我々は農産物の関税の問題を提起するつもりはありません」

大平は「貿易の問題を軽視するつもりはありませんが、あなたが挙げた品目にはそれぞれ難点があります」と答えた。

航空機について大平が挙げた難点は次のようなものだった。

「第一に、民間の航空会社が各社の計画を立てなければなりません。そのあとで初めて、各社は日本政府に話を持ちかけることができます」

インガソルは「難しいことは分かっています」と答えた。「だからこそ、我々は適切な方法を探るべきです。大きな金額の購入を発表することは、その詳細が見込みにとどまるとしても、日米の双方にとって非常に有益です」

大平は、米政府と緊密に協力して作業するように外務審議官の鶴見清彦に指示すると約束した。

八月一〇日に米政府国家安全保障会議のスタッフがキッシンジャーのために用意した文書では、日本による旅客機購入について「一億ドルから二億ドルの間になるかもしれない」と見積もられた。(28)

軽井沢の万平ホテルで

八月一九日、キッシンジャーが軽井沢の万平ホテルに田中を訪ねた。キッシンジャーはスイス、ベトナムと旅した最後に日本に寄り、ヘリコプターで軽井沢まで飛んできたのだ。

日本外務省が米国務次官補から事前に得た情報によれば、(29)キッシンジャーは、日本政府首脳との話し合いで、貿易収支改善のための「一般的協力の意向」ではなく、「具体的な数字」「具体的な対米約束」を固めておくことを目的として大統領の指示で訪日することになった。

米政府の記録によれば、(30)会談には、外務事務次官の法眼晋作《ほうげんしんさく》、駐日大使のインガソルらが同席した。

田中はみずから話題を貿易不均衡に振った。

「あなたの弟子、あなたの学生だった中曽根が今や通産大臣なのですが、今朝、一緒でした。彼があなたの学生であるわけですから、日米の長期的な貿易バランスは解決すると確信してますよ！」

中曽根は、連合国軍総司令部（GHQ）の諜報部隊（CIC）要員だった人物に持ちかけられて、一九五三年、ハーバード大学の夏季国際問題セミナーに参加したことがあった。中曽根の回想によれば、そのとき同大学の教える側でそのセミナーを統括していたのがキッシンジャーだった。[31]したがって、キッシンジャーにとって、中曽根はハーバードの教え子の一人ということになる。その「キッシンジャーの生徒」である中曽根が田中内閣で通商産業大臣に就任し、大臣として貿易を所管し、この日の朝、田中と面会していた。

キッシンジャーが「彼はそれを公に言うべきですよ」と返すと、田中は笑った。キッシンジャーは言った。「二人の指導者の初めての会談ですから、だれの目にも成功と映るものとなることが重要だと思います」。ハワイでの日米首脳会談の予定に触れて、キッシンジャーがそう指摘すると、田中は深くうなずいた。キッシンジャーは「率直に申し上げますと、それは、他の外交の努力についても、あなたの立場を強めることになります」と畳みかけた。

日米首脳会談成功のカギとなるのは貿易不均衡の是正策だった。

田中は言った。「私はみずから、あなたがたの統計数字を見ています。私の見積もりを率直に申し上げますと、半年や一年で、居心地のいい貿易バランスにできるとは思いませんが、おそらく三年以内にはできるでしょう」

キッシンジャーは尋ねた。「『居心地のいい』というのはどういうことを意味しますか？」

田中は答えた。「答えるのが難しい質問ですが、私は、今年度の対米黒字を三〇億ドル未満に減らす方策をたてるように省庁に指示しています」

キッシンジャーは言った。「我々の統計では今年度の対日貿易赤字は三六億ドルから三八億ドルの間だとみられていますので、それを前提にすれば、三〇億ドル未満というのは前向きな話だと思います」

田中は言った。「おそらくハワイ会談より前に是正策をまとめられるでしょう。日本側では濃縮ウランの購入、民間航空機の購入、農作物購入が品目に上がっています」

ここに初めて、米国メーカーの民間航空機を購入する意向を日本として表明したことになる。田中はさらに、米国製兵器の購入を増やす方向で政府部内で検討させていると述べた。

会談が始まって三時間近くが過ぎた午後零時一五分、キッシンジャーが「総理と五分間だけプライベートにお話ししたい」と切り出し、外務官僚らを置いて田中とともに隣室に移った。

キッシンジャーはそこで田中に「ハワイでは補佐役一人だけを入れた大統領と総理だけの会談を持ちたい」と打診した。

米国側はそれまで再三にわたって、ハワイ会談の際には「首相と大統領だけの会合」に時間を割くよう外務省に求めていた。[32]「大統領の趣味・性格からして、二人のみの場合に初めて打ち明けた話し合いができるから」という理由だった。[33]田中は「両国一人ずつ通訳がほしい」と言い、キッシンジャーは「それは合意可能です」と答えた。

午後零時二五分、田中とキッシンジャーの会談は終わった。

午後三時、東京に戻ったキッシンジャーは外相の大平正芳と会談した。[34]冒頭、キッシンジャーは「総理との会談の結果」として、「対日貿易赤字を今年度中に三〇億ドルあるいはそれ以下に縮小するためのパッケージの内容をハワイ会談までにインガソル大使と鶴見外務審議官の間で詰めていくことになっています」と述べた。そして、その「パッケージの内容」については、ハワイ会談の前に発表するよりは、ハワイ会談の場で両国が確認するほうがいい、との意向を口にした。

これに対して大平は「総理の精力的なリーダーシップの下に本問題について努力しており、ハワイ会談までには結果を発表することができると思います」と、やんわりと反論した。また、「パッケージの中には今年度以降の輸入プログラムも含まれており、必ずしも今年度中に三〇億ドル程度に縮小できるとは限りません」と釘を刺した。キッシンジャーは「数字合わせをするつもりはありません」と述べた。

時差のおかげでキッシンジャーはその日のうちにワシントンに戻り、「田中は、我々の必要を満たすための穀物、濃縮ウラン、航空機、軍装備などの購入についておおまかに語った」と大統領に報告した。[35]

四日後の八月二三日、外務審議官・鶴見はインガソルに会い、「三億二〇〇〇万〜三億五〇〇〇万ドル相当の広胴旅客機の購入」を提示した。[36]

「過度の競争を避けるために」

翌日に日米首脳会談を控えた八月三〇日、ホワイトハウスの補佐官ウィリアム・マグルーダーによって、ある文書がしたためられた。

「日本貿易交渉の会合は、米国製民間機の購入について貿易合意または了解を伴うことになるとみられる」

キッシンジャーにあてたその文書はそう始まっている。そして、次のようにその先の問題が提起されている。

「DC10、L1011、B747の三機種のメーカーすべてからの報告によれば、日本は今も各社を互いに競争させることができる立場にある。支払い方法、引き渡し期日、特別の装備、保証などについて、どこまで譲歩できるか交渉されている」

そのころ、米国の航空機メーカー三社が日本の航空会社二社を相手に熾烈な売り込み競争を展開していた。DC10はマクダネル・ダグラス、L1011はロッキード、B747はボーイングの製造する旅客機の機種だ。

「大詰の〝熱い空中戦〟エアバスの機種選定問題　政治的圧力のうわさも」

八月三日の朝日新聞は経済面でそう伝えた。日本の航空会社が導入する見込みの旅客機の機種について、記事によれば、ボーイングのB747改良型の可能性もあるものの、さしあたりの選定対象はマクダネル・ダグラスのDC10と、ロッキードのL1011の二機種に絞られており、「陰で政財界の大物が動いている」との噂が飛び交うほど競争が過熱しているという。

マグルーダーが文書に書き込んだ「譲歩の交渉が続けられている」というのはそうした米国メーカー同士の競争によって米メーカー側が譲歩を強いられる状況を指すのだとみられる。マグルーダーは、大統領ニクソンの再選委員会の副委員長で後にウォーターゲート事件の中心人物として起訴されるジェブ・マグルーダーと姓が同じだが、別人である。

マグルーダーの文書は次のように指摘している。

「どのメーカーが選ばれるかについて何らかの限定をせずに貿易額の水準が設定される場合、日本は再び、我が国のメーカー三社を競争に追いやり、より多くの利益を得るだろう、つまり、出費を抑えようとするだろう」

全日空と日本航空に新型の旅客機を売り込もうと競争するロッキード、マクダネル・ダグラス、ボーイングの三社はいずれも米国の会社だ。この三社が米国企業同士で値引き競争をさせられてはアメリカの国益にならないとマグルーダーは考えたようだ。

「こうした事態はどのように避けることができるのか私には分からないが、二つのアイデアが浮かんだ」

そこには「a」と「b」の符号をつけられ、二つの提案が記されている。

a) 値切られないようにするため、日本に選択をさせる、あるいは、合意の一部とする。

b) 米国の航空会社が最初に購入した際と同じ条件で契約を結ぶよう日本側に求める。すなわち、アメリカン航空がＤＣ10を、イースタン航空がＬ１０１１を、パンナムがＢ７３７を購入した際と同じ条件にするよう求める。

民間航空会社による特定の機種の採用あるいは契約条件を日米合意に含めて、市場での競争を抑えてしまおうという、それは、日米合作の「天の声」の勧めともいえるアイデアにほかならない。

「これは、競争をやめさせるためではなく、貿易不均衡の是正と米国内産業の健全化という我々の二つの目的を実現するために行われる」。そんな言い訳じみた一文が添えられている。とはいえ、文書の最後は「過度の競争を許すと、二つの目的を損なうことになる」と締めくくられている。競争を制限しようという意図を認めたのも同然である。

その文書は「日本貿易交渉」と題されて、キッシンジャーらにあてて提出された(37)。

その日の夕方、ニクソンはハワイに降り立ち、夜、ヒッカム空軍基地で日本の首相・田中を迎えた。

ハワイで日米首脳会談

翌三一日午後一時過ぎ、田中とニクソンの首脳会談はハワイのクイリマホテル六階のスイートルームで始まった。駐米大使の牛場信彦と大統領補佐官のキッシンジャー、それぞれの通訳が同席した。

二日間にわたる日米首脳会談の最初の話題は経済だった。

田中が「太平洋岸出身の初の大統領たる貴大統領に期待するところが大です。日米間で不断の交流を行うことが必要です」と言うと、キッシンジャーが「政治の分野でも経済の分野でも」と口を差しはさんだ。田中は「経済分野について言えば、米国の繁栄は日本にとって不可欠です」と、これに応じた。「種々の問題を一挙に解決することは困難としても、不断の連絡・協議により長期的に調整を図っていきたい」。キッシンジャーに促されて日米貿易不均衡を冒頭の議題に持ってきた格好だ。

田中の話を引き取るように、ニクソンは「そういう趣旨で、経済分野で経験豊富な実業人たるインガソルを駐日大使に任命しました」と述べた。そして、「貴総理は、ビジネスで成功を収めただけでなく、大蔵大臣、通産大臣を歴任しており、まさに適任です」と、交渉相手としての田中を持ち上げた。インガソルはキャリア外交官ではなく、もともとは日本企業とも取引のあるシカゴの会社の会長だったところをニクソンによって駐日大使に指名された人物だ。

田中は「官庁の窓口だけで接触していると、品目ごとにいちいち交渉するようなことになりがちで、長期的なバランスを図るためには専門家同士で相談するのがいい」と言い、インガソルの働きぶりをほめると同時に、会社経営者だった自身の専門性をアピールした。そして、次のように述べた。「インガソル大使は政府のみならず、日本の財界人とも接触し、財界もこれを多としています」。丸紅社長・檜山とインガソルの接触がこれに含まれるのかどうかは定かではないが、符合している。

これに対してニクソンは「日米貿易不均衡を解決するための話し合いは難しいもので

はありましたが、若干の進展があったことは喜ばしい」と述べ、そのインガソルが外務審議官・鶴見との間でとりまとめた合意に言及した。その合意の中に米国製旅客機の購入計画も盛り込まれていたが、そこまではニクソンも田中も踏み込まなかった。

ニクソンは続けた。「現在のような不均衡は、短期的には日本の利益のように見えますが、放置すれば、米議会に保護貿易論が高まり、長期的には結局、日本にとって不利益になります。この貿易不均衡をできるだけ改善することは日米双方にとって利益となります。日本のビジネスマンやメーカーは競争に強く有能です。我々のビジネスマンやメーカーもそうです。我々は貿易障壁が生じないよう努力すべきです。したがって、日本政府が現在の貿易不均衡を減らそうとしているのは米国の世論にも議会にも好影響を与えるでしょう」

田中はこれに同意し、「是正に努めます」と言いつつ、「もっとも半年や一年で解決できる問題ではありません」と釘を刺した。「自分は大蔵大臣三年、通産大臣一年、幹事長として経済問題について専門家であり、これを生かして自分の在職中に日米貿易を理想的なものに仕上げていく考えです」

ニクソンは「貴総理はビジネスについて専門的知識を持っておられるので、素人の私が貴総理と経済交渉を行えば私が損をする」とジョークで返した。

田中は「この問題は、自分で検討して結論を出していく」と自身の関与を改めて明言した。「日本の戦後の経済はドルを基盤としており、ドルの価値が維持され、アメリカ経済が拡大していくことは、世界平和のために不可欠であり、日本の繁栄のためにも不可欠であると考えています。そのための協力は惜しみません」

ニクソンは「その事情はお互い様」と答えた。「強く健全な日本経済は米国にとって利益です。米国の新聞に、日本について、扱いづらい深刻な競争相手であるとする我が国の政治家や実業家の感情が反映された記事がありますが、私はそれらに同意しません。健全な競争は両国を利する。もちろん、不均衡があまりに大きい場合はそうではありませんが」

この会談でのニクソンと田中のやりとりは日米双方によって記録された(38)。米国の記録は録音テープから起こしたかのように詳細で、それと比較すると、日本の記録はやりとりの何割かが省かれていることが分かる。ただし、「素人の私が貴総理と経済交渉を行えば私が損をする」というニクソンの発言は米国側の記録ではなぜか抜けていた。

田中とニクソンの少人数会談は一時間半余りで終了し、一五分ほどの間をおいて両首脳は、別室で並行して進められていた外相の大平、国務長官のウィリアム・ロジャーズらの会談に加わった。そこではロジャーズ、大平、ニクソンの順に発言し、最後に田中が「私からは一〇点、まとめて申し上げたい」と切り出した(39)。

第一は「日米両国の友好親善はますます深められるべし」。第二から第七まではいずれも経済の関連で、うち第四は「日米間の貿易バランス不均衡の是正のため最大の努力をする。大きなアンバランスのままでは長期にわたり友好関係は維持できない」というものだった。第八は日中関係。第九は「世界情勢が変化しても日米の関係は不変である」。第一〇は「日米両国間で常に意思の疎通をはかっていく」。田中は「ニクソン大統領は来る選挙で再選されるのが必至とうかがっており、再選されたら次はワシントンでお会いしたい」と言って、一〇項目の列挙を締めくくった。

ニクソンが「私のほうから第一一点」と笑いながら言った。「私が再選されなければならないと付け加えなければならないようです。そのため、選挙の大変な経験者であられる田中総理をお手本としたい」

外相の大平はこの日の夜、同行記者団と懇談し、「儀礼ぬきで、ビジネストークをやったといえる」と首脳会談を振り返った。(40)

翌九月一日、予定通り「三億二〇〇〇万ドル相当の大型機を含む民間航空機の購入」が鶴見とインガソルの会談の結果として発表された。

「日本の民間航空会社は、米国から約三億二〇〇〇万ドル相当の大型機を含む民間航空機の購入を計画中である。これらの発注は、一九七二年度及び七三年度になされることとなろう。日本政府は、購入契約が締結され次第、これら航空機の購入を容易ならしめる意向である」

日米の記録に残されている限りでは、マグルーダーが提案したような日米合意、つまり、どのメーカーのどの旅客機をどのような契約条件で購入するかについて、日米首脳で話し合われた形跡はない。また、キッシンジャーが軽井沢で田中に提案したような田中とニクソンの二人だけの会談が正式日程として開かれることはなかった。ただし、九月一日にすべての会談が終わった後、ニクソンと田中は一五分間、ホテルの庭を歩いた。(41)その際の会話の記録は見あたらなかった。

「中曽根事務所から呼び出し」

マクダネル・ダグラスの副社長フォーサイスが米国の大使館を訪ね、「ハイレベルの米政府の圧力」の話を持ち出したのはその一九日後、九月二〇日のことだった。

その際のフォーサイスの話によれば、「ハイレベルの米政府の圧力」の話は次のようなルートで伝わってきた、という。

中曽根事務所
↓
三井物産上級副社長
↓

マクダネル・ダグラス

フォーサイスの話の内容を国務省に報告した大使館の公電によれば、三井物産はマクダネル・ダグラスの販売代理店であり、また、DC10のエンジンを生産するGEの代理店でもあった。その三井物産の副社長が九月一九日、中曽根の事務所に呼び出され、そこで次のように伝えられた、という。

「ハイレベルの米政府のプレッシャーのため、日本の航空会社は、ダグラスのDC10とロッキードのL1011を分担して購入しなければならないだろう」

ここで「日本の航空会社」というのは複数形になっており、日本航空と全日空の二社を指す。ダグラスとしては、日航と全日空の双方にDC10を売るつもりだったのだが、その片方をロッキードに奪い取られてしまう、というのが話の内容だった。

三井物産の副社長は中曽根の事務所で「米政府の圧力」の詳細を尋ねたが、「あなたの知ったことではない」と言われてしまい、その中身を教えてもらえなかった、という。三井物産のその副社長の名前、その会話の相手である中曽根事務所の人間の名前はその公電には示されていない。

三井物産はダグラスに対して次のように強調したという。

「もし米政府の干渉がなければ、日本航空も全日空もDC10を購入していただろう」

フォーサイスは大使館に対し、「米政府は完全に中立だ」と関係先に申し開きするように要求した。

「五日以内に回答がなければ」

公電によれば、大使館もダグラス社も、三井物産の話の信憑性には疑いを抱いていたようだ。

大使館は、国務省に送った公電の中で次のような可能性を列挙している。

(A) 三井物産が、DC10の売り込みがうまくいかないのを正当化するためにこうした疑惑を用いている。

(B) ロッキードの代理店の丸紅が、ロッキードの販売の可能性を高めるために、日本政府内部に「米政府の圧力」の話を吹き込んだ。

(C) 自民党を資金的に支援している大商社から別々に相異なる圧力をかけられた日本政府が、旅客機の商機を均等に分散するために「米政府の圧力」を使っている。

いずれも「米政府の圧力」がなかったことを前提にした推測である。

実際、ロッキード社長のコーチャンらは八月下旬から「ニクソン政権はロッキードを

支援している」というまことしやかな「うわさ」を日本の各界に精力的に流し、それは
かなり成功していた。ロッキードはニクソンの地元のカリフォルニア州に本社を置く大
企業であり、また、経営危機に陥って政府から公的資金の援助を受けていた。だから、
ニクソンにとっては、ロッキードの製品を日本側に購入してもらいたい政治的動機があ
るという推測が成り立つ。

こうしたロッキードの「情報流布作戦」に抗してきたのが米国の在日大使館だった。
九月二〇日付の公電によれば、大使館としてはそれまで機会あるごとに様々なレベルで
日本の政府や航空会社に「米国の航空機メーカー同士の競争について米政府は中立であ
る」と伝えていた。大使のインガソルは、他国のメーカーではなく米国のメーカーを選
ぶように米政府が圧力をかけるのはかまわないが、米国のメーカー同士で競争している
最中に特定のメーカーに肩入れするような「米政府の圧力」などあってはならないと考
えていた。市場での自由競争に価値を置く共和党の伝統的な保守の立場からすれば、当
然の発想だろう。インガソルは二〇〇一年に日本人ジャーナリストの徳本栄一郎のイン
タビューを受けた際にも、「米大使として自分が特定の航空機を選び、介入したことは
ない」と述べており、当時の大使館の姿勢を裏付けている。とはいえ、「米政府の圧力」に一抹の疑いもあったようだ。
公電は次のように続けている。

「三井物産の話を真実として受け入れる理由はないものの、我々としては、米政府がどのメーカーにも肩入れしていないことについて、日本政府や日航、全日空に改めて念を押すべきだと信ずる。そうすれば、マクダネル・ダグラスの心配を和らげることができる。また、将来、日航もしくは全日空またはその双方がロッキードL1011を購入した場合に、米政府が差別的な扱いをしたと疑われるのを避けることができる。さらに、もし日本政府が本当に、米政府がL1011のために圧力をかけていると主張するのなら、我々はその誤解を正すことになるだろう。九月二五日までに別段の指示がない場合は、大使館は上記の通りに処置する」

もし、「米政府の圧力」について真っ赤なウソであると疑いなく信じているのならば、本国政府に伺いをたてることなく、「米政府は中立」と念押しして回ればいいはずだ。しかし、大使館は「日本政府が本当に誤解している場合」を想定し、その「誤解」を打ち消すことについて、あえて本国政府の了解を得ようとした。

駐日大使インガソルから国務省にこの公電が送られたのは九月二〇日。すなわち、この公電は「五日以内に回答せよ。さもなければ……」と本国政府に通告している。しかも、大阪・神戸の領事館にもこの公電は参考情報として送られた。筆者のインガソルとしては、それだけ多くの人の目にことの顚末がさらされるのを意図していたことになる。

四つの事実と

この九月二〇日付の公電の内容に符合あるいは連関しそうな事実がいくつかある。

その第一は、ロッキード社長だったコーチャンの回想である。

コーチャンの著書によれば、(44)コーチャンらロッキード幹部は九月に入ると、さらなる「高等情報戦術」として「全日空はロッキードのトライスターL1011、日本航空はボーイングB747とマクダネル・ダグラスのDC10を『公平』に購入するべきだ」という情報を流す方針をたてた。九月一六日、コーチャンは東京・八重洲の国際興業本社を訪ね、ロッキードの秘密代理人で中曽根とつながりのある右翼のフィクサー、児玉誉士夫とともに、田中の盟友である国際興業社長・小佐野賢治に会い、その〝情報〟を吹き込んだ、という。「児玉氏や小佐野氏に吹き込めば、〝政府高官方面〟にも伝わり、われわれにとって都合のよい『公平な』裁断が下されやすくなるのではないか、と考えた」という。(45)中曽根事務所が九月一九日に三井物産副社長に伝えたとされる「日本の航空会社は別々の機種を分担して購入する」という話と符合している。

第二は、三井物産の副社長だった石黒規一《きいち》の動きだ。

九月二一日午後二時四五分、石黒は総理大臣官邸にその主の田中を訪ねた。のちに田中に有罪を宣告した東京地裁判決の判決理由によれば、石黒はその際、「ロッキードに内定したような噂話も飛んでいる」として、DC10の購入を全日空に働きかけるよう田中に口ききを依頼した。[46]

九月二一日に石黒が田中を訪ねた経緯について、検察は一審の論告の中で「九月、石黒は、全日空が既にL1011の採用を内定しているのではないかとの風聞を耳にし」と主張するにとどめており[47]、判決でもそれ以上は触れられていない。そのため、石黒が「ロッキードに内定したような噂話」を具体的にいつどこから聞いたのかははっきりしない。石黒が田中と会った九月二一日は、米大使館の公電によれば、「三井物産の上級副社長」が中曽根事務所に呼び出され、「日本の航空会社はロッキードからL1011を購入しなければならない」と告げられたとされる日の翌々日にあたる。

第三は、七二年九月一九日、参院内閣委員会で社会党議員の上田哲によって、ロッキードのL1011売り込みに関連して、米政府の大統領ニクソンとロッキードとの関係が取りざたされた事実だ。

上田の質問によれば、ロッキード陣営は、騒音が問題になっていた大阪・伊丹空港や羽田空港の周辺にトライスターL1011の静かさを宣伝する数十万枚のビラをまいたという。さらに、上田は、その年の一一月に予定されている米大統領選挙でニクソンを有利にするため、それより前にトライスターL1011の購入を決めようとしているのではないかと運輸相の佐々木秀世に質した。佐々木は「ニクソンの選挙のことまで言われますと、どうも答えようがございません」と答弁するにとどめている。

上田はまた、日航と全日空が同じ機種を選定するべきではないかとも運輸省に迫っている。「日本の全体の運輸行政、航空行政の将来のためには、これはやっぱり同一機種の使用ということがあると思うんですよ。日本航空と全日空と全然別な飛行機で飛んでいるとか、こういう形ではやっぱり全体的な発展は望めない」。エンジンや部品の交換などメンテナンスの都合からすれば、両社が同じ機種を使ったほうが互いにそれらの便宜を融通しやすくなる。しかし、佐々木は「私は必ずしも同意できませんね」と、これに否定的だった。

中曽根事務所が取り上げたという「ハイレベルの米政府の圧力」の話と「日本の航空会社は別々の機種を分担して購入する」という話は、上田の追及の的となっている疑惑の構図と一致している。

第四の符合は、この三年半後、ロッキードから日本政府高官に裏金が渡ったという疑惑が一九七六年二月に米議会で明るみに出た直後に中曽根自身の発言として米政府の内部文書に記録された内容である。

それによれば、中曽根は七六年二月六日、米国務省日本部長ウィリアム・シャーマンに対し、「ロッキードに有利な取引はニクソン大統領と田中前首相の間で結論が出ていた」という疑惑に触れて、「その二人だけが事実を知っている可能性がある」と述べた、とされている。(48)日本の民間航空会社による機種選定について、ニクソンが関与して結論が出ていたのが事実だとすれば、それはまさに「ハイレベルの米政府の圧力」ということができる。

外務事務次官に「米政府は中立」

結局、「五日以内に別段の指示がなければ、我々は、米政府がどのメーカーにも肩入れしていないことについて、日本政府や日航、全日空に改めて念を押す」という在日大使館からの公電に対し、国務省から東京に異論が届くことはなかった。

九月二六日、駐日大使インガソルは日本政府の外務事務次官・法眼晋作に会い、米政府は米国のメーカーの間では特定の会社に肩入れしない考えを伝えた。それと並行して、経済担当の公使が、日航と全日空の社長、複数の省庁のさまざまなレベルの担当官に会って、米政府の立場を説明した。二九日、インガソルは国務省に公電を送り、その中でこうした働きかけを報告し、「今後も機会をとらえて、米政府の中立を強調し続ける計画だ」と改めて表明した。(49)

一カ月後の一〇月三〇日、日本航空と全日空はそれぞれボーイング747SR、ロッキードL1011を購入すると発表した。マクダネル・ダグラスのDC10は選に漏れる結果となった。

田中首相の約束「完全に実現された」

その後、田中内閣の下で、貿易収支不均衡の問題はいったん終息に向かう。

ハワイ会談の一年後の七三年八月一日、ホワイトハウスでニクソンは田中に謝意を伝えた(50)。

「総理がクイリマで約束した貿易不均衡の削減で進歩があったのは大変な成果です。(それによって)日本経済に種々のひずみや問題が生じたということは承知しており、これは改善を成し遂げるのがきわめて困難だったことを示しています」

田中は「クイリマでの首脳会談以来、日本政府は厳しい政策をとってきました」と答えた。

「その結果、卸売物価指数が一五%ほど上昇しました。しかしながら、管理可能な範囲で抑えられると思います。収支不均衡の改善への日本の貢献を報告できることをうれしく思います。収支不均衡の改善を最優先とし、国内経済は二の次にしてきました」

その二カ月余り後にオイルショックが起き、物価は「管理可能な範囲」で抑えられることなく、「狂乱」と呼ばれる物価高騰で社会は不安と混乱に陥れられていく。

七四年九月、ニクソンの後任の大統領、ジェラルド・フォードのために国務長官のキッシンジャーが用意した資料では「過去一〇年の中でこの一年は日米関係がもっとも穏やかに推移してきた一年だった」と総括された(51)。

同月二一日にホワイトハウスの大統領執務室で開かれた日米首脳会談で、日本外務省の記録によれば[52]、田中が「短い期間でありましたが、日米の貿易インバランス問題も生じ、自分としては二ないし三年間に現在みられるような正常な状態に戻したいということを申し上げ、これが実現しているのは喜ばしい」と言うと、キッシンジャーがフォードに向かって「日米貿易バランス問題については、私も田中総理と長い時間討議した次第ですが、総理がその際いわれたことを完全に実現されたことを御報告したい」と言い、田中の言葉を裏付けた。フォードは「日米関係は現在極めて良好(エクセレント)であり、深刻な問題もなければ、緊張の関係、その他の困難がないのはきわめて幸いであると思います」と述べた。

田中は、ニクソンとキッシンジャーへの約束を果たしたのだ。その約束の中にロッキードからの航空機購入が含まれていたかどうかについて、その後、日本の刑事裁判で争われることになろうとは、その時点では、田中は夢にも考えていなかっただろう。

ロッキード裁判で争点に

ハワイでの日米首脳会談で具体的なメーカーや機種の名前が出たかどうか、そして、首脳会談後に田中が全日空側に対してロッキードL1011トライスターの購入を勧める「天の声」を出したかどうかは、田中を被告人とするロッキード事件の裁判で大きな争点となった。

検察官の主張によれば、ロッキードの代理店・丸紅の社長・檜山は、日米首脳会談でニクソンから田中にロッキードのL1011が推奨されるのではないかと予想し、事前に田中に話をしておき、その際に五億円の賄賂を申し込もうと考えた、とされる[53]。現に檜山は首脳会談一週間前の八月二三日に田中に面会した。そして、検察官の主張によれば、九月一日に首脳会談が終わって間もなく、田中は、全日空の大株主で親友の小佐野に会い、「実は、ニクソンとの会談でハワイに行った際、ニクソンから日本が導入する飛行機はロッキード社のトライスターにしてもらうとありがたいと言われた。全日空の方針はどうかな」と言い、小佐野はそれをそのまま全日空の副社長に伝えた、とされる[54]。

こうした検察の筋書きについて、田中側は全面否定した。田中は「ニクソン大統領がそのようなことを希望していた事実はなく、小佐野にトライスターのことを話したことはない」と供述し[55]、田中の弁護人は法廷で「日米首脳会談において特定航空機の購入問題が話題にのぼるということは常識的に考えてあり得ない」「民間航空機のことが話題にのぼったことはない」と主張した。

首脳会談で実際に何が話されたかについては裁判所は判断を避けた。

「弁護人主張のとおり、田中・ニクソン会談の際、両首脳の間でトライスターに関する話が出たことを証明する証拠はなく、そのような話は出たことがない旨の証拠は種々

提出されている」(一九八三年一〇月一二日、東京地裁判決[56])

しかしそれでも裁判所は検察の筋書きを追認し、田中に有罪を宣告した。

「本件における問題は、ハワイでニクソンが現実にトライスター購入を望む旨の発言をしたか否かではなく、被告人田中が小佐野を介して全日空の渡辺副社長に働きかけた事実があったか否かなのであり、そのような働きかけの手段として、田中が、真偽はともかく、ニクソン大統領の言葉なるものを作り出して話すということが証拠関係上考え得ないというわけではない」(同前)

「田中から右のような話を聞いたと供述しているのは小佐野だけではなく、若狭(全日空社長)及び渡辺(同副社長)も、昭和四七年(一九七二年)一〇月二四日内閣総理大臣官邸に田中を訪問した際、同人から同様の話を聞いた旨供述しているのであって、小佐野がかかる話を作り上げたとは考えられず、また、田中がこのような話をするはずがないとは言えない」(一九八七年七月二九日、東京高裁判決)

中曽根は七七年四月一三日、衆院のロッキード問題調査特別委員会で証人として喚問され、「私はロッキード事件に関係したことはございません」と述べた。

中曽根　「自分の手も、自分の魂も決して汚れていない、国民の皆様を裏切ったようなことは断じてない、このことを申し上げさしていただきたい」

質問者「全日空のトライスター機種決定につきまして、あなたは何ら関係していなかったでしょうか」

中曽根「関係しておりません」

質問者「ハワイ会談の後、田中総理から航空機輸入の問題について何かお話がございましたか」

中曽根「閣議で個々の具体的な話はなかったし、私は個別的にもそういうことは聞いたことはございません」

七二年九月一九日に中曽根事務所から三井物産副社長に「ハイレベルの米政府の圧力」の話が伝えられたというダグラス副社長の苦情を報告した米大使館の公電は証人喚問でも田中の判決でも取り上げられていない。その公電が私の目に触れたのは二〇〇九年のことで、私は二〇一〇年、それについて中曽根事務所を通じて中曽根に取材を申し込んだ。しかし、中曽根のコメントは得られなかった。

日米首脳会談前日の七二年八月三〇日に「過度の競争」を避ける方策を提案したホワイトハウスの内部文書も当時は秘密に指定されており、田中の裁判でも捜査でも取り上げられていない。もしこれが証拠となっていたとすれば、「日米首脳会談において特定航空機の購入問題が話題にのぼるということは常識的に考えてあり得ない」という田中側の主張を簡単に否定できる根拠にできただろう。

検事としてロッキード事件の公判に立ち会った弁護士の堀田力《ほったつとむ》は二〇一〇年にそれを読んで「これが裁判当時に入手できていれば……」と感想を漏らした。「ハワイ会談でロッキードの話が出たかどうかについては、弁護側は強力に争い、一方、私ども(検察)は状況証拠でしかモノを言えなかった。この文書は首脳会談でロッキードの話が出た可能性をかなり直接的に裏付ける証拠だ」

私は二〇〇九年夏、イリノイ州エバンストンに住むインガソルにインタビューを申し込む手紙を書いて送った。しかし、そのアシスタントを名乗る女性から丁重な断りの返書が届いた。「インガソル氏の健康状態では、日本やワシントンでの経験についてインタビューを受けることはできません。九五歳を超える年齢で、彼は近親者と時間を過ごしています」

二〇一〇年八月二二日、インガソルは死去した。

第三章

ニクソン大統領辞任から田中逮捕へと連鎖
――ウォーターゲート事件の風

ウォーターゲート事件摘発で
不正暴露に強い追い風

米国務省、カネ渡った高官名の
秘匿に知恵を絞る

ウォーターゲート事件の舞台となったビル

ロッキード事件は一九七六年二月四日、米議会上院で暴露された。多くの日本人の目にはそういうふうに映った。しかし、米公文書を追っていけば、別の物語を描くことができる。「一九七六年二月四日」ではなく、その前々年からアメリカ国内では企業献金の暴露をめぐって熾烈な闘いが繰り広げられていたのだ。

その闘いにあたって、ヘンリー・キッシンジャーら米外交当局者は守る側であり、暴露を阻もうとする側にあった。企業からカネを受け取った政治家の名前の公開をやめさせるため知恵を絞り、画策した。一方、暴露しようとする側は、現職大統領をその地位から追い落としたウォーターゲート事件摘発で勢いを得ていた。ウォーターゲート事件の余波で、あらゆる不正の暴露に追い風が吹いていた。

ロッキード事件はどのように隠蔽されようとし、どのように暴露されようとしたのか、その舞台裏のせめぎ合いが米政府の秘密解除文書に刻まれている。

ウォーターゲート事件

一九七三年の春先、米政府の外交は、すべてがうまくいっているように見えた。中国とソ連の反目は米国に漁夫の利をもたらし、ほかの国々も米国にすり寄ろうとした。

ところが、その春から、ウォーターゲート事件の疑惑が深まるにつれ、多くの国々がニクソン政権に距離を置くようになった。

前年の七二年六月一七日未明、ワシントンDCのポトマック川の岸辺、ウォーターゲートビルにあった野党・民主党の事務所に侵入しようとした五人の男が現行犯逮捕されたのが発端だった。盗聴器を仕掛けるのが犯行の目的のようで、単なる泥棒と異なる事件であることは明らかだった。共和党のリチャード・ニクソンを主とするホワイトハウスの関与が当初から取り沙汰された。しかし日本の在米大使館の分析によれば、「政治につきもののスキャンダルとして、特に国民の関心をよばなかった」といわれる。同年一一月の大統領選挙ではニクソンが難なく再選された。ところが、その後、七三年三月二三日に事件の真相が政治的圧力でもみ消されようとしているのではないかとの疑惑が浮上。「報道関係の執拗な追及」や上院の特別委員会の調査もあって、七三年四月一九日に、駐米大使の牛場信彦が外相に(1)「ウォーターゲート事件」と題する公電を送って事態を報告した際には、「最近一部関係者の供述が明るみに出て来たことから急展開を示し(中略)最近は全国的な関心をよびつつある」という状況にまでなっていた。

「ニクソン大統領の政治上の後見役とも言われて来たミッチェル前司法長官以下、ハルデマン特別補佐官、ディーン補佐官といった現職のホワイトハウス・スタッフに対する嫌疑が強まって来た」

牛場は外相にそう報告した。

「外交面での成果を通じて大統領としての評価を高めつつあったニクソン大統領にとって、大統領就任以来最大の政治的打撃ともいうべき事態に発展しつつある」

ウォーターゲート事件はニクソンだけでなく、アメリカの外交政策の全般にも災厄をもたらしつつあった。国家安全保障担当の大統領補佐官キッシンジャーは、事件から外交を隔離し、疑惑の火の粉を払うのに必死だった。

「あらゆることが少し難しくなり、少し時間がかかるようになりました。政府を運営していける能力が私たちにあると見てもらえるように、ウォーターゲートを過去のものとすることは、国家的な義務です。私たちはウォーターゲートを乗り越えなければなりません」

七三年八月三日、大統領外交情報諮問委員会の昼食会で、キッシンジャーはそう訴えた(2)。

ノースロップ社の訴追

ウォーターゲート事件の焦点の一つが、犯人が持っていた資金の出所だった。ニクソン陣営にメキシコを経由して政治献金が流れ込んだとの疑惑が浮上し、「カネを追え」が捜査当局者の合言葉になった。

捜査が進むなか、米政府の独立機関、証券取引委員会（SEC）は七四年三月八日、ある重要な決定を公表した。(3)

違法な政治献金で有罪となった上場企業はその旨を公表しなければならない。なぜならば、その情報は、投資家にとって、その企業の経営者の誠実さを測りうる「重要事実」にあたるから──。そういう法解釈がその日、証券取引委から示されたのだ。

問題は、違法な政治献金をしたかもしれないが、それについて訴追されていない場合にどうするか、ということだった。その場合、企業経営陣が事実を調べ、開示が必要かどうかを決定するべきだというのが、このときに示された証券取引委の見解だった。つまり、上場企業の経営者は自社の政治献金疑惑を調べ、場合によっては、その結果を公表しなければならない。そうしなければ証券取引法違反になってしまいかねないというのだ。

七四年五月一日、この証券取引委の新しい法解釈が適用される事件が持ち上がった。司法省のウォーターゲート特捜班が違法献金の罪で、航空機メーカーのノースロップ社を訴追したのだ。七二年一一月の大統領選挙に前後して、ヨーロッパのコンサルタントに前払いしてあったカネの中から一五万ドルをニクソン再選委員会に寄付したというのが罪状だった。(4)

米国では企業の政治献金が禁止されている。だから形のうえでは、ノースロップ社の行為は犯罪にあたる。ただし、公判廷での検事の説明によれば、そうした寄付を禁止する罰則は一九四〇年からあったが、実際に訴追がなされた前例は見当たらなかった。ウォーターゲート事件の捜査でニクソン追及に注目が集まったからこその訴追であるといえるためなのか、裁判官は公判廷で「党派に偏ることなく全ての人にその法律を適用してほしい」と検事に注文をつけた。ノースロップ社はただちに罪状を認め、裁判官から罰金五〇〇〇ドルの刑の宣告を受けた。

しかし、証券取引委の見解があったためか、罰金だけでは足りなかった。ノースロップ社は、社外取締役が中心となって社内調査を始めなければならなかった。外国政府高官への不適切な支払いなどの疑惑について徹底的な調査を行い、包括的に事実関係を明らかにする報告書を出すことが株主に対する責任であると考えられたからだ⑸。

罰金五〇〇〇ドル程度の不正だったとしても、その不正を隠したり、その不正を放置したりすることは、もっと大きな不正だった。疑惑の調査をもみ消すことこそが許されざる不正だった。大統領のニクソンが犯罪の嫌疑をかけられたのもその点だった。ウォーターゲート事件への政治的・道義的な責任ではなく、同事件をもみ消そうと画策したことの刑事責任をニクソン個人として追及されたのだ。

その年の八月九日、ニクソンは大統領を辞任した。それに呼応するかのように、日本でも一一月、田中角栄が蓄財スキャンダルで首相を辞任せざるを得なくなる見通しとなった。

ニクソンは、ワシントン・ポスト紙の若手記者による調査報道によって追い詰められ、田中は、立花隆の率いる月刊誌『文藝春秋』の取材チームによる調査報道で窮地に立たされた。二人の政府首脳の辞任劇は、それぞれの国の政治史には暗黒の不祥事として刻まれたが、ジャーナリズムの歴史には調査報道の金字塔として燦然と輝き続けることになった。

キッシンジャーは一一月三〇日、日本の外相・木村俊夫らを前に「ポスト・ウォーターゲート」の風潮を次のように嘆いた。(6)

「すでに知られている話であっても、新事実であるかのように仕立て直すことができます」

キッシンジャーの目から見ると、知る人の間で既に知られている話であっても、まるで新たなスキャンダルであるかのように焼き直され、報じられることがあった。

「もし自己弁護すれば、それは有罪の証拠であるとみなされます。もし自己弁護しなければ、それこそ有罪の証拠です」

キッシンジャーの目から見ると、報道機関は、みずからの力に酔いしれて、ニクソンを「敵」であるかのように扱った。

政府高官の不正を暴こうとする風は、ニクソンと田中の辞任によって力を得て、ますます強さを増していった。

チャーチ小委員会とサウジの武器商人

米議会上院の多国籍企業小委員会、いわゆるチャーチ小委員会は一九七二年春、親《おや》委員会である外交委員会の議決によって設置され、九月に活動を始めた。米国に本拠を置く国際電信電話会社ＩＴＴが、南米チリの左翼政権について、自社の事業に都合が悪いと敵視し、政権を転覆させようと画策し、米政府のＣＩＡ(中央情報局)に支援を求め、連絡を取り合っていたとの疑惑が直前の七二年三月に報道された。その疑惑を調査するのが小委員会に与えられた第一の任務だった。それを広げて、多国籍企業が国際政治や国際経済にどのような影響を及ぼしているのかを調査する任務も与えられた。

親委員会の外交委員会とは別に、小委員会は、専任の事務局スタッフとして弁護士らを雇い、独自の調査を進めた。七二年一一月の大統領選に影響が出ないように配慮して、公聴会を開くのを遅らせて、第一回の公聴会開催は七三年三月二〇日だった。以後、ＩＴＴとチリの問題だけでなく、多国籍企業による共産圏への投資や石油価格の上昇による経済への影響などについても、チャーチ小委は精力的に公聴会を重ねてきた。

「外国政府への政治献金」をテーマにした公聴会を最初に開いたのは七五年五月一六

日で、国際石油資本の一つ、ガルフ石油の会長らに証言を求め、韓国の与党への政治献金を暴いた。それを手始めに、以後、公聴会を重ねていく方針の下、石油会社の次に選んだ相手が航空機メーカーだった。

六月二日、サウジアラビアのジッダにあった米国大使館からワシントンDCの国務省に悲鳴のような公電が送りつけられた[7]。

「もし王族が巻き込まれれば、我々は苦しいことになるだろう」

公電は「サウジアラビアにおける腐敗　ノースロップ」と題され、その主人公はサウジアラビアの武器商人、アドナン・カショギとノースロップ社だった。

米国の航空機メーカー、ノースロップ社はサウジアラビア政府に戦闘機を売り込むため、カショギにカネを払っていた。そのことが一週間後の六月九日、一〇日に開かれる米議会上院の多国籍企業小委員会で明らかにされる見通しだった。

多国籍企業小委員会は、民主党上院議員のフランク・チャーチが委員長を務め、「チャーチ小委員会」の通称で呼ばれていた。

ジッダ発の公電によれば、疑惑はノースロップ社だけでは済まなさそうだった。米マサチューセッツ州の軍事企業レイセオン社とカリフォルニア州の別の航空機メーカー、ロッキード社もまたカショギに一五％の代理人手数料を払っており、三億ドルの契約に対して代理人手数料が四五〇〇万ドル(一三五億円)に上るというのは第一級のスキャンダルだと、その公電は指摘した。

「カショギは様々な王子たちに車、家、若い女、その他のサービスを提供してきた」

ノースロップを端緒にして、それらが芋づる式に発覚する恐れがあると、ジッダの米大使館は恐れた。公電によれば、英国、フランス、日本ならば、サウジ政府を困惑させたり、自国の企業の不正を暴露したりするようなことはありえない。だから、どのようなリアクションになるにせよ、その矛先が米国に向けられるのは間違いない。

「チャーチ(小)委員会には協力するべきですが、カショギの支払いを受けた者の名前だけは除くことをお勧めします」

ジッダの米大使館は公電の末尾でそう訴えた。

これを受けて、国務省はすぐに複数の線でチャーチ小委員会の側に接触した。委員会のスタッフの話で、ノースロップ社から提出させた文書の中に、ロッキードとサウジ政府の関係への言及があるらしいことが分かった。ノースロップは自社の行為を正当化するためにロッキード社のやり口を引き合いに出しているようだった。

ノースロップでは前年春以来、社外取締役らによる社内調査が一年以上も続いていた。その社内調査委員会のメンバーには、ある割り切れなさを感じる向きがあった。「これはノースロップ特有のものではない」――。ノースロップのみが不正を働いていると公にされ、世間の非難の対象とされている実情に甘んじていていいのだろうか。要するに、他社もやっているのに、なぜ、うちの社だけが非難されるのか、という素朴な不満だった。

米国務省にとっては、ノースロップ社の事情がどうあれ、ロッキード社の疑惑が浮上し、ロ社からカネを受け取った友好国政府の高官の名前が明るみに出ることは、何としても避けたかった。

チャーチ小委員会の共和党メンバーのチャールズ・パーシーは、カショギからカネを受け取ったと疑われる人物の実名の開示を抑えるため全力を尽くすと国務省の幹部に約束した。

国務省からも直接、チャーチ小委員会の首席スタッフとパーシー議員のスタッフに「『支払い』の最終的な受取人の名前を確認なしで公表するのは、この重要な地域における我々の外交関係を損なう」と警告した。(8)

ノースロップ社は六月五日、社内調査の中間報告を発表。七日、新聞各紙で「米兵器産業大手のノースロップ社は(中略)サウジアラビアの将軍二人への贈賄資金として、同社の販売代理人カショギ氏に対し四五万ドル(約一億三五〇〇万円)を支払ったことを認めた」などと報じられた。(9)

このころにはまだ、ロッキード社の社長だったカール・コーチャンは営業活動に励む余裕があったようだ。

大統領補佐官のブレント・スコウクロフトにあてた六月一七日付の報告によれば、[10]コーチャンは、南アフリカにP3C対潜哨戒機を売り込むための交渉について大統領顧問のジャック・マーシュに会いにきた。そんな報告書類が作成され、ホワイトハウスの文書庫に残された。

ロッキードに召喚状

ノースロップ社に関するチャーチ小委の公聴会でサウジアラビアの武器商人とロッキード社の名前が登場したことを受けて、七五年六月、ロッキードの社内外で調査への動きが始まった。

ロッキード社の独立監査人を務める会計事務所アーサーヤングは、ロ社の会長のダニエル・ホートンと社長のコーチャンに次のように書かれた手紙に署名するよう求めた。[11]

「すべての支払いは正しく帳簿に記載されている」

「いかなる外国政府の職員も、コンサルティングや手数料の合意の相手方になっていない」

一一日、ホートンもコーチャンも署名を拒否した。このため、会社とアーサーヤングは共同で社内調査を実施することになった。

一八日、チャーチ小委員会はロッキード会長のホートンに文書提出を命ずる召喚状を出した。

翌一九日、証券取引委員会も同様の召喚状を出した[12]。

証券取引委の資料によれば、ロ社は、帳簿の記載とは異なる目的でコンサルタント料を支払い、その結果、事実と異なる内容を公表した疑いがあった。

そのため、調査の目的は、(1)コンサルタント料の支払いに関して帳簿に虚偽の記載をしたかどうか、(2)国内外のビジネスを獲得するために不適正な誘因を用いた事実を公表しなかったかどうか――などをはっきりさせることとされた。

証券取引委の執行局の調査官のチーフがその日、ワシントンＤＣにあるロッキード社の事務所を訪れた。そして直接、受付に手紙を置いていった。ロッキード社の副社長でもある同社の法務顧問に対する召喚状がその手紙に添えられた。外国政府の関係者に対する一〇〇〇ドル以上の支払いに関するすべての資料を持って二三日午前一〇時に出頭せよ、という事実上の文書提出命令だった。

実は、これに先だって、その係官は四月二九日に同様の情報の提供をロッキード社に求めていた。ロ社はこれに応じて資料を集め、六月一三日に提出する予定だった。ところが、その日、ロ社の側は、資料を集めたものの、社の決定が出ていないとして、提出を先送りした。このため、証券取引委は、任意ではなく、強制力のある召喚状を突きつける方針に転換したのだ。

七五年六月中旬、議会のチャーチ小委員会と政府の証券取引委員会が競うようにロッキード社に文書提出命令を突き付けた格好だった。

賄賂支払いを公表

ロッキード社は、文書の提出ではなく、事実の概要を公表することによって、事態を切り抜けようとした。

アーサーヤングを交えた社内調査の結果が六月二三日と七月七日に役員会に報告され、七月一七日には、外国政府高官に約二五〇〇万ドルを支払ったことを示す文書がロッキード社から証券取引委の職員に提出された。しかし、支払いの相手の名前や国名は伏せられた。七月二九、三〇日にはロッキード会長のホートンが証券取引委の前で証言したが、支払い相手の人名や国名については「もしそうした情報が公表されれば会社へのダメージになる」として証言を拒否した。

八月一日、ロッキード社は海外の政府高官への支払いを公表した。朝日新聞は「ロッキードも〝ワイロ〟航空機売り込み　外国政府・政党に」との見出しで次のように報じた。(13)

「ロッキード航空機は一日、同社航空機の外国への売り込み促進のため、七〇年初から今年六月末までに数カ国の政府担当者、または政党に二二〇〇万ドルを贈与してきたことを明らかにした。(中略)ワイロ使用問題は主に上院外交委多国籍企業小委を舞台に、同社幹部ら関係者を公聴会に呼びつけて問いただす形の追及が進んでいるが、ノースロップ社が『ロッキードの例にならった』と〝自供〟した」

前国務長官が口社の弁護士に

米国務省が、ロッキード社の問題への対応を本格的に検討し始めたのはその夏、七五年七月末のことだった。

七月二九日、国務次官のカーライル・モーら[14]が、チャーチ小委の調査について省内で話し合った[15]。

翌三〇日、国務次官のモーは、前国務長官のウィリアム・ロジャーズの来訪を受けた[16]。ロッキード社がサウジアラビアの武器商人に支払った手数料について、チャーチ小委員会から文書の提出を求められ、ロ社が困っている、という相談だった。法律事務所を営むロジャーズにとってロ社は顧客にあたる。

その説明によれば、相当な額の代理人手数料がカショギに支払われており、カショギはサウジの王子や元空軍司令官の「担当」だった。支払いはC130輸送機やL101

1旅客機の販売に関連していた。

ロジャーズは、これらが明るみに出ることで、回復途上にあるロッキードの財務内容が傷つけられ、サウジの指導者と米国の関係が揺さぶられる恐れがあると心配した。ロジャーズは、ロッキードからサウジアラビアの人へのすべての支払いに関する情報、ロッキード社からチャーチ小委員会に提出したすべての文書のコピーを国務省に渡すと約束した。

八月六日午前、ホワイトハウスの大統領執務室で、国務長官のキッシンジャーは大統領のフォードに報告した。

「サウジアラビアとの関係が急速に悪化しています。これはとても危険です」

前日、フォードは訪米中の日本の首相・三木武夫と会談し、キッシンジャーもそれに同席していた。この朝も、三木との会談が直後に予定されていた。キッシンジャーが「日本人は何でも漏らします。信じられないくらい扱いづらい」と日本人の悪口を言った後、話題は中東に移り、そして、サウジアラビアの話題となった。

「チャーチは手数料の話にとても興奮しています」

キッシンジャーがそう報告すると、議会での経歴が長いフォードは「チャーチは強い男ではない」と言い、「だからタフにあたれ」と助言した。

サウジの武器商人への手数料の支払いの疑惑がやがて日本の総理大臣への支払いの疑惑へと飛び火していき、三木とフォードがその疑惑への対応にあたることになろうとは、このときの二人は予想していなかったのだろう。直後の三木との会談に結び付けてこの話題が発展することはなかった。また、三木との会談でもこの話は取り上げられなかった。

八月一五日、国務次官のモーらが対応を検討した(17)。キッシンジャーの前任の国務長官で今はロ社の弁護士となっているロジャーズが改めて経緯を説明した。ロジャーズによれば、議会だけでなく、政府機関である証券取引委員会もまた、すべての文書の提出を求めてきている。それらの文書にはサウジアラビアの特定の高官らに対する様々な支払いに関する情報が記録されている。これに加えて、ロジャーズによれば、サウジ以外にイランや日本を含め多数の国の政府高官に同様の支払いがなされたとの情報がある。これら情報の秘密を保持するため、国務省が証券取引委員会との間で仲裁役をしてくれるつもりはあるかとロジャーズはモーに打診した。国務省としてどのような態度をとるべきか、モーは検討することにした。

遅くともこのとき、七五年八月一五日に、米国務省は、ロッキード社が日本政府高官に不適切な支払いをしており、議会や証券取引委と同社の間で開示の是非が問題になっている資料にその事実が記載されていると認識したことになる。

八月二六日、議会上院の銀行委員会がロッキード会長のホートンらを呼んで公聴会を開いた。ロッキード社は七一年に経営危機に陥り、公的資金の注入を受けており、それは銀行委員会の所管だった。公的資金の返済を終えていないロッキードに賄賂支払いの疑いがかけられているのを銀行委員会として座視するわけにはいかなかった。銀行委員会の委員長、ウィリアム・プロクシマイヤーは、日本の国名を挙げて、贈賄疑惑を追及した。その日の朝日新聞夕刊二面に「米ロッキード社の贈賄　日本にも波及か」との記事が掲載された。

八月二七日、証券取引委の調査官三人がカリフォルニア州バーバンクにあるロッキードの本社を訪れた(18)。チャーチ小委のために五万二〇〇〇ページ余の文書が二一個の箱に入れられ、一室に集められて、閲覧できるようになっていた。外国高官の名前が分かるような形でノートを取らないでほしいとロ社の弁護士から三人は要請を受けた。三人は文書を見たが、翌日にはワシントンに戻っていった。

ロ社の会計監査人に資料を提出させる

チャーチ小委員会は海外にスタッフを派遣して精力的に調査を進めた。

八月二九日、ローマにある米国の在イタリア大使館をスタッフが訪れた(19)。

大使館員にそのスタッフが語ったところによれば、委員会は召喚状によってロッキードの内部文書を提出させるのに成功した。それらの内部文書に、一四機のC130輸送機を売り込むため、イタリアの国防省と一つの政党に二五〇万ドルを支払ったとの記載があった。ロ社はスイスに「覆面」の会社を設立して送金に使っていた。

九月二日には、ロンドンにいるチャーチ小委員会スタッフがノースロップ社とロッキード社による巨額の賄賂の支払いを示す新たな情報を暴いたとする報告を大使館経由の公電で上院議員に送った。[20] スタッフによると、賄賂は欧州の会社を経由して洗浄され、サウジの高官に渡った疑いがある。

九月一一日午後、チャーチ小委員会は、ロッキード社が五カ国で手を染めたと疑われる不正な支払いに関する約八〇件の文書を公表した。[21] 支払いを受けた政府高官の名前は除外されていたが、その公表について国務省に事前の予告はなかった。国務次官のモーらは、文書を入手でき次第、それを分析し、関係国の大使館に知らせることになった。

翌一二日、チャーチ小委員会の公聴会が開かれ、サウジ、イラン、インドネシア、フィリピンでの支払いの一端が「代表例」として暴露された。[22] 政府高官の実名はそこになかった。

翌一三日、国務省は、その四カ国の米大使館に「チャーチ小委員会でのロッキードの

証言のハイライト」と題する公電を送った。(23)

その公電によれば、公聴会では、ロッキードの会長のホートンらを喚問した。しかし、「賄賂を受け取ったかもしれない外国政府高官の名前など属性への言及はなかった。(中略)チャーチ上院議員は冒頭、不必要な困惑や困難が関係国に生じないようにするため、名前は削除した、と発表した」

ジッダの在サウジアラビア大使館には別の公電も送った。(24) その公電に紹介されているロッキード社の弁護士の説明によれば、サウジの王子らの名前は小委員会に提供していない。小委員会はすべての文書の提供は受けておらず、ロッキード社の監査人から雑多な文書を受け取っている。

その公電の中で、キッシンジャーは「我々はもちろんベストを尽くすが、この問題は我々のコントロールの下にはない」と国防相のスルタン、外相のサウドの両王子に伝えるようにと、現地の大使館に指示した。

九月一五日のウォール・ストリート・ジャーナル紙は、ロッキード社の内部資料が「ミステーク」によってチャーチ小委員会に届けられた、と報じた。(25)

同紙によると、チャーチ小委員会は九月初旬、ロッキード社の監査人を務める会計事務所アーサーヤングに文書提出命令を出し、一二日の公聴会の直前に文書が届けられた。

アーサーヤングの弁護士は、ニューヨークの著名な法律事務所ホワイト&ケースに依頼して、提出に抵抗するつもりだったのに、二人の運び屋が文書を誤って配達してしまったという。

一方、チャーチ小委員会の首席法律顧問のジェローム・レビンソンは「適法な令状に基づき提出を受けた」「この件でだれとも紛争になっていない」と誤配を否定し、ウォール・ストリート・ジャーナル紙も記事の中でそれを引用した。しかし、レビンソンのコメントを無視して、同紙のその記事は、根拠を明示することなく「ミステークによる配達」を断定していた。

この記事がのちに日本国内で「田中角栄は米側の政略で追い落とされた」という陰謀論を流布させる根拠の一つとなる。

サウジ外相「何が出てくるのか」

九月一八日、サウジアラビアの外相サウド・ファイサルがホワイトハウスに大統領のフォードを訪ねた。そこでも名前の暴露が問題となった。(26)

「国王から依頼があり、お聞きしたいことがあります。この国でいま明るみに出ようとしている企業の情報です。我々としては、何が出てくるのかを知りたい」

サウドは「賄賂の法的な側面」に触れて、「もし口銭が政府間の価格に上乗せされているのなら、私たちの政府としてはこうした請求には応じません」と述べ、そうした支払いを容認しない考えを示した。そして再び実名の問題に触れた。

「もし名前が委員会で暴露されたら、それはとても悪い影響を与えるでしょう」

大統領のフォードは「この件の報道には遺憾に思います」と答えた。

「私たちは個々人を保護するため可能な限りのことをします」

フォードは「私たちも、あなたがたと同じように違法行為は容赦しません」と付け加えたうえで、実名を伏せ続けると約束することはできない、と答えた。

「私たちは報道をコントロールしないので、彼らがどう報ずるかを私があなたに保証することはできません」

同席していた国務長官のキッシンジャーも口を開いた。

「私たちは名前を出しません。しかし、企業が委員会に何を提供するかについては私たちはコントロールできません」

サウドは訴えた。

「証拠があって名前が出るのならばともかく、これらはでたらめな疑惑に過ぎません」

フォードは諭すように言った。

「あなたの国の大使がご存じのように、ここワシントンで、私たちは難しい時期にあります。メディアは事実ではなくニュースに関心があります。できることはやりますが、それを保証することはできません」

サウドは繰り返した。

「証拠があるのなら、国王はそれをほしがっています。しかし、この種の無責任な疑惑ではありません」

キッシンジャーがこれに答えた。

「名前を引き渡すことには私たちは反対してきましたし、私自身もチャーチ上院議員に名前を出すのはアンフェアだと申し上げています」

ホワイトハウスの会話記録によれば、ここで会談は終わった。五〇分の会談のやりとりの半分以上は「名前」の問題に充てられた。

証券取引委がロ社に法的措置

九月二二日、名前の開示に関する問題がまた持ち上がっていると出張中のキッシンジャーに国務省から報告があった。(27) 報告によれば、証券取引委員会は、カネを受け取った人物の名前を示すすべての文書の提出を要求している。もし証券取引委員会の手に文書が渡れば、議会の提出命令の対象となり、情報自由法の開示請求の対象にもなり得る。

証券取引委とロッキード社の弁護士の間で、名前の開示をめぐる交渉は八月末から引き続き行われていた。九月二四日、交渉は決裂。証券取引委は交渉ではなく、裁判所に文書提出命令の履行をロ社に強制することを求める申し立てを起こす方針に転換した。一〇月九日、証券取引委が、ワシントンDC地区の連邦地裁にロッキード社とその会長のホートンを相手取って文書提出命令の履行を求める申立書を提出した。(28)

二〇日、国務副長官ロバート・インガソル、次官モー、法務顧問のモンロー・リー(29)らが証券取引委への対応を協議した。(30)「調査の手続きをこの段階で止めることは不可能で、外国の友人たちに事前に警告しておくことぐらいしかできない」というのがその日の結論だった。

翌二一日、証券取引委の申し立てに対して、ロッキードは、反論する書面を裁判所に提出した。

ロ社はその中で、書類が特定の個人名を含んだまま無条件に証券取引委員会に渡れば、情報自由法などで報道機関など第三者にそれが開示され、ロッキードの経営や米国の外交関係にダメージを与えてしまう、と主張した。

「名前を公開された個人が権力ある高官だった場合、ロッキードや米企業への徹底的な報復が予想される。そうでない場合には、その個人は大変な危険にさらされ得る。(中略)そうした個人が完全に無実だった場合は明白に正義に反する。こうした結果は回避されるべきだ」

ロッキード社の側は、回避されるべき結果の事例として、チャーチ小委員会で開示された文書をもとに日本の共同通信が「インドネシアのスハルトにロッキード社からカネが渡った」という「誤報」を配信し、九月一二日付の日経新聞にその記事が掲載されたと指摘した。[31] ロ社によれば、実際にはスハルトはロ社のカネを受け取っていなかったという。

会長のホートンは一〇月二一日に裁判所に陳述書を提出し、その中で、ロッキード社の立場を詳述した。

それによれば、証券取引委とチャーチ小委員会によって始まったロッキードに対する調査は、その後、上院の他の委員会、いくつかの政府機関にも広がった。

ホートンは、外国高官への支払いを弁護するつもりはないが、そうした支払いの慣習が存在する国が現実にあるのだと強調した。

「六〇〇万を超えるアメリカの労働者がアメリカの企業による海外での販売によって仕事を得ていることを忘れてはならない。アメリカの会社は、外国の労働者や外国の会社と同じ条件で競争するチャンスを手にするべきだ」

ホートンによれば、過去五年間にロ社の海外販売は年間一億五〇〇〇万ドルから六億五〇〇〇万ドル(七四年)に増えた。海外での販売は国内販売よりも利幅が大きく、その額は、L1011を除いても、五年間で二億二〇〇〇万ドルに上った。七一年にはロッキードは倒産寸前だったが、その後、業績は急回復しつつあった。

ロッキード社の弁護士はまた、外国政府高官への支払いの事実が、証券取引法で投資家への公表を義務づけられている「重要事実」にあたるのかと疑問を呈した。ロッキード社は八月一日に外国政府高官への支払いの概要をかなり詳しく公表している。それ以上の内容、すなわち、受け取った高官の名前は、投資家や株主にとって「重要事実」には当たらないとの議論がありうると弁護士は指摘した。

その日、一〇月二一日、裁判官のジョン・プラットの前で、証券取引委の執行局長、スタンレー・スポーキンとロ社の弁護士が議論を闘わせた。

スポーキンは調査の経緯を次のように説明した。(32)

「ウォーターゲート事件の公聴会で発覚したことの結果として、証券取引委員会は、企業が違法な献金をしたり、不正な支払い、賄賂を払ったりした多くの事例を検討してきています」

「ホートン氏は、いわゆる賄賂がどこで支払われたのか、だれに支払われたのか、どの国が関わっているのかを特定するのを拒みました」

裁判官のプラットはロ社の弁護士に「何カ国が関わっているのですか？」と尋ねた。(33)

弁護士「一五です」

裁判官「一五カ国……」

弁護士「世界の様々な地域にあります」
裁判官「世界の様々な地域……、しかし、特に中東？」
弁護士「はい」
裁判官「西欧の先進国はありますか」
弁護士「はい」

プラットは、問題になっている「名前」というのは何人の名前のことなのか、と質問した。

裁判官「一五〇は超えない？　だいたい合っていますか？」
弁護士「それは当て推量です、判事。その数字を出すのにはかなりの手間がかかると思われます」
裁判官「一五カ国だと分かっているのなら、何人の個人になるのですか。一五〇を下回りますか？」
弁護士「正確な数をお伝えすることができません。そのあたりかもしれませんが。ある文書では……、ある国では、数人でしょうし、ほかではもっと多くの名前があります」

翌二二日、国務省。国務次官のモーと国務省法務顧問のリーは引き続き、証券取引委員会の手続きの状況と「高官名の不必要な開示を避けるために国務省がとるべき立場」について検討した。(34)

国務長官が司法長官に手紙

一〇月二三日夜、中国を訪問した帰りに日本に立ち寄ったキッシンジャーと外相の宮《みや》沢《ざわ》喜《き》一《いち》が会談した。(35)

実はこの日の昼間、衆院予算委員会で、社会党議員の楢崎弥之助《ならざきやのすけ》がロッキードの問題で政府を追及した。(36)

「ロッキード社の賄賂が日本にも関係があるということが、実は米上院銀行委員会委員長、民主党のプロクシマイヤー委員長によって示唆をされておる」

宮沢は外相として答弁に立たされ、約束させられた。

「プロクシマイヤー委員会等の速記録、議事録、公表されておりますものでございましたら、できるだけ早く取り寄せまして委員会にお届けいたします」

その夜のキッシンジャーとの会談で宮沢が「ロッキード社が日本でキックバックを払っているとのプロクシマイヤー上院議員の非難」を取り上げたのは会談が終わる直前だ

った。「国会で、だれだったか、インガソル氏がロッキードの役員だったと言う人がいたので、訂正しておきました」

昼間の衆院予算委員会で楢崎は「インガソル駐日大使がロッキード社の副社長であったことも周知の事実」と述べていた。これは誤りで、実際には、前駐日大使のインガソルではなく、現駐日大使のジェームズ・ホジソンがロッキード社の元副社長だった。

キッシンジャーは、うんざりしているとでもいうようなジョークで宮沢に応じた。「私たちの議会では、だれが、どれだけ多くの国と米国との関係を壊すことができるか競争しているのです」

ホジソンはこの会談に同席していたが、自身とロッキードの関わりについて口を開いたことを示す記録はない。

こうした中でも、米軍需企業の海外営業は続いていた。

一一月一三日、軍用機メーカー、グラマンの国際営業の幹部で退役提督でもあるロバート・タウンゼントが、ベネズエラの元大臣について国務省の副次官補に相談を持ちかけた。(37) その元大臣はベネズエラの大統領の腹心で、グラマン社は、攻撃機Ａ６Ｅを同国に売り込むための代理人にその元大臣を雇おうと検討しているという。

いた。

一一月二八日、国務長官のキッシンジャーは司法長官のエドワード・レビに手紙を書き、証券取引委とロッキードの紛争を審理する地裁に司法省から意見書を提出してほしい、と要請する内容だった。

手紙によれば、一一月一九日、ロッキード社の弁護士のロジャーズから国務省に意見表明の正式な依頼があった。それを受けて国務省の職員らが召喚状の対象となっている文書を見たところ、ロッキードから裏でカネを受け取ったと疑われる友好国の高官らの名前があった。国務省はそのような支払いを強く非難するが、一方で、中途半端な状態で外国高官の国籍や名前が第三者に開示されると、米国の外交関係を損なう可能性があることに注意を払う必要がある、と手紙につづられていた。

一二月一二日、司法省はキッシンジャーの手紙を地裁に提出し、検討を要請した。

一二月一五日、地裁は、ロッキード社に文書の提出を命ずると同時に、証券取引委にも、地裁の許可なしにその文書を第三者に提供してはならないと命じた。

司法省刑事局「より広い国益とは?」

七六年二月四日、チャーチ小委員会の公聴会が開かれ、ロ社の対日工作が暴露された。ここでも政府高官の名は伏せられた。

二月一〇日、ホワイトハウスの記者会見で、大統領報道官のロン・ネッセンは「外国政府の高官に違法な支払いをしたアメリカの企業、個人は、外国当局であれ米当局であれ、それらの正当な法執行を逃れる目的で国務省の保護を受けることはない」と述べた。[38]

二月二〇日、金曜日、米ワシントンDCで、国務省、証券取引委、司法省の刑事局、民事局の担当官が顔をそろえて会議を開いた。司法長官への二三日付の報告によれば、[39]議題は日本政府からのリクエストだった。

会議での国務省法務顧問の説明では、日本政府は日本独自の捜査・訴追に必要だとして、ロッキードに関する証券取引委の資料の提供を要請してきた。司法省の民事局は、国務省の依頼でその資料の開示を制限する命令を地裁から得た経緯があり、会議に出席したが、日本政府の要請にはあまり関心がなかった。証券取引委は、司法省が間に入り、司法省から日本政府に資料を提供するのならば、それに協力するとのスタンスだった。

司法省刑事局はこの件に相当な関心を持たざるを得なかった。ロッキードの旅客機L1011を日本に販売する際に、米政府機関の輸出入銀行が買い手の全日本空輸にその代金を融資しており、その際、ロッキード社が資金使途の証明書を記入して提出していた。輸出入銀行が二〇日に司法省刑事局に知らせてきたところによれば、その証明書にリベートや手数料を支払うとの記載はなかった。これは虚偽の記載であり、連邦法に違反する犯罪となるのではないかと疑われた。このため、会議では、日本側が虚偽記載容疑に関する米側の捜査に協力できるのかなどの点について日本大使と話し合う方針となった。

司法省刑事局としては、捜査の都合だけを考えれば日米の捜査当局が相互に協力し合うほうが自分らの利益になるだろうことが明らかだった。しかし、刑事局長のリチャード・ソーンバーグは司法長官への二三日付の報告の中で「情報開示やそれに続く訴追によって友好国政府に生じるかもしれない害悪」などの検討が必要だと指摘した。

「たとえば、関与者が特定され、公開されれば、日本政府は倒れ、その結果、より非友好的な政府になりそうだと心配している」

刑事局長のソーンバーグはさらに、「外国での販売について賄賂を禁止するのは競争上、米国の企業を不利な立場に置くことになる」と多くの人が心配していると指摘した。日本政府に資料を引き渡すと決定する前に、捜査の都合だけでなく、「より広い国益」も検討される必要があると主張した。

ソーンバーグによれば、二三日時点で、国務省は、日本政府の捜査に協力することが米国の国益に資するかどうか見解を固めていなかった。このため、その判断が固まるまでの間は、日本側と仮の交渉を続け、最終決定は見送る方針とした。

二月二七日午後、日本の法務省の職員を交えて会議が開かれた。米側からは司法省の刑事局、民事局、証券取引委、国務省から参加があった。相互に資料を引き渡すことができるようにするための手続きの草案がつくられた。

三月四日夜には、国務省や証券取引委が同意した取り決め案の第三稿が日本側に示された。

三月五日に国務省から在日大使館に送られた公電によれば[40]、国務省、証券取引委、司法省の代表は秘密裏に日本大使館の職員との間で、ロッキードの資料を日本政府に提供する手続きについて話し合い、最終合意には至っていないものの、大枠はできあがりつつあった。提供される情報は、訴訟段階では自由に用いることができるものの、捜査段階では秘密とされる、というのがその骨子の一つだった。

カモシカのくつ直し

三月一九日朝、国務省内でキッシンジャーのスタッフミーティングが開かれ、その終盤、欧州担当の部下が報告した[41]。

「ロッキードの人間がチャーチ〔小〕委員会に、アルド・モロがコードネーム『カモシカのくつ直し』だと供述しています」

一瞬、「カモシカのくつ直し」という変てこな暗号名に笑いが起きた。しかし、その意味の説明が続くと、笑いは止まったようだ。

ロッキード社の社内文書にある「カモシカのくつ直し」という暗号は、C130輸送機の売り込みに関連してロ社からカネを受け取ったイタリアの政党の代表者を指す。アルド・モロはイタリアの現職首相だ。

それを聞いて、キッシンジャーは言った。「また災難になるぞ。きっと表に出るぞ」

国務副長官のインガソルが「委員会スタッフはこれを公表しようとしています」と同調した。インガソルは法務顧問のリーに目をやって「きのう電話がありました」と言った。

キッシンジャーはインガソルに尋ねた。「これはだれだ、レビンソンか?」

レビンソンはチャーチ小委員会の首席法律顧問で、その調査を主導するスタッフのトップにあたる。

インガソルは「はい、レビンソンです」と答え、チャーチ小委員会に所属する共和党議員のパーシーの名前を挙げた。「この件にふたをするためパーシーに電話しました」

キッシンジャーは皮肉を口にした。

「彼、レビンソンがここでやっていることは、本当に国益への偉大な貢献だ」

キッシンジャーが言いたいのは、レビンソンらチャーチ小委員会は米国の国益を害している、ということだったのだろう。

三月二五日正午過ぎ、国務副長官のインガソルが大統領執務室にフォードを訪ねた。

国家安全保障担当補佐官のスコウクロフトが同席した[42]。

インガソルは、駐日大使や東アジア担当の国務次官補を歴任し、日本に詳しかった。しかし、三月末をもって引退することになった。フォードは「あなたを失うのは残念です」とインガソルに声をかけた。

フォードが「ロッキードはどのように日本に影響してきていますか」と尋ねると、インガソルは「一九七一年のニクソン・ショック以来、最悪のことです」と答えた。「しかし、彼らはそれを乗り越えつつあると思いますし、うまく取り扱われつつあると思います」

在日大使館から国務省への三月二九日の報告によれば[43]、そのころ日本では、名前が公表されないことの苦痛に耐えかねて、何らかの形で情報がリークされることへの期待が高まっていた。

田中内閣で閣僚を務めた有力政治家、小坂徳三郎《こさかとくさぶろう》が二六日、米大使館の首席公使にそんな考えを漏らした。政府の大勢や自民党の危機管理担当者がそうした考えを容認するかどうかは不明だったが、その多くは、圧力から逃れられる何らかの行動または進展の必要性を強く感じていた。

五月一四日、日本政府特使の斎藤鎮男《さいとうしずお》は駐米大使の東郷文彦とともに国務長官のキッシンジャーを訪ねた(44)。

斎藤は、日本の捜査当局が米国にいる証人から証言を得る嘱託手続きへの協力をキッシンジャーに要請した。

キッシンジャーは、同席していた法務顧問のリーに「それをできるか?」と確認した。リーは「イエス」と答えた。「私たちは出来る限りのことをするでしょう。司法長官のレビが完全に合意しています」

キッシンジャーは「法の許す範囲で可能なことはすべてやりますし、どのような情報であろうと提供します」と言い、付け加えた。「私たちはそれを取得したり見たりしていません。私の知る限りでは」

キッシンジャーのその言葉に誘い出されるように、リーは「私もハビブ氏もそれを見ていません」と言い、国務次官補のハビブは「私たちはそれを見たくありません」と言った。

斎藤は続けて言った。

「ご存じのように、連座している可能性がある政府高官の名前を知りたいという日本人の願いは異例なほどに強いです。これの解決策がなければ、私たちは一般の人々から非難され、政府批判も大きいでしょう」

七月六日、米カリフォルニア州ロサンゼルスの裁判所で、ロッキード社の社長だったコーチャンは証言を始めた。非公開の手続きで、その証言の使用には条件が付された。日本国内でコーチャンが罪に問われないという保証が日本の最高裁判所から得られた場合にのみ、証言を使って捜査・訴追ができる。つまり、日本国内で刑事免責を得られることを前提にコーチャンは証言した。

アーチボルド・カール・コーチャン（1968 年）

一方、米国内での刑事免責については、コーチャンは要求しなかった。手続きに立ち会った東京地検検事の堀田力は、その態度に、日本の法令に違反することがあったとしても、アメリカ法に違反するようなことは何もしていない、というコーチャンのプライドを見たと感じた[45]。

一方、ロッキード社の東京事務所代表だったクラッターと、東京事務所支配人だったエリオットは、米国法に基づく刑事免責も要求した。

在日大使館から国務省に七六年七月一九日に送られた公電によれば(46)、米国内での刑事免責の問題について、外務事務次官の佐藤正二《さとうしょうじ》が米国の駐日大使ホジソンに助言を求めた。

ホジソンへの佐藤の説明によれば、コーチャンと異なり、クラッターとエリオットは証言によって米国法の罪を問われる恐れがあるとして証言を拒否している。日本側としてはこの二人の証言をとても重要だと考えており、米国法の刑事免責を二人に与えてほしいと希望している。

佐藤は首相の三木の名前を出した。

「三木総理はこの件で、証言と米当局の協力が得られることをたいへん重要視しており、大統領と国務長官にもこの要請が伝えられることを希望していると言ったこともあります。ただし、総理は、この要請について公表されないことを望んでいます。これは政治的な言動ではなく、総理は、証言を得ることのみに関心があります」

ホジソンは、法的な問題であり、日本の法務大臣が直接、米司法長官に話をするのがいいのではないか、と促した。

これに対して、佐藤は、日本の法務省と米司法省の間にそのような直接のチャンネルがあるとは承知していない、と答えた。佐藤によれば、法務省からロサンゼルスに派遣されて嘱託尋問のための折衝にあたっている堀田は今のところ、この問題について米当局と議論していない。

ホジソンは、法相の稲葉修《いなばおさむ》が司法長官あての手紙を書き、日本の在米大使館員が国務省の法務顧問リーと相談して、それを司法省に届けるのがいいのではないか、と助言した。佐藤はそれに従う意向を示した。

堀田の著書『壁を破って進め』(講談社)によれば、翌二〇日朝(米時間では一九日夜)、法務省刑事局刑事課長の吉田淳一は国際電話で「今日、法務大臣名で、司法省のレビ長官あてに、クラッターとエリオットに刑事免責を付与してほしいという要請書を出す」と堀田に告げた。「この問題は、事務的な折衝ではことが進まんだろう。だから、上からいく」と吉田は言った。

その月の二七日、前首相の田中角栄は、ロ社から五億円を受け取ったとして外国為替管理法違反の疑いで逮捕され、八月一六日、外為法違反と受託収賄の罪で起訴された。

九月一四日、クラッターとエリオットにアメリカ法の刑事免責を与える方針が米司法省で承認された。エリオットは九月一七、一八日に、クラッターは二一日から三〇日にかけて証言。ここにロッキード社の支払いの全容が日本の法廷で使えるように証拠化された。

「チャーチは自民党敗北を誇るべき」

七六年一二月四日、大統領執務室で、キッシンジャーは日本の選挙結果について「私たちが日本でやったことです」と言った[47]。

日本時間で五日夜に開票された総選挙の速報がホワイトハウスにも届いていた。自民党の敗北だった。その原因がロッキード事件のせいであるということは、すなわち、アメリカのせいでもあるということを意味する。それをとらえてキッシンジャーは「我々の成果」であると皮肉った。

「フランク・チャーチはこれを誇るべきです」

ロッキード事件暴露の原動力の一つとなった上院の多国籍企業小委員会を率いたチャーチのフルネームを挙げて、キッシンジャーは皮肉のジョークを飛ばした。

大統領のフォードは「これは本当にロッキードなのか？」と半信半疑だった。しかし、キッシンジャーは「オー、イエス」と答えた。

証取委とロ社の紛争はその後も続いた

外国政府高官の名前の公表を巡る証券取引委とロッキード社の紛争はその後も続いた。

証券取引委員会は七六年四月一三日、ロッキード社とホートン、コーチャンの二人を相手取って、証券取引法に違反する行為の差し止めを求める訴訟をワシントンＤＣの連邦地裁に起こした。（48）その結果、ロッキード社は特別調査委員会を立ち上げて、社内調査をすると約束させられた。

一年余り後の七七年五月一六日、特別調査委員会の報告書がロ社から公表された。ところが、その報告書は、「日本での営業活動のために約一〇三〇万ドルを第三者に払った」との記載がある程度で、支払い先に関する情報がほとんどないに等しかった。政府高官の名前を含め、支払いの詳細は、投資家にとっての重要事実には当たらず、それらの情報の公表は不必要だというのがロ社の特別調査委員会の判断だった。

このため、ロ社は七九年二月二三日、改めて報告書を公表した。（49）そこには次のように書かれていた。

「一九六〇年代後半から一九七〇年代前半にかけて、会社は、ある日本の航空会社に航空機を売り込むため、他の二つの米国メーカーと激しい競争をした。会社はこの競争で勝利し、その航空会社は一九七〇～七五年に約四億五八〇〇万ドルの航空機を注文した。これの手数料として、ある日本のビジネスマンに約六五〇万ドルを払った。このビジネスマンには一九六〇年代の別の売り込みに関連して会社の顧問として約一七〇万ドルも払っている」

証券取引委員会はこれを不服として裁判所に付属書類の公開を求めて申し立てを起こす意向をロ社に伝えた。

この「日本のビジネスマン」というのは右翼のフィクサー、児玉誉士夫のことだとみられる。

「さらに、会社はある商社の従業員に円で支払いをした。このうち一八〇万ドルはある政府高官またはその政党に宛てたものと信じられている。七〇万ドルは顧客の高い地位にある者に宛てたものと信じられている。一〇万ドルは六人の政府または政党の幹部に宛てたものと信じられている」

この一八〇万ドル、日本円で約五億円を受け取ったのは田中角栄なのだろうが、やはり実名は伏せられた。

ロッキード社はあくまで、みずから政府高官の名前を出すのを避け通した。

「田中首相の事務所」への五億円の隠蔽で有罪

米政府機関の輸出入銀行に虚偽の書面を提出したとの容疑に関する米司法省の捜査は、日本国内での捜査が峠を越えた後の七六年一一月以降、本格化した。七九年六月にかけて、ワシントンDCの連邦大陪審はロッキード社から数千件の文書を押収した。

ロッキード社は世界各国で賄賂を払ったとの疑いをもたれていたが、捜査は日本での支払いに絞られた。七九年六月一日、司法省はロッキード社を刑事訴追した。(50)

司法省の訴追書面によれば、ロッキード社は、(A)田中首相の事務所に一八〇万ドルを支払い、(B)全日空がロ社から当初購入した一四機のL1011に対して一機あたり五万ドルずつを全日空の複数の幹部に支払い、(C)六人の日本人政治家に合計一〇万ドルを支払ったと信じていたにもかかわらず、輸出入銀行に提出した書面には、リベートや手数料などのたぐいを払っていないと虚偽の記載をした――などの罪に問われた。支払いそのものではなく、その支払いを隠蔽した、というのが罪状の骨子だった。

コーチャンやホートンは、司法省の訴追書面で関与者として名指しされたが、訴追はされなかった。

即日、裁判所は、罰金として合計四万六〇〇〇ドル、民事制裁金として六〇万一〇〇〇ドルを支払うようロ社に命じた。

第四章

中曽根幹事長から米政府首脳へのメッセージ

「もみ消す(MOMIKESU)
ことを希望する」

「ニクソン前大統領と
田中前首相だけが知っている」

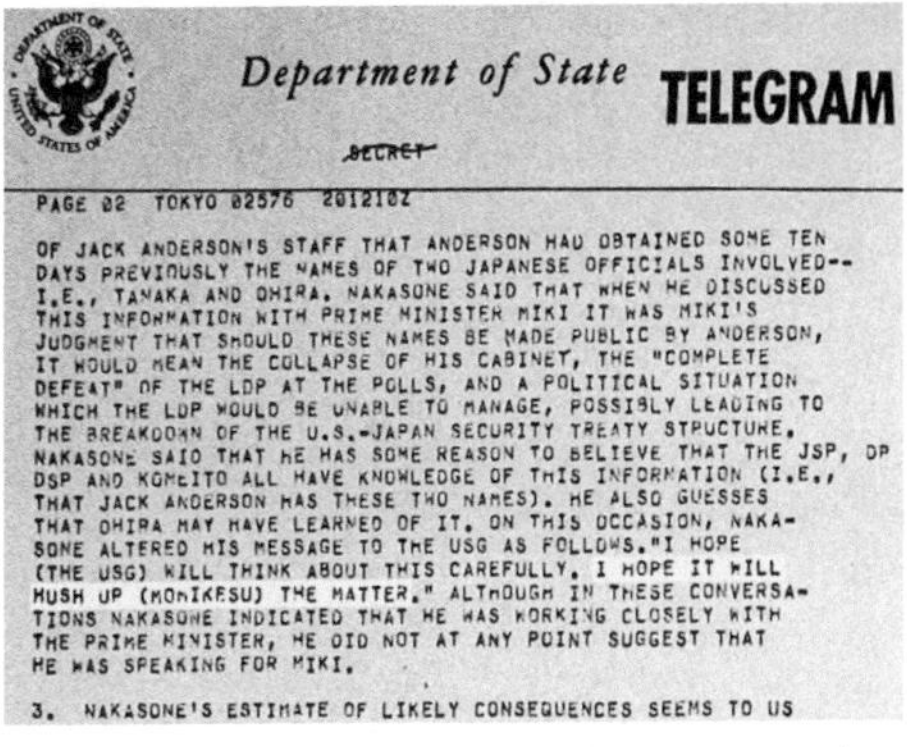
Department of State TELEGRAM

SECRET

PAGE 02 TOKYO 02576 201210Z

OF JACK ANDERSON'S STAFF THAT ANDERSON HAD OBTAINED SOME TEN
DAYS PREVIOUSLY THE NAMES OF TWO JAPANESE OFFICIALS INVOLVED--
I.E., TANAKA AND OHIRA. NAKASONE SAID THAT WHEN HE DISCUSSED
THIS INFORMATION WITH PRIME MINISTER MIKI IT WAS MIKI'S
JUDGMENT THAT SHOULD THESE NAMES BE MADE PUBLIC BY ANDERSON,
IT WOULD MEAN THE COLLAPSE OF HIS CABINET, THE "COMPLETE
DEFEAT" OF THE LDP AT THE POLLS, AND A POLITICAL SITUATION
WHICH THE LDP WOULD BE UNABLE TO MANAGE, POSSIBLY LEADING TO
THE BREAKDOWN OF THE U.S.-JAPAN SECURITY TREATY STRUCTURE.
NAKASONE SAID THAT HE HAS SOME REASON TO BELIEVE THAT THE JSP, DP
DSP AND KOMEITO ALL HAVE KNOWLEDGE OF THIS INFORMATION (I.E.,
THAT JACK ANDERSON HAS THESE TWO NAMES). HE ALSO GUESSES
THAT OHIRA MAY HAVE LEARNED OF IT. ON THIS OCCASION, NAKA-
SONE ALTERED HIS MESSAGE TO THE USG AS FOLLOWS."I HOPE
(THE USG) WILL THINK ABOUT THIS CAREFULLY. I HOPE IT WILL
HUSH UP (MOMIKESU) THE MATTER." ALTHOUGH IN THESE CONVERSA-
TIONS NAKASONE INDICATED THAT HE WAS WORKING CLOSELY WITH
THE PRIME MINISTER, HE DID NOT AT ANY POINT SUGGEST THAT
HE WAS SPEAKING FOR MIKI.

3. NAKASONE'S ESTIMATE OF LIKELY CONSEQUENCES SEEMS TO US

「I HOPE IT WILL HUSH UP (MOMIKESU) THE MATTER(私は米政府がこの問題をもみ消すことを希望する)」との記載がある米公文書(ミシガン州のフォード大統領図書館で)

ロッキード事件が疑惑として米議会で発覚した直後、自民党の幹事長を務める中曽根康弘を発信人として米政府ホワイトハウスに、あるメッセージが届いた。のちに首相にのぼりつめる中曽根と米政府の知られざる秘密がそこにあった。

メッセージ

そのふたつの言葉だけ、ローマ字の表記がマルがっこの内側に添えられている。

PAINFUL(KURUSHII)
HUSH UP(MOMIKESU)

自民党幹事長・中曽根康弘の言葉として、それは米政府ホワイトハウスの内部文書に記載されている。(1)

「苦しい」
「もみ消す」

日本海軍の士官としてアメリカを敵とする戦争に参加し、戦後は日本の政府・与党の枢要の職を歴任して将来を嘱望された大物政治家が、外国政府の代理人を相手に、上司である首相・三木武夫の意思にも日本国民の意思にも反して、当時の世情の下ではとうてい公然と口に出すことができなかったであろう本音を吐露していた――。

そうした事実を指し示すその文面は一九七六年二月二〇日、東京にあるアメリカ大使館で作成され、「ロッキード・アフェア」という表題をつけられた。

米カリフォルニア州バーバンクにあった大手航空機メーカー「ロッキード航空機社」から日本の政界にカネが渡ったという疑惑が米議会の公聴会で明るみに出たのは一九七六年二月四日。その一六日後にあたる二月二〇日、その文面は公電としてワシントンDCの米国務省に送られ、「配布禁止」「秘密」という符号をつけられ、一五通のコピーが作成された。その一一通目が国家安全保障担当の大統領補佐官に届けられた。

「あらゆるロッキード事件資料の提供」を米政府に求める日本政府の表向きの決定について「苦しい」と形容し、ロッキードの問題について米政府が「もみ消す」のを希望する――。

中曽根から米政府へのメッセージとして、そこにはそう明記されている。

それが明るみに出たのは三四年後。その公電は二〇〇九年八月、私の目に触れて、二

○一〇年二月一二日、朝日新聞の記事で暴露された。

一九七七年一月にジェラルド・フォードが大統領を退任したのに伴い、文書はホワイトハウスから運び出された。フォードの母校であるミシガン大学（ミシガン州アンアーバー）のキャンパスの一角に国立公文書館の分館として建設されたフォード大統領図書館で保管されていたが、二五年余りを経たところで、国務省の審査（二〇〇二年九月）と中央情報局（ＣＩＡ）の審査（二〇〇七年七月）を受けてそれぞれ通過し、二〇〇八年八月一三日、一部を除いて秘密指定を解除された。

おそらくそれまではずっと、その話は米政府と中曽根だけが知る秘密だったのだろう。その間に、中曽根は、日本政府の首相となり、訪米の際には日米を「運命共同体」と言い、日本列島を「不沈空母」と言い切って、米国の共和党政権との間で親密な関係を築いた。

二月五日――米上院で発覚

日本国内でロッキード事件が突如として火を噴いたのは一九七六年二月五日、木曜日の未明のことだった。

朝日新聞朝刊にアメリカ総局発の記事が突っ込まれた。

「米上院の多国籍企業小委員会（チャーチ委員長、民主党）は四日の公聴会で米ロッキード航空会社が多額の違法な政治献金を日本、イタリア、トルコ、フランスなどに行っていたことを公表した」

つけられた見出しは「ロッキード社　丸紅・児玉氏へ資金」。一面ではなく、二面の腹にその記事は掲載された。

中曽根との関係を一部に知られていた右翼のフィクサー、児玉誉士夫の名前にその記事は次のように触れていた。

「同小委員会で明らかにされたリストによると、数年前から一九七五年末までに七〇八万五〇〇〇ドル(約二一億円)が日本の右翼政治家、児玉誉士夫氏に贈られている。同委員会では、この金がどのように使われたのかについては明らかにしていない」

その日の夕刊から、各紙も参戦して、続報が大展開された。その見出しの数々が暴露のマグニチュードをよく物語っている。

「ロッキード社献金問題　対日工作費は三〇億円　政財界に衝撃　国会論戦の焦点に社党あす追及　特別委設けて米に調査団も　米上院委　領収証のコピー公表　児玉氏に二一億円　政府当局者にも？」

この日、「ロッキードの支払いに関する東京での報道」と題する公電が、東京にある米国の在日大使館から米ワシントンDCの国務省にあてて送られた(2)。

「朝刊で大きく報じられるにはワシントン特派員電の東京への到着が遅すぎたが、夕刊では一面トップの見出しとなっており、ラジオやテレビのニュース番組でもトップ項目に扱われている」

この日、東京は夕方まで雨が降り続いた。

二月六日――国務省日本部長と中曽根が接触

翌六日、金曜日、東京にいた国務省日本部長ウィリアム・シャーマンと自民党幹事長・中曽根が接触した。事前に表敬のために予定されていた接触だったが、話題はロッキードの問題になった。

米国の在日大使館から国務省にその日のうちに送られた公電で中曽根の発言の概要が報告された(3)。

それによれば、中曽根がまず触れたのは、日本共産党の「スパイ査問事件」だった、とされている。共産党委員長の宮本顕治はこの事件で監禁致死や死体遺棄などの罪に問われて戦中に有罪判決を受けたが、戦後まもなく復権した。それから三〇年余りを経た一九七六年一月二七日、民社党委員長・春日一幸《かすがいっこう》は衆院本会議でその経緯を取り上げて「真相を明らかにするべき」と政府に迫った。年内に衆院総選挙が予定されており、春日の共産党攻撃は自民党に有利に働くと中曽根は考えたようだ。公電によれば、中曽根はシャーマンに「選挙の年に有益な動きだったのに、直後にロッキードの問題が持ち上がったのは不運でした」とぼやき、「ロッキードの大騒ぎは総選挙のタイミングにも影響を与える」と述べた、とされている。

報告公電によれば、中曽根は続けて、ロッキードに対する米国内の調査の影響が日本に波及したことについて、米側への苦情と注文を次のように口にした、とされている。

「このようなことがらについて国内問題として調査するのはいいことかもしれませんが、他国を巻き込むのは別問題であり、慎重に検討されるべきです。米政府にはこの点を認識してほしい。この問題はたいへん慎重に扱ってほしい」

そして、中曽根はある「疑惑」にも言及した、とされている。

「ロッキードに有利な取引はニクソン大統領と田中前首相の間で結論が出ていた」

三年半前、米大統領だったリチャード・ニクソンと日本の首相だった田中角栄はハワイで会談し、それにあわせて、日本の航空会社による米国製旅客機の購入に関する日米合意が発表されていた。その首脳会談の際に、アメリカにある三つの航空機メーカーの中から、ニクソンの地元のカリフォルニア州の有力企業であるロッキードを購入先に選ぶとの秘密合意がなされたのではないか、そんな疑惑が日本の国会で取り上げられたことがあった。(4) 実際、全日空は首脳会談の二カ月後、ロッキード製の旅客機トライスターを購入すると決定した。中曽根が言及したとされる「疑惑」はこれのことだったのだろう。

報告公電によれば、中曽根は田中とニクソンの名前を挙げた後、「その二人だけが事実を知っている可能性があります」と言い、最後に、「米政府はこの問題を扱うにあたってくれぐれも慎重であるべきです」と強調して話を締めくくった、とされている。前大統領の関与をほのめかすことで、その補佐官だった国務長官のヘンリー・キッシンジャーらを牽制しているようにも読める。

駐日大使のジェームズ・ホジソンはこの報告公電の中で「自民党指導部はロッキードの調査の行方を非常に心配している」とコメントした。

二月七〜九日——カネを受け取った高官はだれ？

「日本政界へのカネ」は暴露されたが、そこには、政治家や公務員の名前は一切なかった。ロッキードのカネを受け取った政治家は一体だれなのか？　それが世の中の関心の焦点となった。

米上院の多国籍企業小委員会は二月六日、ロッキードの副会長カール・コーチャンを尋問し、「二〇〇万ドルは丸紅を経由して日本政府当局者（複数）に届いた」と証言させた。しかし、肝心の日本政府当局者の名前はそこでも伏せられた。大物フィクサーとして知る人には知られていた児玉や小佐野賢治の名前が出ても、公職者や公務員の名前は出ない。多国籍企業小委員会は、ロッキードや国務省の意向に従い、人権に配慮して、個別の公務員名を表に出さないのを方針としていたからだ。

収まらないのは日本国内だった。疑惑を突きつけられながら、その核心については、はぐらかされた、蛇の生殺しにも似た状況だった。児玉は中曽根の、小佐野は田中の、それぞれの知人として知られていたから、疑いのまなざしはそれら政治家に向けられた。しかし、裏付けはない。

答えを求めて記者や与野党の政治家がワシントンに向けて次々と旅立った。米国の在日大使館の分析によれば(5)、野党の議員らは自民党にダメージを与える情報を求め、自民党の議員らはワシントンにある情報の程度を測ろうとした。日本政府からも、東京・霞が関の外務省キャリア官僚の中ではナンバー2の地位にある外務審議官・有田圭輔が訪米することになった。

二月七日、土曜日、国務省は、前日にあった多国籍企業小委員会の公聴会の内容の要旨を伝える公電を東京の在日大使館に送り、その公電の中で、次のような見方を示した(6)。

「小委員会は、外国政府公務員の名前を公聴会の場には出さないという基本原則を維持しているが、ヨーロッパの政治家の名前はすでにリークされ始めている。日本の記者や政治家が議会に激しい取材攻勢をかけており、ロッキードの日本での活動に関するさらなる詳細が表に出るのは間違いない」

二月九日〜一二日――ワシントンDCで

二月九日、月曜日の早朝、国務副長官ロバート・インガソルは日本の在米大使館からの電話を受けた。外務審議官・有田がワシントンに来ているので、会ってほしい、という要請だった。インガソルはその日の午前、自宅アパートに有田を迎えた。国務長官へのインガソルの報告によると、(7)有田は「日本政府高官の名前は明るみに出るでしょうか？」と質問した。インガソルは「パーシー上院議員と小委員会の法律顧問は、公務員の名前は明るみに出さないと我々に確約しています」と答えた。チャールズ・パーシーは多国籍企業小委員会の共和党筆頭メンバーだ。

インガソルからも有田に質問した。有田は次のように率直に答えた。

「児玉、小佐野、丸紅を通じて資金を受け取った可能性が大きい公務員として報道記者らの憶測の中心にいるのは田中と中曽根です（ロッキードの支払いがあったときは通産相だった）」

「どのような影響があるか予測できません。三木政権が倒れて、米国への態度が異なる政権に交代するかもしれないし、あるいは、三木は年末まで総選挙を延期せざるを得なくなるかもしれません」

この三日後の二月一二日、木曜日、インガソルから在日大使館にあてて発せられた公電は次のように書き出された。(8)

「国会の『調査』がワシントンにやってきた」

一一日、水曜日、中曽根の指示で訪米中だった自民党衆院議員・佐藤文生《さとうぶんせい》に東アジア・太平洋担当の国務次官補フィリップ・ハビブが応対した。

国務長官への報告によれば[9]、佐藤は、多国籍企業小委員会の委員長を務める上院議員のフランク・チャーチに一〇日に会った際のやりとりを次のように紹介した。

「小委員会は、関係する日本政府高官の名前を公開する予定ですか?」

「ノー」

「ならば、小委員会は、名前のない『政治家』または『政府高官』が関与していると言うのですか?」

「ノー。小委員会はそのような証拠を持っていない」

「丸紅は『政治的影響力』のためのカネをロッキードから受け取ったことを否定していますが、小委員会はその点を調査しますか?」

「ノー。ロッキードの証言を疑う理由はない」

佐藤によれば、自民党は国会で疑惑を晴らそうと努めているが、同時に、みずからの立場も守らなければならない。いずれにせよ、そのうちに「床に血が流れる」ことになるだろう――。佐藤はそう予測してみせた。ハビブは佐藤に「情報を持っているのは議会であって国務省ではない」と同僚議員に説明してほしいと依頼した。

同じ日、民社党衆院議員の永末英一に国務次官補代理のウィリアム・グレイスティーンが応対した。

インガソルから在日大使館に送られた公電によると、永末は、関与した日本政府高官の名前の提供を米政府に求めるよう日本政府に要求する決議案が国会に提案されるだろうという見通しを明らかにし、「そうなると、国務省は難しい立場に追い込まれるでしょう」と述べた。グレイスティーンが「国務省は日本政府の要請を議会に仲介することしかできません」と答えると、永末は次のように言った。

「私は国務省の立場を分かっています。しかし、日本人の目からすると、国務省はすごい力を持っていて、もし日本政府の正式な要請にもかかわらず情報が来なかった場合には、国務省は、自民党指導者を守るために日本政府に協力しているとみなされるでしょう」

付け加える形で、永末は、日本の神話に登場する架空の動物ヤマタノオロチを紹介した。

「自民党は八つの頭のあるヘビで、そのうち二つの頭はすでにロッキードに食われてしまっている。しかし、だれも、それがどの二つかを知らない」

二月九日——在日大使館が疑惑の政治家を列挙

だれが問題の「政府高官」なのか、米国の在日大使館もこのころ、噂や風聞も含めて情報をかき集め、独自の推定を試みた。

二月九日、駐日大使ホジソンは「ロッキード証言の日本へのインパクト」と題する公電をまとめ、ワシントンの国務省に送った。(10)

五ページからなるその公電は冒頭で「ロッキードによる日本における不適切な支払いの疑惑は当地では深刻なスキャンダルとなる可能性がある」と述べる一方で、本文の中では「今のところ、日本政府と自民党は疑惑に蓋をすることにかなり成功している」「日本のメディアは、いつもにはない慎重さをもって調査を進めている」「不適切な関与の証拠と名前に関する情報を求めるバトルはワシントンにシフトしている」と指摘した。

「三木と日本政府へのインパクト」という項目では、ジャーナリストらから得た情報などをもとに七人の自民党衆院議員の名前を挙げ、うち五人の疑惑に触れた。

「ロッキード幹部は今のところ、カネを受け取った人間として三者の名前しか挙げていない。児玉、小佐野、丸紅である。児玉は接触できず、小佐野と丸紅幹部は関与を否定している。しかしながら、右翼の児玉は当地では元首相・岸信介と自民党幹事長・中曽根康弘に結びつけられている。中曽根は、トライスターの決定があったときには通産相だった(福田もまた岸に近いと考えられているが、福田の名前は挙げられていない)。小佐野は、前首相・田中や田中派と長い絆がある。複数のジャーナリストは我々に、有名な田中の副官である現建設相・竹下登の関与疑惑にも言及している。トライスターの決定の際に外相だった現蔵相の大平が関与しているかもしれないという推測さえ一部にある。しかしながら、当地で記事になっているのは、小佐野と田中の関係だけである」

全日空がロッキード製の旅客機トライスターの購入を決めた一九七二年秋の時点で、中曽根が通産相だったこと、大平正芳が外相だったことにあえて触れている。福田赳夫の関与はないだろうという見方も紹介している。

「首相の三木が関与しているとの推測はない。そのため、彼の立場は比較的安全に見える。現在の政府と党の役職者の中では、竹下と中曽根がもっとも傷つく可能性が大きいように思われる。ワシントンでの暴露がさらに具体的になった場合、彼らの辞任もありうる。大平については関与の態様や程度がはっきりせず、彼に関して推測することはできない」

疑惑の筆頭は中曽根と田中派だった。大平がロッキード事件に関与していなかったことがほぼ裏付けられるのはずっと後のことだ。最後の段落に「結論」として次のように書かれている。

「ロッキード問題がどのように展開していくかを述べるのは時期尚早だ。ワシントンでこれ以上の暴露がなければ、速やかに問題が収まる可能性もなくはない。他方、多くの人が予期するように、カネを受け取った疑いのある日本人の名前が表に出た場合、その影響は政府と自民党の内部で連鎖していく可能性があり、それを現時点で予測するのは困難だ。ダメージは数人の閣僚と党幹部の辞任にとどまるだろうというのが我々の予測だが、しかし、現時点でそれを確信をもって言うことはだれにもできない」

二月九日～一八日――宮沢外相と米大使が密談を重ねる

二月九日夜、外相の宮沢喜一からの緊急の求めに応じて、米国の駐日大使ホジソンは宮沢と会話した。

国務省へのホジソンの報告公電によれば[11]、宮沢の目的は「国務省から日本政府に公式に提供された情報はすべて公表される」ということを米政府に認識してもらうこと。裏を返せば「どのような情報を日本政府に公式に提供するかについて米国は非常に慎重になってほしい」と宮沢は言いたかった――、ホジソンはそう受け止めた。

二月一二日の夜にも、宮沢とホジソンは会話した。国務省へのホジソンの報告公電によれば[12]、宮沢は次のように述べた。

「日本政府は数日のうちに国務省を通じて米政府に対し、事情聴取で得られた日本政府当局者の名前の開示を依頼せざるをえなくなるかもしれません。米政府から公式に提供された情報がどのようなものであっても日本政府はそれを公開しなければならなくなります。米政府はその点について心してほしい。政府内部で協議してきましたが、日本政府としては、個人名の開示はその個人だけでなく、日本政府全体のダメージになるかもしれないと確信しています」

慎重な言い回しながら、宮沢は、表では情報提供を米政府に求めるが、本音では個人名の開示はしてほしくない、と示唆しているように読める。

翌一三日、副総理・福田赳夫が来日中の国務省日本部長シャーマンの表敬を受けた。福田はその際、「たとえ元閣僚の関与があったとしても、すべての事実は速やかに公にされるべきです」と強調した。前夜の宮沢の話とはニュアンスがかなり異なる。駐日大使のホジソンは国務省への報告公電の中で次のようにこの食い違いを分析した。すなわち、福田は「事実」の公表を求めているのであり、日本政府として、推測や風聞に基づく政府高官の名前の公開に懸念を抱いていることに変わりはない――。ホジソンはまた、「情報公開によって福田の政敵が事件に巻き込まれる可能性があり、そのことが福田の念頭にないはずがない」との推測も示した。つまり、大平であろうが、田中であろうが、関与が明らかになって影響力を失えば、そのぶん、福田にとっては浮上の力となる。

世の中ではこのころ、カネを受け取った政府高官の名前が判明しないことに「フラストレーション」が生じ、「怒り」の声が渦巻いていた。二月五日以来、ロッキードの記事が世の中の人々の関心を独占しているのに、一週間たっても、疑惑の核心は不明だった。二月一二日、在日大使館から米政府の広報・文化交流局（USIA）に送られた公電は「事件は米日関係に暗い影を落としている」というコメンテーターの声を伝えた。[13]

首相の三木は二月一三日、衆院本会議で「真相究明は政府の責任」と答弁した。衆院予算委員会は二月一六日に全日空の社長らや小佐野を証人として喚問し、一七日には丸紅の会長らを喚問した。のちにウソだったことが分かったとして偽証の罪で有罪判決を受けることになるのだが、彼らは疑惑そのものを否定し、その結果、高官名は出なかった。児玉の証人喚問も予定されたが、児玉は予算委員会に出頭せず、代わりに「病気のため出頭できない」との書面を医師の診断書とともに衆院議長に提出した。[14] 日本の国会での解明は手詰まりとなった。やはり米国の資料が必要だと思われた。

二月一八日、三木は「政府高官名を含むあらゆる資料の提供」を米政府に改めて要請する方針を決定。外相の宮沢は在米大使館にその旨の訓令を発した。

二月一八日夜――「公表はできるだけ遅らせるのが最良」

その一八日の夜、中曽根は、ある人物に接触した。駐日大使ホジソンから国務省に送られた報告の公電によると、中曽根はその際、在日大使館を通じて米本国政府に自民党幹事長としてのメッセージを伝達するよう依頼した、とされている。

「二月一八日の晩、自民党幹事長・中曽根が以下のメッセージを大使館に託した。彼は、このメッセージが合衆国政府に伝達されることを望んだ。中曽根はその際、個人的にではなく、自民党幹事長として話をしていると注意深く言明した」

公電の文面からすると、中曽根が直接話した相手は大使のホジソンではなかったようだ。公電はホジソンの名前で発信されているので、大使が中曽根の会話の相手だったならば、「中曽根は私に話した」と書くはずだが、そうはなっていない。

公電には二カ所だけ、二〇〇九年八月の時点でなお秘密のままとなっているところがある。フォード大統領図書館で閲覧可能なのは、原本ではなく、そのコピーだったのだが、そこではその二カ所は白抜きにされている。前後の文脈からすると、そこには、中曽根と会話した相手の名前や役職が記載されている可能性がある。

秘密を解除できない理由は「国家安全保障上の制約」。白抜きにされたのは二〇〇七年七月二三日。この公電のその他の部分の秘密解除についてCIAの承認が下りたのと同じ日なので、CIAの都合で秘密とされているのではないかと推測できるが、実際のところは分からない。

公電は次のように続ける。

「三木首相は、自民党の指導者らや閣僚らと相談したうえで、関与を疑われる政府当局者の名前を含む日本関係のすべてのロッキード事件資料の提供を合衆国政府に要請すると二月一八日に決断したが、これについて中曽根は『苦しい』（KURUSHII）政策と評した。彼は、もし名前のリストが現時点で公表されると、日本の政治状況は『大変な混乱に投げ込まれ』るし、自民党は状況をコントロールできなくなるだろうと述べた」

この日の本題である米政府あてのメッセージは次のような内容だった。

「合衆国政府にとってはどのような暴露もできるだけ遅らせるのが最良だろうと中曽根は述べた」

その日の深夜、米国東海岸の現地時間では一八日午後、日本の駐米大使・東郷文彦が国務省に国務副長官インガソルを訪ね、日本政府の意思として「政府高官名を含むあらゆる資料の提供」を要請した。

表のルートでは「情報を出せ」と言い、裏のルートでは「できるだけ出すな」と言う、矛盾に満ちた二つのメッセージがほぼ同時に日本の政治中枢から発せられたことになる。

二月一九日朝――メッセージの変更を依頼

同じ公電によると、翌一九日の朝、中曽根は前夜のメッセージの変更を依頼した、とされている。

「翌朝、メッセージが大使館に伝達されたと知らされたとき、中曽根はさらに背景を説明した」

中曽根はその際、いくつかの固有名詞を挙げ、あるルートを通じて、ある情報を入手したと説明した、とされている。

情報の中身は次のようなものだった。

「ジャック・アンダーソンが一〇日ほど前に二人の当局者名を入手した。田中と大平である」

ジャック・アンダーソンというのはワシントンDCで活動するコラムニストで、数々の特ダネを放つ調査報道記者として知られていた。ニクソン政権時代のCIAと通信会社ITTが南米チリの左翼政権を転覆させようと画策した疑惑を明るみに出し、それが、上院外交委員会に多国籍企業小委員会が設けられるきっかけとなった。そしてその多国籍企業小委員会こそ、ロッキード事件に火をつけた二月四日の公聴会の主催者だった。

田中と大平について、その公電ではそれ以上の説明はなされていない。苗字があるだけだ。おそらくそれで十分だと考えられたのだろう。田中角栄は前首相であり、大平正芳は現職の大蔵大臣だった。

中曽根の説明としてその公電に記述されているところによれば、この情報が伝わってきたルートは次のようなものだったという。

ジャック・アンダーソンのスタッフ
↓
日綿實業ワシントン事務所
↓
日綿實業本社
↓
中曽根

大平がロッキード事件に関与していなかったことは今ではほぼ明確になっているが、当時はそうではなかった。アンダーソンは多国籍企業小委員会の生みの親とも言える存在であり、同小委員会に太いパイプを持っていた。日綿實業(ニチメンを経て、現・双日)は商社であり、日常業務として米国でも様々な情報を収集していただろう。だから、当時、そのようなルートを通じて、そのような情報が中曽根にもたらされたという話にさほどの不自然さはなく、むしろ、ジャック・アンダーソンだとか、日綿實業だとかの固有名詞があることで話の信憑性が高められているともいえる。

公電などによると、中曽根はこの情報について首相の三木と話し合ったようだ。中曽根の話として、公電は次のように記述している。

「首相・三木の判断では、万が一、これらの名前がアンダーソンによって公表された場合、それは、彼の内閣の崩壊、選挙における自民党の『完全な敗北』、そして、自民党が管理できないかもしれない政治状況、ことによると、日米安保条約の枠組みの破壊につながるかもしれない政治状況を意味するだろう」

この日の朝日新聞朝刊の二面に載ったベタ記事がこれと符合する話を報じていた。その記事によれば、外交評論家の平沢和重が大阪での講演で政府高官の名前について次のような発言をしたという。

「そう遠くないうちに米国の新聞が名前を出す」

「ウォーターゲート事件をスクープした一人で、ワシントン・ポストに寄稿している有名なコラムニストのジャック・アンダーソン氏が書くだろう」

「これに対する心構えをしておかないと、政治的混乱を起こす」

平沢は、外交官やNHK解説委員などを歴任し、三木のアドバイザーとして知られていた。官房副長官として三木を補佐した海部俊樹《かいふとしき》の回想によれば、平沢は三木をしばしば私邸に訪ね、密談を重ねていた、という。そういう状況証拠からすると、中曽根が日綿實業から得たという情報がさらに次のように伝わった可能性を推測することができる。

中曽根
←三木
←平沢和重
←大阪での講演
←朝日新聞記事

公電は、「田中と大平」に関する話にひとしきり触れた後、本題に入る。米政府へのメッセージである。

「ここで、中曽根は合衆国政府へのメッセージを次のように変更した。『私は、（合衆国政府が）これを注意深く考えることを希望する。私は、合衆国政府がこの問題をもみ消すこと（MOMIKESU）を希望する』」

「もみ消す」を意味する「HUSH　UP」の後ろのマルがっこの中に「MOMIKESU」と補うように記されていた。

「これら会話の中で中曽根は首相と緊密にしていると示唆したものの、三木のために話をしているとはどの時点においても示唆しなかった」との補足があった。

二月二〇日――在日大使館の分析

このメッセージの中身について、米政府の在日大使館は詳細な分析を試みている。

「今後の展開に関する中曽根の推定は我々にはオーバーであるように思われる。さらに、三木の判断についての中曽根の報告は、我々の理解する三木の立場と合致しない。ロッキード事件への中曽根個人の関与の可能性がはっきりしないことにも注意が払われるべきだ」

三木は「真相解明」をみずからの責任であると公言しており、在日大使館としても、それを三木の真意であると一応は理解していたのだろう。「中曽根の報告」はそれと矛盾していた。だから、在日大使館としては、中曽根が自分の都合に合うように三木の話をでっち上げた可能性を考慮に入れているのだ。

一方で、「にもかかわらず」と接続詞を置いたうえで、公電は「彼の我々へのアプローチは、大使館がより直接的ではない証拠をもとに抱いている印象に一致している」と続けている。

「すなわち、合衆国政府に対する日本政府の公式の陳情にもかかわらず、自民党の指導者たちの多く（三木首相自身を含む可能性あり）は、合衆国政府がこれ以上、有害な情報を公表しないことを希望している。とりわけ、関与を疑われる政府当局者の名前を開示しないことを希望している。たしかに、当地での大衆の傾向は、三木と日本政府が、すべての情報開示を合衆国政府に要求する強い表向きのポーズをとること以外はほとんど何もできないような状況にある。この大衆の傾向、それに加えて、実体のために形を代理させようとする日本特有の傾向（ローカルな強い好み）を考えると、日本政府の公式の要請を額面通りに受け取るべきではないという結論を導くことができるかもしれない。何人かの個々の自民党議員や青嵐会《せいらんかい》のような少数派グループがこの利益を共有していると は言えないが、しかしながら、ほとんどの自民党指導者と議員らは、さらなる有害な暴露がなければ、政府や党への深刻なダメージなしで状況を乗り越えられると感じているというのが我々の印象だ。チャーチ小委員会やSEC（証券取引委員会）などに提供された情報の正確な内容を知らないなかで、彼らは、さらなる暴露の結果がどんなものなのか確信を持てないでいる。しかしながら、田中と彼の派閥がもっとも大きな打撃に見舞われるかもしれないという意見がかなり多い。しかし、我々の判断では、さらなる有害な暴露は党と政府の双方にとって深刻であり、特定の個人または派閥に限定されえないだろうというのが多数派の見方かもしれない。したがって、合衆国政府がさらなる暴露を避ける道を見つけることが幅広く強く望まれている」

つまり、三木政権がすべての公開を米政府に要求しているのは、世間に向けたポーズに過ぎず、真意はそれと異なり、「中曽根の報告」にある通りである可能性があると分析を進めているのだ。「日本政府の公式の要請を額面通りに受け止めるべきではない」というのが在日大使館の見解だった。

二月二〇日――アメリカの国益は？

在日大使館はそのうえで、二つの観点から、どういう対応が「合衆国の利益の追求」、つまり、自国の国益になるかを論じている。

一つは「何年にもわたって我々と緊密に働くことができた保守党・政府の政治的有効性」、つまり、米国に友好的な政権が円滑に機能し続けることの利益である。

「我々は、政府当局者の名前が公表された場合の政治的な結果に関する中曽根の見積もりも彼の言う三木の見積もりもその通りに受け入れることはできない。それらの結果は大部分、疑惑を裏付ける証拠の性質、現在の三木政権や党でそれら個々人が占める地位の程度によるだろう。重要人物の関与が数人にとどまり、関与の証拠が決定的でない場合、三木政権が総選挙後も維持されることはありうる。衆院選で自民党が大きく議席を減らすことはないかもしれない。しかしながら、名前が公表・報道されることで、まっさかさまに急落する危険性もある。少なくとも、一時的に混乱した不透明な政治状況に陥る危険性は残る」

もう一つの国益は「日本のメディアや他の在野グループに持たれる合衆国のイメージ」である。自民党が助かっても、日本国内で米国の評判が落ちるのでは、米国の国益にならない。

「さらなる情報がまったく公表されない場合、野党はそれを談合と批判し、それはおそらくメディアや他のオピニオンリーダーたちに共鳴するだろうけれども、我々は、それはおそらく長持ちしないと感じる」

ロッキードからカネを受け取った政府高官の名前を公表した場合に自民党の急激な弱体化で失われるかもしれない国益と、公表を避けたときに米国が野党やメディア、有識者らに批判されることで失われるだろう国益を比べたとき、在日大使館としては、前者のリスクのほうがより大きいと判断したようだ。

「すべてを考慮してみると、結局、我々は、日本に関する我々の利益は、もし可能ならば、さらなる有害情報の公表を避けることでもっともよく満たされるだろうと信ずる」

四日後、国務省は「中曽根のアプローチに関する注意深い分析に感謝する」との公電を在日大使館に送った。[15]

繰り返すが、この当時、日本中が高官名を知りたがっていた。ロッキードからカネをもらった当の政治家とその取り巻きを除けば、ほとんどすべての日本人が真相を知りたかったと言って過言ではないだろう。三木首相の率いる政府の建前もそうだったし、自民党も表向きはそれに異議を唱えなかった。

中曽根自身、二月二〇日の朝日新聞朝刊に掲載されたインタビューの中で「政府・与党は一体となって徹底的に究明する覚悟だ」と答え[16]、二一日に熊本市内で開かれた青年懇話会では「米側に全資料の提供を重ねて要請してゆく」と述べたと報じられた[17]。

衆参両院は二月二三日、自民、社会、共産、公明、民社の五党が共同で「ロッキード問題に関する決議」を提案し、全会一致で可決した。

「ロッキード問題のわが国に関するいわゆる政府高官名を含む一切の未公開資料を提供されるよう米国上院及び米国政府に特段の配慮を要請する。本院は、本問題に関するすべての疑惑を解明することが、真の日米友好にとっても重要であり、国民の要望にこたえる道であると確信する。政府においても、右の趣旨を体し、特使の派遣等を含め本問題の解明のため万全の措置を講ずべきである」

これを受けて、三木は翌二四日、米大統領のフォードに、資料の提供を求める手紙を書いた[18]。

同じ日、自民党内の右派グループ「青嵐会」の座長として衆院議員・中尾栄一もまた、米大統領あてに情報公開を求める英文の手紙を送った(19)。

「情報の公開は我が自由民主党(政府与党)に深刻な影響を与えるかもしれません。しかし、このまま情報を出さないことは、党を破壊するか少数党にしてしまう可能性があります。だれがスキャンダルに関与していようが、我が党は粛清の用意があります」

中尾は、のちに建設相だったときに若築建設の会長らから六〇〇〇万円の賄賂を受け取ったとして二〇〇〇年に逮捕・起訴され、実刑判決を受けることになるのだが、七六年当時は中曽根派に所属し、田中金脈の追及でも先頭に立っていた。

こうした状況の下で、首相の三木を支える立場にあった与党幹事長の中曽根が、党や政府の表向きの方針にも世論にも反する行動をとっていたことが公電には指し示されている。つまり、中曽根は、自分自身の公の場での言動にも反し、裏では、「国民の要望」に背を向けて、「真の日米友好」をないがしろにしたのだ。

駐日大使の公電にあるように、米政府は、そうした行動が三木の真意を反映したものである可能性、つまり、日本の政権中枢が二枚舌を使っている可能性をも念頭に置かねばならなかった。米政府自身、ウォーターゲート事件やベトナム戦争に対応するにあたって表と裏で別のことをやり、国民にウソをついていたことが七〇年代前半に相次いで暴露されていた。フォード政権は、前政権の二枚舌が残した深い傷を癒やし、過去に押しやることに細心の注意を払っていた。

フォードの特別補佐官、リチャード・エリオットが三月二九日、中尾に返書を送った。[20]「ロッキード事件に関する情報を日本やその他の関係政府に提供するのを『差し控える』のが合衆国政府の政策であったことはまったくないと私は強調したい。しかしながら、証券取引委員会は、調査が終了するまで調査関連資料を公開しないのを法的にも行政的にも常としている。そのような情報を中途半端に公開することは、調査を害し、合衆国の法執行を害し、個人の権利を害する」

結果的に、米政府は、捜査と裁判のためにだけ用いるという条件をつけて、四月八日、資料を秘密扱いで日本の検察当局に引き渡した。その資料は今も公開されていない。

コメントを拒否

中曽根はロッキード社の対日工作への関与を疑われて、七七年四月一三日に国会で証人として喚問されたが、「関係していない」と疑惑を否定し通した。八二年一一月に総理大臣に就任し、以後五年間、日本政府のトップを務めた。

中曽根の言葉として「MOMIKESU」と記録した東京発の秘密公電は、フォード大統領図書館所蔵の文書群のうち、「国家安全保障担当補佐官　東アジア・太平洋ファイル」というシリーズの第八番の箱の中の「日本—国務省公電　国務長官あて　配布禁止(7)」というフォルダの中にあった。二〇〇九年八月、私はそれを見て、これは新聞の一面で報ずるに値する内容だと思った。

一九七三年七月から七九年末までの六年半の間に作成された米国務省の外交公電はコンピューターで管理され、その多くは同国の国立公文書館のウェブサイトで順次、PDFファイルの形で公開された。七六年の公電の多くも二〇一〇年春に公開された。しかし、「MOMIKESU」という言葉を記録したその公電は、二〇二四年四月初旬の時点でなお、公開対象から抜き取られており、その旨の書面が代わりに掲載されている。[21]

私は二〇一〇年、事務所を通じて中曽根に取材を申し込んだ。秘書がていねいに応対してくれた。が、記事に使用できる本人のコメントを得ることはできなかった。

二月一二日付の朝日新聞朝刊の一面に、その原稿は一面では三番手の記事として、次のような見出しとともに掲載された。

「『中曽根氏から、もみ消し要請』ロッキード事件、米に公文書」

その朝、米国の在日大使館はその記事の抜粋を独自に翻訳し、国務省に公電で報告した。のちに文書暴露サイト「ウィキリークス」によって大量に公開された米国務省公電の中にそれが含まれている。[22]

中曽根「記憶があります」

私の原稿が二〇一〇年二月一二日に朝日新聞に掲載されたのに前後して、中曽根は、中央大学総合政策学部教授の服部龍二《はっとりりゅうじ》ら学者グループから合計二九回にわたるインタビューを受け、それは二〇一二年一〇月、新潮社から書籍『中曽根康弘が語る戦後日本外交』として出版された。その中に、「MOMIKESU」とのメッセージを記録した米公電の内容について問いただされた際の中曽根の返答が載っている(23)。

三木首相がロッキード関係の情報を開示するようアメリカ政府に要求した直後に、中曽根がアメリカ大使館に対して、米政府は可能な限り、ロッキード事件における日本側の関わりを示す如何なる情報の開示も遅らせることが最良であると伝えたことについては、中曽根は「記憶がありますね」と答えている。

「三木は、アメリカに対して資料公開をどんどんやれと要請しました。三木は田中角栄に反感を持っていたが、私は幹事長として、『今年の秋か暮れまでに解散しなくてはいけないのに、自民党が大敗する材料が出るのは好ましくない。それでは日米関係も難しくなる。情報の開示はよくよく考えて慎重にやってくれ』とアメリカ側に伝えました。日本のジャーナリズムは何でも新しいネタを詮索する癖があるから、その点も注意してやってほしいともね」

主に、政策研究大学院大学客員研究員の昇亜美子《のぼり》が聞き手となって中曽根に質問した。

——アメリカへの申し入れは、三木首相の意向を受けたものでしょうか。

「三木さんは資料公開をやろうとしていました。一方、副総裁の椎名と幹事長の私は、相談して、三木を抑えなければ駄目だという考えを共有しました」

つまり、中曽根は、首相の三木の意向に反して、米政府に働きかけたことを認めている。

——同じ文書によると、アメリカの国益を追求する上で、長年緊密だった保守政党の自民党との関係を最優先すべきであり、万が一開示する場合は極めて慎重に、総選挙のタイミングを見て開示した方がよいという分析を、駐日アメリカ大使館もしていました。

「こちらの大使館はそうでした。ところが、アメリカ議会の内部ではまた、別の判断が働くことがありました」

——ロッキード事件における日本側有力政治家の関与について、中曽根先生から、田中角栄という具体的な名前を出されましたか。

「出していない。これは刑事事件として、向こうから名前が出てこないとわかりませんでした」

——アメリカ側の資料によれば、中曽根先生は田中と大平の名前を、日綿實業ワシントン事務所が入手した情報として、日綿本社から入手したとあります。

「大平の名前が入っているのは意外だね」

米大使館の公電にははっきりと、中曽根が田中と大平の名前を挙げたと記されているが、中曽根はひとごとのようにとぼけている。

また、中曽根は、メッセージを託した相手について「私が個人的に使っているアメリカ通の英語のできる人間に指示したのだろうね」と説明している。

昇の質問はさらに続く。

――中曽根幹事長と椎名副総裁がご存知で、三木首相は蚊帳の外だったのですか。

「そうね。あの頃、三木は反田中だから、腐敗打倒、クリーンを前面に出して、解散選挙を通じて自民党を蘇生させようとした。三木は、それで名を成そうと考えていたところがあった。その点は私や椎名とは違った。反面、アメリカ側には、田中勢力の打倒においては、三木に期待していたところがあったのでしょう。田中は石油を世界中から獲得するために、中東だけではなく、ソ連、ノルウェー辺りの石油にまで日本が手に入れようと動き出しているので、アメリカ石油資本が田中はエネミー(敵)だと認識して、彼をやっつけろと。そういう動きがアメリカ議会やアメリカの政治にありました。嘘か本当か知らんが、そういう情報もありましたね」

いわゆる「田中角栄はアメリカの虎の尾を踏んだ」との説である。

――その説は、幹事長時代から囁かれていたのですか。

「そうね。三木さんは、自民党が壊れてもいいとは考えなかっただろうが、事件の真相を究明すれば、田中派が一掃されて、新生自民党ができると思っていた。『クリーン三木』を看板に出てきた人だから、これはいいチャンスだと思ったのではないか(笑)。私は、解散選挙をやったら、大敗するだろうと予想していました。選挙結果に責任がある党の幹事長としては、軽率な判断は絶対に慎まなければならない」

――三木自身もロッキードの話を出して欲しくないと思っていたようなニュアンスが、米側資料に残っています。

「ああ、それは私がそう言ったかもしれん(笑)。アメリカから見れば、政党政治の見地からは、総裁と幹事長という立場を比較すると、幹事長は総裁の忠実な下僕だからね」

――米側の文書で、中曽根先生は「もみ消す」という言葉を使って米側に報告したとなっています。

「アメリカ人に対して『もみ消す』なんていう言葉を使うはずがありませんね。私と大使館の間に入った翻訳者がそう表現したのかもしれないが、日本の政局も考えて、仮に摘発するにしても、扱い方や表現の仕方を慎重に考えてくれと伝えたつもりです」

米側への自身のメッセージについて、中曽根は「人を介して口頭で伝えたはずです」と言い、その仲介者について、いったんは「個人的に使っているアメリカ通の英語のできる人間」と説明している。アメリカ人を「アメリカ通」と評するのは不自然だから、ここで、中曽根は、英語のできる日本人が仲介者だったと示唆している。他方、メッセージに「もみ消す」との言葉を含めたことについて、中曽根は、「アメリカ人に対して『もみ消す』なんていう言葉を使うはずがありませんね」との理由で否認している。これは、仲介者がアメリカ人だったことを前提にしているかのような説明だ。中曽根はさらに、翻訳者が勝手に「もみ消す」という表現を用いた可能性に言及しているが、翻訳者は中曽根の言葉について、日本語を英語に訳す役割を負っているのだから、「もみ消す」を「HUSH UP」と英訳することはあっても、「HUSH UP」をわざわざ「もみ消す」と和訳する必要性も可能性も考えづらい。

このように、中曽根の説明は矛盾しており、今世紀に入ってなお、中曽根は何かを隠そうとしているように見える。

二〇一九年一一月二九日、中曽根は一〇一歳で死去した。米政府の大統領を務めるドナルド・トランプは翌三〇日、米日同盟を強化するための元首相の努力を評価し、元首相を悼む談話を発表した。

中曽根のメッセージとして「もみ消す」との言葉を記録した秘密公電は二〇二一年一月までに、フォード大統領図書館のウェブサイトにPDFファイルの形で掲載された。現在、検索サイトのグーグルで、米政府機関のウェブサイト「site: gov」に絞り込んで

「nakasone momikesu site: gov」との演算式を使えば、だれでも、それにたどりつき、それを目にすることができる。ただし、仲介者の氏名もしくは肩書が記されていると思われる部分は引き続き白抜きになっている。

第五章　三木首相「自民離脱、信問う」示唆、米政府に密使

三木首相が「元首相、現職閣僚、
与党幹事長の事件関与」を
米首脳に極秘照会

米国務省高官
「三木はダモクレスの剣を田中ら
派閥領袖の頭上につるしている」

田中元首相逮捕後
「三木は素晴らしい」と
米大統領補佐官

三木武夫首相（1976 年 7 月 28 日，田中前首相逮捕翌日の衆院ロッキード問題調査特別委員会にて．右隣は稲葉修法相）

ロッキード事件が発覚した直後、日本の首相だった三木武夫は、外交評論家の平沢和重を密使に指名し、米国務長官のキッシンジャーと交渉させていた。平沢は、元首相・佐藤栄作の密使だった若泉敬によってホワイトハウスに紹介された。平沢を通じて、三木は、中曽根康弘ら政府・与党の幹部が事件に連座しているかどうか内密で米政府に確認を求め、回答次第では自民党を割って超党派で総選挙に打って出る可能性を国務長官のキッシンジャーに伝えていた。

「称賛に値する成果」

「金権政治」への批判の渦の中で退陣した田中角栄に代わって、三木武夫は一九七四年一二月九日、首相に就任した。

七五年七月一〇日付の米政府資料によれば、(1)三木は第二次世界大戦前の一九三七年から国会議員を務め、芯の強い党人派の政治家だった。身長は低く、細身で、語り口はソフト。自分の見解を披露するのには寡黙だった。六八歳。洗練された国際派であり、理想主義的かつ学究的で「進歩的」な政治姿勢を採ってきた。

大統領のために国務長官のキッシンジャーの名義で用意された八月二日付の資料によ

れば、[2]三木は、日本で国家主義が強まりつつあった一九三〇年代に、あえて米国に留学して南カリフォルニア大学で学び、三〇年代後半には、若手国会議員として、そうすることが危険であるにもかかわらず日米関係の向上を唱えた。戦後は外相や通産相を務め、米政府に広く強く好ましい人脈をつくってきた。表でも裏でも、三木は米国との関係が日本にとって最重要であると述べてきた。

三木の側近で官房副長官だった海部俊樹の回想によれば、[3]三木は米国の民主主義に心酔していた。

三木は、明治大学を卒業した直後に世界一周の旅に出た。その際に「アメリカには活力がある」「あそこにはデモクラシーがある」と感じたという。三木は「なんといったらいいのかな、海部君、アメリカには明るさがあるよ」と言った。

生意気盛りだったという若い海部は三木に反論することがあった。

「アメリカ人はみんなアメリカの政府を信用していますか」

海部には、アメリカに対する「素朴な疑問」があった。

「黒人問題なんかは僕の根本的な疑問ですからね」

「アメリカの建国の歴史というのは、そんなに誇れるものですか。もともと住んでおった原住民を武力で追っ払って、力で取ったんじゃないですか。侵略戦争のトップみたいなものじゃないですか」

すると、三木は海部を説得しようとしたという。

「きみ、あれは結果としてそういうところをみんな抱えて、アメリカという国はできてきたんだ。人間を大事にしますよ。あの国は」

米政府の分析によれば、三木の首相就任は自民党内対立の妥協の産物だった。従来の首相たちとは異なり、三木は、経済界とも官僚とも強いつながりがなく、改革者であり、一匹おおかみであり、異端の首相だった。にもかかわらず、有力な二人の首相候補、すなわち副総理の福田赳夫と蔵相の大平正芳が互いにキャンセルしあい、その結果として、三木はその隙間に権力の源を維持してきた。三木には「クリーン」で「進歩的」なイメージがあり、一般の人々やメディアの間での人気は上々だった。国会では、予想に反して、三木は、抜け目がなく、タフで、策士として驚くほど成功してきた。

七五年七月一〇日に在日大使館から国務省に送られた公電によれば(4)、首相就任以来の七カ月で、三木は「称賛に値する成果」を残した。予算案は順調に国会を通過し、四月の統一地方選挙も事前の予想を上回る好成績だった。選挙区内での公職者の寄付を禁止する公職選挙法改正、政治献金を制限する政治資金規正法改正を実現した。インフレは急激に抑制された。米大使館は「こうした業績によって自民党内での三木の立場は大幅に強められたはずだった」と指摘した。

しかし、そうはならなかった。米大使館は「逆説的に」と前置きして分析を続けている。

「田中の資金的・個人的なスキャンダルを受けて、三木は、『クリーン』なイメージで首相に選ばれた。三木が選ばれたのは福田派と大平派の分裂を防ぐためでもあった。傷を癒し、マイルドな党改革のイメージに寄与することを期待された。三木自身の改革プログラムは期待されていなかった。三木は、首相に必須である大きな派閥も大きな政治資金源もない者に適した役割として、管理人であることを期待された」

暫定的な首相として消極的な「管理人」であることにとどまるだろうと多くの人は予想していた[5]。

ところが、三木は、そうした期待を離れて、自分自身の課題に取り組み始めた。反対の多い選挙区割の変更や政治資金規制、独占禁止の強化に乗り出し、核不拡散条約の批准を急いだ。一方、野党には「対話と協調」の姿勢で臨んだ。そのため、自民党内のほかの指導者らと三木の対立は深まり、三木への不満が党内に広がっていった。

とはいえ、福田派と大平派は拮抗していて、福田も大平も決め手を欠き、いずれも、三木に反旗を翻せないでいた。このほかに、田中角栄と中曽根康弘が大きな派閥を率いていたが、田中はスキャンダルで首相を辞任した直後であり、中曽根は比較的若く、また、三木との盟約を保っていたことから、いずれも首相候補ではなかった。

こうした分析の末に米大使館は「我々も、少なくとも数カ月は三木政権が続くと予想する」と公電を締めくくった。国務省本省でも米大使館の分析をほぼそのまま採用したうえで、「おそらく向こう六カ月、三木の立場が脅かされることはないだろうが、長期的な見通しははっきりしない」と結論づけた(6)。

フォード政権はこれら基本的に三木に好意的な見方に立っていたが、これは、三木が首相になる前の一九七二年六月に米国家安全保障会議スタッフのウィンストン・ロードが作成した資料とはまったく異なる。

国家安全保障担当の大統領補佐官だったキッシンジャーの訪日の際に用意されたその資料は、三木について「過去二回の自民党総裁選を佐藤と争った万年候補」と揶揄した(7)。「自民党内の反主流派のリーダーとして、従来の主流派に比べると、米国との同盟へのこだわりが薄く、独立志向に傾きがちである」

七四年一月四日に副大統領のフォードのために用意された経歴資料は(8)三木について「自民党の主流派の外でいつも活動してきており、政策に大きな影響を与えたことはない」と断定し、「もはや権力の座を真剣に狙える立場にはない」と切り捨てた。

ところが、首相になると、三木は少しずつ力を得てきた。発言にも重みを増してきた。七五年三月二日、帰国中の駐日大使ジェームズ・ホジソンが国務長官室でそう報告すると、キッシンジャーは「大平は私に三木は一年ももたないだろうと言ったが」と反論する

ように言葉を継いだ。(9)

大使は答えた。「三木の展望はよくなってきています」

キッシンジャーは、自民党の派閥領袖たちの近況をホジソンに尋ねた。

長官「田中はどうしている?」

大使「ゴルフをたくさんやっています」

長官「彼がカムバックする可能性はあるか?」

大使「とても疑わしい」

長官「中曽根はどうしてる?」

大使「彼は自民党幹事長の仕事で多忙です。彼が求めていた仕事です」

長官「中曽根が党を牛耳りたがっているのは明らかだ。田中もしばらく党幹事長をやっていた。福田は終わったか?」

大使「いいえ、実のところ、三木が倒れれば、福田が次の首相になるかもしれません」

長官「大平ではない?」

大使「いずれかです」

首相就任から半年余りが経過した七五年七月の時点では、米政府は三木について、[10]首相就任以来、自民党改革とインフレ、不況との戦いを優先課題とし、米国との緊密な関係を好んできた、と高く評価していた。

一九七五年夏、三木は首相としての初の外遊先にアメリカを選んだ。

七五年八月五日——首脳会談

七五年八月五日午前一〇時五分、ホワイトハウスの大統領執務室オーバルオフィスで、三木は米大統領のフォードと会った。

フォードは前夜遅く、一〇日間の欧州歴訪の旅からホワイトハウスに戻ってきたばかりだった。国務次官補のフィリップ・ハビブや駐日大使のホジソンに国務長官のキッシンジャーが語ったところによれば、[11]フォードは「なぜ数日の余裕がないのか」と、帰国翌朝の首脳会談に不満だった。欧州のことで頭がいっぱいで、日本の資料を読み込む時間もなかった。

会談には、外相の宮沢喜一、駐米大使の安川壮、官房副長官の海部俊樹、国務長官のキッシンジャー、駐日大使のホジソン、国家安全保障会議のブレント・スコウクロフトが同席した。

米側の記録によれば、[12]三木は「昨年一月にお会いしたとき、あなたは副大統領で、私は副総理でした。そのとき私は、大統領であるあなたに首相としてこのようにお目にかかるとは予想していませんでした」とフォードに語りかけた。

「一九二九年に初めての外国旅行で私が最初に訪ねたのが米国でした。のちに数年間、私はカリフォルニアの大学で勉強しました。英語力はさびついてしまいましたが、これらの経験の結果として、私の全人生と三八年間の国会でのキャリアは自由と民主主義の理想によって導かれてまいりました。大統領、私たちには立法府での長いキャリアという共通点があります。私は民主主義への強い信念をあなたと共有しています」

フォード大統領と会談する三木首相(1975年8月5日，ホワイトハウスの大統領執務室で．米国立公文書館所蔵)

予定になかったにもかかわらず、その日の夜、午後七時から、通訳のみを同席させた首脳会談がホワイトハウスでもたれた。

米側の記録によると、[13]三木が「大統領、議会人から政府に入った、あなたのような人とは、話しやすい」と話しかけると、フォードは「総理、私も同じように感じています」と答えた。

日本外務省の資料によれば、フォードはそのとき六二歳。ミシガン大学とエール大学法科を卒業して弁護士になり、第二次世界大戦中は海軍に従軍した。一九四九年にミシガン第五区の連邦下院議員となり、以来一三期二五年務めた。その間、六五年に共和党の下院院内総務となった。七三年一二月六日、汚職疑惑で辞任したスピロ・アグニューの後任の副大統領に就任。七四年八月九日、ウォーターゲート事件で辞任したニクソンの後任の大統領になった。「保守中道派の人といわれ、明るく正直で誠実な性格の持ち主で、学生時代にはフットボールの選手としても活躍した」と日本外務省の資料はフォードを評した。(14)

三木は続けて言った。

「大統領、あなたと私は同じ状況の下で政府に入りました。あなたはウォーターゲート事件を受けて、私は田中の金銭スキャンダルを受けて。しかしながら、私は、議会人として長い人生を送ってまいりましたし、私を政権に就かせた環境というのは、田中の金銭スキャンダルに限られるものではないと感じています。それは、私たちが直面している、より深い問題が関わっていると私は考えております。すなわち、日本における『保守的な民主主義』への大衆の支持が弱まりつつあるということです。自民党が政権にあり続けたいと望むならば、『リベラルな民主主義』を実践しなければなりません」

「自民党は、政府を安定させることができる唯一の勢力であると私は固く信じています。しかしながら、私は同時に、四つの野党の中で最も大きい日本社会党には、『影の内閣』のように、もっと責任ある行動をとるべきだと言ってきました。防衛や外交政策をめぐって社会党はじめ野党は自民党と大きく異なります」

口数が少ないフォードを前に三木は雄弁だった。

「大統領、あなたと同様に、私の権力継承は事前には予想されていませんでした。そして私はまだ人々の『洗礼』を受けていません。今年の遅くか来年に選挙で私の政府の承認を有権者に求めなければならないでしょう。私は選挙結果に自信を持っています。三年間の任期いっぱい首相を務めることになるだろうということにも自信を持っています」

フォードは、三木の率直な物言いに感謝すると言った。

「あなたは、私たちが一緒に働きたいタイプの指導者に見えます」

フォードは三木に社会党について質問した。「社会党の連立政権入りについて、あなたは自信を持てますか、私にとってはどうでしょうか？」

三木は「私は連立政権をつくろうと意図しているわけではありません」と前置きし、「自民党が永遠に政権を保ち続けることはありません」と言い、「社会党には私たちの立場を分かってもらう必要があると私は感じています」と述べた。

三木とフォードは、フランスの大統領から提案のあった先進国首脳会議の開催について話し合った。

会談が終わりかけたとき、フォードは「総理、我々の今朝と今晩の会談、男と男の対話は建設的だったと信じます」と言った。近い将来に予想されていた日本の総選挙、一四カ月後に迫った米国の大統領選に触れて、フォードは、お互いの勝利を見通しとして語った。

フォードは自身について「議会の子」と言い、三木も自身について「国会の子」と言った。

三木は次のように述べて対話を締めくくった。

「私の政権はクリーンな政治と改革に専念します。自民党内にいくらかの抵抗はありますが、報道されているほどではありません」

翌六日朝、執務室でキッシンジャーに会ったとき、フォードは言った。[15]

「二人だけの会談に大した内容はなかった。彼がそれを望んだのはそれが彼の威信につながるからだと思う」

フォードはどこか三木に距離を置いていた。

生き残った三木政権

日本国内で三木政権の基盤は脆弱なままだった。

米紙に一〇月末、「日本政治のザ・リチャード・ニクソン」である田中が引き続き最大派閥を維持し、カムバックを狙っているとの記事が掲載された[16]。

米国の在日大使館は、七五年一一月七日に国務省に送った公電で[17]、「田中は引き続き、自民党国会議員の二五％近くを擁する最大派閥のリーダーとして重要な役割を果たしている」と分析した。

「田中の主な関心は、彼自身（そして彼の友人たち）を刑事訴追から守ることと、体面を取り戻して権力に復帰することである。国税庁を管理する蔵相が執念深い人物になったり、長年の敵である福田が圧倒的な優勢になったりすることは、こうした田中の目的を難しくする可能性がある」

大平派と福田派がにらみ合って三木の後任が決まらない状況はそのままだった。

三木政権発足から一年余りを経た七五年一二月二四日、「三木の一年目」を分析した公電が在日大使館から国務省に送られた[18]。

「異常な状況で官邸入りして、三木首相は相当な成果を残した。意外なことに彼は生き残った」

八月の訪米についても、その公電は「異例の成功」と評価した。

「生き残っただけでなく、党内での彼の立場はやや強まった」

来る総選挙で勝利すれば、三木がさらに首相であり続ける可能性が高いと、その公電は推測した。

日米関係もきわめて良好だった。

「ここ一年、ハイレベルのやりとりは頻繁にあり、かつ、率直なものだった」

キッシンジャーの後任の国家安全保障担当補佐官スコウクロフトが、七六年一月二八日付で大統領のためにまとめた資料にはこのように記載された。[19]

七六年二月二日、スコウクロフトは駐日大使のホジソンに手紙を書き、「この一年は米日関係にとって幸先の良い一年でした」と振り返った。[20]

多少の波風はあるものの、三木としては、総じて、よくやってこられた、という状況だった。

そんななかで七六年二月四日、日本から見ると突如として、米議会の上院でロッキード事件は暴露された。

二月二四日――首相の親書

のちに米国務長官のキッシンジャーがフォードのためにまとめた資料の表現を借りれば、[21]日本の「政府高官」にロッキード社から賄賂が支払われた疑惑が米議会上院の多国籍企業小委員会で取り上げられたとき、「日本の戦後史上最悪の政治スキャンダル」は始まった。野党政治家、報道機関、一般の人たちのおおかたは憤り、有罪の高官の名前を求めて結束した。何人かの名前が公表されない限り、事態を鎮められそうになかった。

ロッキード社のカネを受け取った政府高官がいると暴露されたのに、その政府高官の名前は伏せられたままだったから、その名前を知りたいという世論が日本国内で大きなうねりとなって盛り上がるのは当然だった。

衆院は二三日、「ロッキード問題に関する決議」を全会一致で可決した。

「本院は、ロッキード問題のわが国に関するいわゆる政府高官名を含む一切の未公開資料を提供されるよう米国上院及び米国政府に特段の配慮を要請する」

すると、首相の三木は「国会がこうした異例の措置をとりました国民的総意を十分理解してもらうよう、私自身からも直接、直ちに、書簡をもって、フォード大統領に要請いたします」と述べた。

続けて参院本会議でも同趣旨の決議が全会一致で可決された。

三木は二月二四日、疑惑に関する全資料の提供を求める親書をフォードに送った。(22)

「去年の夏、われわれは日米両国が永遠の友人であることを認め民主主義の擁護と日米親善発展のために相協力することを誓いました」

「私は、関係者の氏名があればそれを含めて、すべての関係資料を明らかにすることの方が、日本の政治のためにも、ひいては、永い将来にわたる日米関係のためにもよいと考えます」

その日、新任の駐米大使・東郷文彦は信任状を奉呈するため、ホワイトハウスにフォードを訪ねた。[23]三木の話題になったとき、東郷が「現在、三木総理はロッキードで悩まされております」と言うと、フォードは「我々もそれに悩まされています」と答えた。

二月二六日――密使の指名と引き継ぎ

その二日後の二六日夜、米国家安全保障会議スタッフのピーター・ロッドマンに京都産業大学教授・若泉敬から電話があった。

ロッドマンは、六六年に英オックスフォード大学で修士号を取り、六九年にハーバード大学で博士号を授与されると、すぐにニクソン政権のホワイトハウスに入った。同様に六九年にハーバード大学から政権入りしたキッシンジャーにとって「一〇年来の知己であり、ともに仕事した仲間」であり、いわば腹心とも言える人物だった。キッシンジャーが前年一一月に不本意ながら大統領補佐官兼任を外されて国務長官専任になった後も、三二歳のロッドマンは引き続きホワイトハウスでキッシンジャーとの連絡役を務めていたようだ。[24]

キッシンジャーへの報告によれば、[25]若泉は次のように伝えてきた。

「三木首相が、キッシンジャー長官との秘密会談にあたらせるため、友人の平沢和重を『個人的な秘密代理人』に指名した」

平沢は異色の元外交官だった。戦前の一九三五年に東京帝大法学部を卒業して外務省に入り、四一年の日米開戦時はニューヨーク総領事館の領事だった。戦後間もない四六年に退官して、四九年にＮＨＫの解説委員になり、以後、七五年九月まで二六年間、ＮＨＫのラジオやテレビでニュースを解説した。平沢の遺稿集によれば(26)、にこやかな笑みを浮かべて「みなさん、今晩は」と語りかけるスタイルは平沢のトレードマークのようだった。

語りぐさになっているのは、一九五九年に西ドイツのミュンヘンで開かれた国際オリンピック委員会（ＩＯＣ）の総会で、東京オリンピック招致を目指す日本のために演説したことだ。「航空機の発達が『極東』を『極東』でなくしてしまった」「今こそオリンピック大会をアジアに導くべき時ではないでしょうか」という平沢の呼びかけはＩＯＣの委員たちに深い印象を与え、六四年の東京五輪実現の原動力になったといわれる。

平沢は、三木の外交ブレーンでもあった。オイルショック直後の七三年一二月に副総理の三木が政府特使としてアラブ諸国を歴訪した際には、平沢は外務省参与としてそれに同行した。

ロッドマンに電話してきた若泉は、首相だった佐藤栄作の密使を務め、日米繊維交渉や沖縄返還交渉に関わり、その際には「ヨシダ」の偽名を使って電話でキッシンジャーと連絡を取り合った。佐藤が首相を退いた後も、若泉はホワイトハウスと連絡を保っていた。

実は、若泉が平沢の件でロッドマンに電話してきたのはこのときが初めてではない。前年の七五年七月八日にも、若泉はロッドマンに電話し、三木の希望として、平沢が秘密裏にキッシンジャーに会えるようにしてほしい、と言ってきたことがあった。(27) 平沢は三木の三〇年来の腹心で、三木の訪米の露払いを務めるという触れ込みだった。三木は平沢の助言に重きを置いている、と若泉は付け加えた。

このとき、七五年七月にはキッシンジャーは平沢との面会を受け入れず、代わりに、ロッドマンが平沢からの電話で三木の提案を聞き取った。秘密のチャンネルを使う理由について、そのとき、三木は平沢を通じて米側に「官僚を信用していない」と説明し、外務省にこのやりとりを知らせないでほしいと米側に依頼した。(28) キッシンジャーへの七六年二月二六日の報告の中で、ロッドマンは「昨年七月、平沢は、三木訪米の『新しいスタイル』の共同声明に関する三木のアイデアを伝えるため私に連絡してきた」と振り返っている。

平沢が三木の外交ブレーンであることは広く知られていた。七五年九月一九日の朝日新聞朝刊で、平沢は、「日米首脳会談にさいし三木首相の〝先発隊〟としてワシントンに乗り込み、カゲの演出者として重要な役割を果たすなど、三木内閣発足以来、首相の外交政策にきわめて強い影響力をもってきたことは内外周知の事実である」と紹介されている。(29)

しかし、平沢が三木の密使として活動したことは知られていなかった。

七六年二月二六日夜、若泉はロッドマンに対して、もしキッシンジャーが平沢に会えない場合にはその代理になる別の人物をキッシンジャーに指名してもらい、平沢と会談できるようにしてほしいという、三木の希望を伝えた。

この報告を受けて、キッシンジャーはみずから会うことにした。

ここに、元首相・佐藤栄作の密使から現首相・三木武夫の密使へと、キッシンジャーとのパイプの引き継ぎがなされた。

三月五日——密使と国務長官

平沢とキッシンジャーは三月五日午後四時、ワシントンの国務省で極秘に会った。ロッドマンが同席した。

米側の記録によれば、平沢は「きょう、私は、ジャーナリストとしてではなく、三木の個人的な代理人としてここにいます」と切り出した。

「この状況をどうやってうまく切り抜けられるか、それについて三木に最良の助言をするのが不可欠なので、私の仕事は脇に置いています。なぜならば、三木がもし対応を誤れば、それは自民党を害するだけでなく、あなた方の国と我々の国との関係をも害するでしょう。ですから、これは本当に重大な局面です。そのため、私は、この件が終わるまで彼の個人的な助言者であることに徹しようと決意しました。私たちは、あなた方のホワイトハウスのような組織を持っていませんので、私がそのように行動しています。ですから、私は難しい立場におります。私はメディアで公表してほしくありません」

これにキッシンジャーは「我々の側では公表しません」と答え、「しかし、率直なところ、私たちがあなた方のために何をできるのか私には分かりません」と続けた。

平沢は言った。

「三木はこれをどのように扱うか決めていません。どのようなシナリオ、あるいは、戦略でこれを扱うか。また、もし可能ならば、三木は少し前もって情報を得たい。大統領から返書があると三木は期待していますが、資料の提供には未だ機は熟していません」

三木は公の場では「全力を挙げてこの解明に努力をいたす決意」を繰り返し明らかにし、資料公表の必要性を強調していた。「資料の提供には未だ機が熟していない」という平沢の発言のニュアンスはこれと異なる。

キッシンジャーは「その通りです」と、これに応じた。

「私たちは、資料を司法の手続きに乗せるつもりで、その手続きは時間を要するでしょう。ある時点で、あなた方はあなた方の司法関係者を(米国に)派遣し、私たちの司法関係者とともに作業したい、ということになるかもしれません。私たちは、大変な注意と熟慮の上で進めています」

平沢は説明した。

「三木は、資料を受け取った場合に、何の条件もふされていなければ、その資料をすぐに公表する、と述べています」

三木は二月二六日の衆院予算委員会で「アメリカに対して公表を前提とするということで資料を求めておるわけでございまして、提供された資料、アメリカ側から何らかの条件がついてない限りは、これはすべて公開をいたします」と明言していた。

キッシンジャーはこれに「ノー」と答えた。

「あなた方に資料を提供するにあたっての唯一の条件は、資料を秘密にすることです」

平沢は「私たちはそれを秘密に保つ」と口に出した。米側の記録のうえでは、ここで平沢は単に、キッシンジャーが言ったことを復唱しているだけであるようにも見えるし、あるいは、三木の代理人として踏み込んで保秘を約束しているようにも見える。

キッシンジャーは「もちろん、訴訟になれば、公になるかもしれません。しかし、それはすぐにそうなるものではないでしょう」と補足した。

平沢は「訴訟になってもいい」と口に出した。当局の捜査の結果、被疑者が起訴されれば、その公判廷で資料が公にされるのはかまわない、とキッシンジャーは言っている。

キッシンジャーは「その線で大統領は首相に返答するでしょう」と言い、ロッドマンに向かって、「手紙の草稿に目を通して、こうした原則が書き込まれているか確認できるか」と問いかけた。

平沢は「それは、三木の求めによるものではなく、あなた方の原則として言及されるべきです」と大統領の返書の内容に注文をつけた。米政府の要求する原則に従って仕方なく秘密扱いに応じたのだと日本国内で三木が言い訳できるようにと平沢は気を回したのだろう。キッシンジャーは「三木の求めでありません。私たちの原則です」と答え、平沢の注文に応じた。

キッシンジャーは平沢の目の前で手紙の草稿を取り寄せると、それを読み返した。いくつかの文言を削除した。

キッシンジャーはロッドマンに指示した。

「ピーター、厳格な守秘を条件にした場合にのみ合意できると強調してほしい」

さらに二人は話し合った。

キッシンジャーが特に反対したのは、米議会と日本国会が直接話し合うような事態だった。

「あなた方次第ですが、もしそうなれば、あなた方(日本政府)はコントロールを完全に失うでしょう」

両議会が示し合わせて何らかの特別立法を図るなんて聞いたことがないとキッシンジ

ャーは言い、もしそうなれば、その法律に対して、大統領は拒否権を発動できる、と断言した。

平沢は「一般の人々がヒステリックになっていて、疑惑をはっきりさせるよう三木に要求しています」とぼやいた。米側の資料に疑惑の当人として名前が載っているだろう政治家にも人権があり、法的な権利があり、「三木はジレンマにあります」と平沢は言った。

キッシンジャーは「名前については、私たちは何らの立場も採りません」と答え、三〇分ほどで会談は終わった。

この会談の五日後の三月一〇日、国家安全保障担当の大統領補佐官、スコウクロフトからフォードに返書の案が示された。スコウクロフトの説明によれば、日米で「非公式の議論」がもたれ、その結果、捜査における両政府の協力について仮のシナリオが描かれた。すなわち、秘密として扱うことを前提に、米国の捜査機関の保有する適当な情報へのアクセスを日本当局に認める手続きについて取り決めを合意しようということになった。この提案が返書の草稿に盛り込まれた。

「日本政府はこのアプローチに最終合意しているわけではないが、我々の理解では、三木首相は個人としてこれにコミットしており、これを支持するだろう」と、スコウクロフトは大統領のために準備した資料に記述した。(30)

一一日付の大統領返書は翌一二日に日本に届いた。[31] 米側からの一方的な名前の公表がないことを知って自民党からは「安堵のため息」が漏れた、と米国大使館から国務省に報告された。[32] 交渉の末に同月二三日、両政府は、米国が資料を秘密扱いで日本の検察に渡す取り決めで合意した。捜査や訴訟にのみ資料を使うのが引き渡しの条件で、取り決めには「法執行の責任を有しない政府機関に開示されてはならない」と規定された。

三月二五日——密使の手紙

その二日後の二五日、ロッドマンの元に若泉から手紙が届いた。平沢が再び四月初旬にワシントンを訪れるので、再度の面談に応じてほしい——。手紙の中で、若泉はキッシンジャーにそう依頼した。

手紙によれば、ロッキードのスキャンダルは「日本の外交関係とともに日本の国内政治に、さらに大きな影響を与えており、それは将来にもわたる」というのが若泉の分析だった。

キッシンジャーは平沢との面談を了承した。

ところが、平沢はキッシンジャーに会わなかった。四月六日付のロッドマンのメモによれば、代わりに、平沢はニューヨークからロッドマンに電話をかけてきた。四月一五日まで米国に滞在するものの、ワシントン訪問は見送ると平沢は述べた。日本の記者に見つかることを平沢は恐れていた。平沢は電話口で、三木からキッシンジャーへの秘密のメッセージを読み上げた。

「首相は、ロッキード事件に関する米政府の理解と協力への深い感謝の気持ちを伝えてほしいと私に依頼しました。資料の交換に関する合意は満足できる形で進んでいます。首相はまた、これらの合意にもかかわらず重大な懸念があると、キッシンジャー博士を通じて大統領に極秘裏に伝達してほしいと私に依頼しました。ロッキードと最近のCIA疑惑は、日米関係を害し、日本の政治過程を麻痺させるために政治的に利用されています。日本の政治的危機はますます深まっており、断固かつ早期に解決されないと、日米同盟と日本の民主主義に修復できない傷を残すかもしれないと首相は心配していると言って過言ではありません」

四月二日、ロッキードだけでなく、米政府のスパイ組織CIA（中央情報局）からも日本の政治家に資金が提供されていた事実がニューヨーク・タイムズ紙によって明らかにされ、それは日本国内でも大きく報道されて、自民党を直撃していた。平沢が言う「最近のCIA疑惑」というのはこのことなのだろう。

「このため、首相は、断固たる政治行動をとる前に、元首相、現職閣僚、与党幹事長のだれかが、未だ秘密とされているロッキードの疑惑に連座しているかどうか、前もって知らなければならず、このことを緊急に国務長官に伝えるよう私に依頼しました」

元首相というのは田中角栄、現職閣僚というのは建設相の竹下登ら、与党幹事長というのは中曽根康弘を念頭に置いての問い合わせだったのだろう。

「これらの質問への返答次第では、首相は、政治の危機を乗り越え、党を超えて民主主義を強め、日米の友好協力関係を守るために、無党派の改革案を掲げ、内閣からも党執行部からも独立して国民の信を問うという、前例のない選択肢を実行に移すと決断するでしょう。国務長官が、日米同盟と日本の民主主義への脅威をよく認識し、首相の緊急・極秘の要請に応じるのが可能であると判断されることが首相の心からの希望です」

ここで「内閣からも党執行部からも独立して国民の信を問うという、前例のない選択肢(unprecedented option of going to the people, independently of the Cabinet and party leadership)」というのは、自民党の反三木グループだけでなく、中曽根らも切って捨て、無党派や中道野党を味方につけて、衆院解散・総選挙に打って出る、ということを意味するのだろう。

平沢によれば、三木は、四月一〇日までに返答がほしいと希望している、という。新年度に入ったにもかかわらず、予算案が衆院さえ通過しておらず、三木は四月一〇日までに、その扱いを決めなければならなかった。

四月六日、「秘密のアドバイザーを通じて三木から寄せられたメッセージ」と題する文書がロッドマンによってまとめられ[33]、キッシンジャーに報告された。

四月一〇日――謝絶

四日後の一〇日、キッシンジャーは三木の要請を断ると決定した。平沢に読み聞かせるための文面が一枚紙の文書にしたためられ、キッシンジャーによって承認された。(34)

「三木首相のメッセージをキッシンジャー国務長官に伝えたところ、以下の返答を首相に伝えてほしい、と依頼されました。すなわち、キッシンジャー国務長官は、最近の出来事が日米関係と政治過程を害する目的で日本国内で政治的に利用されるかもしれないという三木首相の懸念を理解しています。また、日本において党を超えて民主主義を強め、日米関係を守るために前例のない行動をとる可能性に関して首相の考えを共有してくれたことに感謝しています。しかしながら、慎重に検討した結果、キッシンジャー国務長官は、我々に利用可能な情報に基づいて、首相の質問に答える立場にはないとの判断に至りました。我々は、日本政府と最近合意した手続きによらなければならず、そこでは、米国司法省と日本法務省の間ですべての情報を伝達しあうと定められています」

その文面をタイプした文書の末尾に、キッシンジャーは自筆で次のように書き込んだ。(35)

「国務省はそれらの記録にアクセスすることができません。定められた手続きを全部ひっくり返すことなくアクセスを得ることはできないでしょう」

文書への書き込みによれば、一〇日午後四時、これらがロッドマンから平沢に伝えられた。

結局、衆院解散はなかった。

五月一日――「日米間に相互理解の欠落面あり」

一連のやりとりを通じて、平沢は、日米の相互理解に大きな「欠落」があると感じたようだ。

雑誌『実業の日本』五月一日号に「ロッキード事件に想う」と題して寄稿し、そのなかで平沢は次のように述べている。

「アメリカ側は、日本人がこの事件でどうしてこんなに『むき』になるのか分からない。上院の多国籍企業委員会でロッキード社の前副会長コーチャンが証言するや否や日本の全政党が、まるで水鳥の飛立つようにいっせいに代表をアメリカに送った。そして彼等はいっせいに『チャーチ委員長に会わせろ』と要求した。日本の国会は全会一致の決議をもって、米上院と米政府に対し、政府高官名を含む一切の未公開資料を提供するよう『特段の配慮』を要請した。米側にはこうした日本の行動が分からない。政党や議会が直接外国政府や外国議会と交渉する慣習はアメリカにはない」

「アメリカ側は、ロッキード事件で暴露された保守政治の体質――右翼・政商・金権・反共の結びつき――に日本国民がいかに憤激しているかが分かっていない。日本側は、ロッキード問題については、アメリカは日本だけを相手にしているのではなく、西独、オランダ、イタリア、トルコなど多くの同盟国とも日本同様の問題を抱えていることを理解しない。日米両国民とも、自分の尺度で相手を測りがちな共通の欠点を持っている。（中略）ロッキード事件を三木内閣はどう処理するか。そこには刑法以前の政治道義と日米関係の問題がある」

　五月一四日朝、ワシントンの国務省で開かれた国務長官キッシンジャーのスタッフミーティングで三木政権の命脈が話題になった。その日の昼にキッシンジャーはロッキード事件に関して日本政府特使の斎藤鎮男に応対する予定が入っており、これについて、東アジア・太平洋担当の国務次官補ハビブが「とても重要なショーなのです」と説明した。

　「彼は現在、とても困難な局面にあります。　事実として、彼の政権があまり長くないのではないかとの疑問があります。ハゲワシが彼に向かっています」

　キッシンジャーは「なぜ私が困難な局面にあるだれかをかまってあげるべきなのですか。それこそ私が知りたいことです」と笑いながら言った。「彼は政権の座から引きずり下ろされそうになっていると読みました」

ハビブは「まさにそう予想しようとしているところです」とキッシンジャーに同意しつつ、「しかし、三木には有利な点が一つあります」と続けた。

「彼はダモクレスの剣を持っています。田中のような派閥のリーダーの何人かの頭の上にそれはつるされています」

剣をつるした細い糸を切りさえすれば、剣は真下にある派閥のリーダーの頭上に落ちて、その政治生命を奪うかもしれない。

キッシンジャーは確認するようにハビブに尋ねた。「彼はロッキードの文書の中に何があるかを知っている？」

ハビブは「彼は田中を捕まえられると疑っています」と答えた。

追い詰められる両首脳

七六年の夏になっても、日本の政治の混乱はやむことなく続き、それは四カ月余りの長きに及んでいた。

六月三〇日に三木との首脳会談を予定していた大統領のフォードのために国務長官のキッシンジャーが用意した資料によれば[37]、その混乱の一因はもちろん、ロッキードの賄賂疑惑だった。それは一時、日米の政治的な関係に深刻なダメージをもたらす危険性があった。しかし、それまでのところ、破壊的になる可能性も依然残ってはいるものの、日米両政府の効果的な対処でその悪影響を限定するのに成功していた。

日米の合意に基づいて、日本の捜査当局は、米国の証券取引委員会、司法省、上院の小委員会の資料を秘密扱いでスムーズに入手できた。日本側で守秘義務違反が起きることもなかった。米政府は、三木以外のだれが首相であっても、ロッキードの賄賂疑惑が暴露された後の状況を三木以上により良くコントロールできたかは疑わしいと見ていた。

にもかかわらず、日本で政治の混乱が続いているのは、自民党内の力のバランスの変化が根本的な原因だと米政府は分析した。

三木の対応、特に、自身の「クリーン」なイメージを強調し、自民党から距離を置こうとする三木の態度が自民党の長老たちの怒りを買っていた。福田、大平、田中の各派閥が相争い、結果的に三木が漁夫の利を得る格好となっていた状況に変化が生じ、福田、大平、田中の各派はついに、三木を首相の座から引きずり下ろすべきだとの理解で一致しつつあった。その変化が三木の立場を弱めた。

一方、フォードも、共和党の大統領候補を選ぶ予備選挙で、現職でありながらぎりぎりの苦戦を強いられていた。

日本外務省の資料によれば[38]、「根本的な重要問題への洞察と英知とをそなえた大統領としての指導力にはなお疑問視する向き」があるのが苦戦の理由だった。

「ウォーターゲート事件という特殊事情下に選挙の洗礼なしに誕生したフォード政権

は、その清潔さを表看板に国民、議会との信頼関係の回復に意を用いてきたが内外政策の実施にあたって議会の掣肘を受けるなどいろいろ問題が顕在化し、全国的なフォード大統領の人気は停滞ないし落込み気味に推移してきている」

日本外務省は秘密資料の中でフォード政権をそう分析した。

日米双方の秘密資料を読み比べると、三木の置かれた状況とフォードが置かれた状況がとても似通っていることに改めて気づかされる。

六月三〇日──再度の首脳会談

七六年六月三〇日午前一〇時半、ホワイトハウスのオーバルオフィスで、三木とフォードは向かい合った。

日本側の同席者は外相の宮沢、官房副長官の海部ら。米側は国務長官のキッシンジャー、大統領補佐官のスコウクロフトら。

日本側の記録によれば、[39]三木は「両国間に細かいながら問題がいくつかある」と言い、その筆頭にロッキード問題を挙げた。

「貴国政府の協力のおかげで、現在、(日本の検察官が来て)ロサンゼルスにおいて証人尋問が行われていますが、手続き問題で証言がとれるにいたっていません。ロッキード問題は日本政治の信用性を回復するうえで重要であり、また日米関係を傷つけることがあってはならないと考えています」

フォードは「自分も日米関係に傷がはいってはならないと考えており、協力しうる範囲内で協力する考えです」とこれに答えた。米側の記録によれば[40]、フォードは三木の意見に同意し、司法手続きの範囲での「最大限」の協力を約束した。

三木は「本件をいつまでもやるつもりはなく、近い将来に終止符を打ちたいと考えていますが、いつとは言えません」と述べた。「いずれにせよ本件は現在、日本国内で最大の問題です」

米側の記録によれば、フォードは「私たちの協力によって、公正・公平な解決に至ることを期待しています」と答えた。

三木来訪の一週間前、ホワイトハウス内部では、昼食会での大統領のあいさつの文案が検討され、「ここ何カ月か、私たちは特に難しい問題を経験してきています」とロッキード事件に触れる案が作成された[41]。

「あなた方の国で政治的な論争を引き起こし、アメリカの人々も深く苦慮しています」

大統領選の対立候補、ジミー・カーターが、ロッキード事件に対するフォード政権の姿勢について日本に十分に協力していないと批判していた。日本国内にも同様の疑いを持つ人たちがいた。こうした疑いを弱め、批判に対抗するためにも、真相解明に向けた日米の協力関係をアピールしたいとの狙いが提案者にはあった。

「真相を解明しようという私たちの努力はきっと成功すると私は確信しています」

文案にそう書き込まれた。

しかし、結局、このアイデアは採用されなかった。ロッキード事件関連の段落は線を引かれ、文案から削除された。

「本当の奇跡があった」

七六年七月一日、三木とフォードの会談が終わった翌日のホワイトハウスで、大統領補佐官のスコウクロフトと駐日大使のホジソンが日米関係を話し合った[42]。

スコウクロフトは「我々は三木を過小評価してきたと思います」と言った。するとホジソンも、「大使館の政治担当官は半々のチャンスしかないと考えていますが、私は、三木が総選挙後に政権を維持できる可能性があると信じています」と言った。

スコウクロフトは「私は個人的に三木が好きです」と漏らした。「田中に比べて三木は意思疎通しやすい」

ホジソンもこれに同意した。「田中は概念を語りませんでした」

その月の二七日、三木政権下の検察によって田中は逮捕された。

三木に対する米政府の評価はうなぎのぼりに上がった。

「本当の奇跡です」

九月二日午後、ホワイトハウスで、駐日大使のホジソンは、田中逮捕を含むそれまでの経緯を振り返って、スコウクロフトにそう感想を漏らした。[43]

「米国政府の非協力への非難は、大きな魚が明るみに出たことで、筋道が通らなくなりました」

ホジソンは三木を高く評価した。

「ロッキード以前よりも我々の関係はむしろ強くなっています。つま先をぶつけることなく、それを成し遂げています。これは三木のおかげです。当初から一貫して、三木は、米国と良い関係を保つという原則でロッキード事件に対応してきています」

外相の宮沢もまた称賛の的だった。

「私の家と彼の家の間に秘密の電話回線を設けました。私たちだけがその番号を知っていました。ほとんど毎日、電話をしたり、受けたりしました。最近は一週間に一回ほどですが」

スコウクロフトは「危うい局面が続きました」と振り返り、「私は満足しています」と答えた。それは駐日大使のホジソンへのねぎらいの言葉でもあったのだろう。

ホジソンの見積もりによれば、三木が政権を維持できる可能性は、以前の半々よりも少し小さくなっていた。支持率が下がったわけではなく、むしろ、ロッキード事件で良い仕事をしたとの評価のおかげで三木の人気は増していた。しかし、やはり、田中が逮捕されたことで田中の側近たちが福田支持に流れたのも事実だった。

「三木は接近戦に強い」とホジソンが言うと、スコウクロフトは「彼は素晴らしい」と言い、「最初から人々はずっと『三木は終わりだ』と言ってきました」と付け加えた。短命政権になると予測され続けながらも、はや、三木の首相在任は二年近くに及んでいた。

「ロッキード事件最悪の事態は終わりました。自民党が一つになることさえできれば」

ホジソンはそう言った。

自民党敗北

その年の一一月二日、米大統領選挙は行われ、フォードは現職でありながら落選し、民主党のジミー・カーターが当選した。

駐日大使のホジソンはその月の一六日付でフォードに手紙を書いた。(44)

「もし日本が五一番目の州だったならば(ときどき日本はそのように行動しますが)、あなたの再選は確実だったでしょう。(ここ日本で)あなたの人気は限りがありません」

このようにその手紙の冒頭に書かれていた。七七年一月二〇日にフォード大統領の任期が終われば、ホジソンもまた、駐日大使の職を解かれることになる。それを意識してのことなのか、ホジソンは手紙の中で「日米関係は過去最良であり、そのことに深く満足しています」と誇った。

七六年の暮れ、日本でも選挙があった。一二月五日、首相による解散権の行使ではなく、四年の任期の満了に伴って、衆院総選挙は行われた。

補佐官のスコウクロフトからフォードへの報告によれば[45]、自民党は全五一一議席のうち二四九議席しか取れず、七二年の総選挙の際の二七一議席より大幅に減った。自民党が与党になって二〇年余りの歴史の中で初めて過半数を下回る結果となった。自民党は保守系無所属の追加公認で政権を維持できる見通しではあったが、三木は敗北の責任をとって首相と自民党総裁を辞任する可能性が高くなった。元蔵相の福田が後任の候補だったが、福田自身も敗北の責任をとらなければならなくなるかもしれず、第三の候補が選ばれる可能性もあった。

一二月二三日、「首相辞任の前夜」に三木はフォードに手紙を書いた[46]。

「第一に、いわゆるロッキードスキャンダルについて、自民党は、特に前首相の関与の疑惑に対する厳しい批判の矛先を突きつけられました。しかしながら、第二に、私が追い求めてきた中道路線、すなわち、対立を避けて、対話と協調を求める路線は、日本の人々の固い支持を得ました」

翌二四日、三木は首相を辞任した。

それから間もない七七年三月七日、平沢は亡くなった。六七歳だった。

東京地検特捜部の検事としてロッキード事件の捜査にあたった弁護士の堀田力は二〇一〇年、私たちの取材に対して、三木が平沢を通じて、中曽根らが連座するかどうかキッシンジャーに問い合わせていた事実について、「知らなかった」と語った。

「三木首相はこのころ、ロッキードのカネを受け取った『政府高官』がだれなのか、知りたくてしようがなかった。我々(法務・検察当局)にも『教えろ』と言ってきたが、『ダメだ』と拒否していた。もし仮にアメリカが『部下(法務・検察当局)に聞けば』と三木首相に返答していたら、我々としては苦しい立場になっていたと思うが、『合意に従わねばならない』と言ってくれて、ありがたかったと思う」

三木の側近だった海部が二〇一〇年一月二二日に私に語ったところによれば、三木は「日本の民主主義にとってはロッキード事件のような疑惑は解いたほうがいい。それによって壊れるような脆弱な民主主義ではない」と確信していた。

三木には外務省への不信感があり、外務省を通すと、外務官僚にとって都合の悪い内容を取捨選択されると疑っていた。このため、外務省出身の秘書官にも秘密にして平沢と会い、話し込むことがあった。海部は、平沢が米国に行き、どのホテルに泊まるか、連絡をとったことがあり、平沢が三木の密使になっていたことを知っていた。

海部の回想によれば(47)、三木は以前から「わしと一緒に無所属をつくってやれる人」が何人いるだろうかと検討していたという。

「政治が腐敗しておるから、きれいにしようと思ったら、思い切ったことをする」「どうしてもここに許されないというものがあるときは、わしは行動する」と言い、もしそれを実行に移したときには多くの人が「腰を抜かすんじゃないか」とも言っていたという。

海部俊樹元首相(2016年6月8日,東京・永田町で)

海部の話によれば(48)、中道政党と呼ばれた民社党の委員長、春日一幸と副委員長の佐々木良作から「三木さんとしんみり話をしたいんだなぁ」と取り次ぎ役を頼まれ、海部自身が車を運転して、三木を官邸から連れ出し、密会させたこともあった。海部が二〇一六年六月八日に私に語ったところによれば、三木が決断しさえすれば、刃向かう閣僚一五人を罷免し、代わりに、河野洋平、西岡武夫、小渕恵三ら若手議員を入閣させ、総選挙に打って

出るつもりだった。自民党が割れることは火を見るよりも明らかだが、民社党を合わせれば、世論の支持で選挙に勝てると踏んでいた。

しかし、結局、三木は決断せず、踏みとどまった。

海部は「どうしてやらないんですか」と三木に聞いたという。三木は「独裁者じゃないから」と答えた。海部は「良いことならばやればいいじゃないですか。独裁者でもいいじゃないですか」と食い下がった。三木は「俺は独裁者じゃない」と海部を叱った。

三木は八八年一一月一四日に死去した。八一歳だった。

二〇一〇年三月七日、私の原稿が朝日新聞朝刊の第二社会面に掲載された。『自民離脱、信問う』示唆　三木元首相が米政府に密使」との見出しがつけられた。私は「日米関係の裏面史がまた一つ明らかになった」と、その前文を締めくくった。

海部は、リクルート事件に揺れる平成初頭に自民党総裁となって首相を務め、政治改革に熱意を傾けた。ロッキード事件や三木政権に関する再三の私の取材に応じたのは、その熱意が背景にあったからなのだろう。二〇二二年一月九日、九一歳で亡くなった。

第六章

ＣＩＡから「日本の政党」への資金提供と児玉誉士夫

「CIAの問題には近寄らないで」と米大使が首相に

巣鴨プリズンで撮影され，米陸軍に保管されていた児玉誉士夫の写真(メリーランド州の米国立公文書館で)

一九七六年五月六日午前、米国の駐日大使ジェームズ・ホジソンは日本の総理大臣・三木武夫に言った。

「避けるべき問題が二つあります。その一つはＣＩＡです」

米政府の情報機関ＣＩＡ（中央情報局）は一九五〇年代、日本の政治家に資金を援助していた。つまり、日本の政治家に賄賂を渡したのは航空機メーカーのロッキードだけではなく、ほかならぬ米政府自身もまた、カネで日本の政治を買収しようとしていたのだ。しかも、ロッキードについても、ＣＩＡについても、同じ右翼のフィクサー、児玉誉士夫がそのカネの流れにかかわり、暗躍していた。

そうした疑惑がロッキード事件で騒然とするなか浮上してきたとき、ホジソンは三木に直接「ＣＩＡの問題には近寄らないで」と要請した。ホジソンの前で三木は逡巡した……。

ＮＹタイムズの一面トップに

一九七六年四月二日、米有力紙ニューヨーク・タイムズの一面トップにその記事は掲載された[1]。

「CIAは五〇年代にロッキードの賄賂を知っていたとされる」
その時点で一九五〇年代はすでに二〇年前後も昔のことだ。しかし、それだけの歳月を経た話であっても、「CIA」と「ロッキード」は読者の目を引くに十分な固有名詞だ。

見出しの下にアン・クリッテンデン記者の署名があり、それに続いて次のように記事は始まる。

「元CIA職員や日本の情報源によると、一九五〇年代後半にロッキード航空機社によって日本人政治家に支払われた賄賂の詳細の多くは、F104戦闘機の日本への売り込みに関連して、ワシントンのCIA本部に報告されていた。CIAはほぼ二〇年前に賄賂を承知していたが、それはこの二月四日、上院多国籍企業小委員会の公聴会で初めて公開された」

ロッキードが自社製の航空機を売り込むため、日本の政治家にカネを払ったとされる疑惑は七六年二月四日、米議会上院外交委員会の多国籍企業小委員会で暴露された。その多国籍企業小委員会の公聴会で「ロッキードの秘密代理人」と名指しされ、一連の騒動の渦中の人となった右翼のフィクサー、児玉誉士夫が、このニューヨーク・タイムズ記事の主人公だった。

記事によれば、児玉は、日本の政界に隠然たる影響力を持つ一方で、米国の在日大使館の職員とつながりがあり、CIAのエージェントではないものの、CIAの資金を受け取ったことがある、という。

記事は次のように指摘した。

「一九五〇年代前半に、児玉氏は、中国本土に隠し持っていたタングステンを密輸して東京の米当局に引き渡すため、米大使館から一五万ドルを受け取ったと言われている」

「ワシントンのCIA本部は、一九五〇年代後半に東京の大使館のCIAのチャンネルを通じてロッキードの支払いを知らされていた。ロッキードのために働いていた日本人が、一九五八年に、賄賂が支払われると、それを米大使館職員に伝えた。その日本人は、自分自身はその支払いには関わっておらず、また、その大使館職員がCIAのエージェントだったとは知らなかった、と言っている。元情報機関幹部は、その大使館職員がCIA東京支局のスタッフだったことを認めた。別の元幹部は、CIA東京支局は『ロッキードに関する物事が持ち上がると、そのすべてについて本部のチェックを受け、その承認を得ていた』と語った。その元幹部は、ロッキードの動きの詳細はCIAの上層部に報告されていた、と強調している。CIAはその情報を国務省には伝えなかった」

「全体のうち七〇〇万ドルは児玉氏に渡った。児玉氏はF104の売り込みで七五万ドルを稼いだと見積もられている」

三九七行にも及ぶその記事は、児玉の写真も添えられ、二ページにまたがって掲載された。そして、その記事の最後のほう、三〇一行から三〇八行にかけて、日本にとってはさらに衝撃的な話がさらりと記述されていた。

「ジョン・Ｆ・ケネディ大統領の下で極東担当の国務次官補を務めたロジャー・ヒルズマンは、一九六一年に国務省入りした際、日本の一つないし複数の政党にＣＩＡから資金が供給されたと聞かされたと回想する」

元職とはいえ、米外交当局の要職にあった人物の、いわば実名告発だった。しかも、それに続けて、別の情報源の話として「元首相・岸信介が再選された一九五八年の選挙についても、ＣＩＡが資金を援助した」との記述があり、さらに続けて「岸氏は長く、児玉氏と関係があり、(日本政府が)ロッキードＦ１０４の購入を決めた当時の国防会議議長を務めていた」と補足されていた。

『ニュー・リパブリック』誌に同じ日に

同じ四月二日に発売された雑誌『ニュー・リパブリック』(四月一〇日号)に載った「両替商　ディーク社の奇妙な顧客」というタイトルの記事もまた、ＣＩＡとロッキード、児玉との関係に焦点をあてていた。(2)

元ニューヨーク・タイムズ記者のタッド・シュルツによって書かれたその記事は、ロッキードが日本への送金に使った両替商のディーク社について、実は「CIAの世界中の資金操作のための秘密チャンネル」でもあったと摘示していた。

「したがって、CIAは、ロッキードの日本での秘密工作を知っていた可能性があるだけでなく、現在の調査の状況に詳しい米側の情報源によれば、CIAは、米政府の秘密の外交目的を達するためロッキードの活動に相乗りしていた可能性もある」

ロッキードはもともと、高高度を飛ぶスパイ機として有名なU2偵察機を設計・製造するなど米政府の情報機関と深い関係にあることで知られる。「CIAが、秘密の政策を日本で遂行するにあたって、なかんずく、極右を支援するにあたって、その尖兵としてロッキードを使ったのかもしれない」と、その記事は推論を重ねている。

児玉は戦前、一〇代で右翼の活動を始め、殺人予備などの罪状で服役を繰り返したが、一方で、外務省や陸海軍に人脈を広げた。日本がアメリカと戦争をしていた時期、中国・上海で日本海軍のために必要な物資を調達・転売して利ざやを蓄え、また、上海の日本総領事館にあった「特別調査班」に関わった。

日本の降伏で戦争が終わって四カ月後、日本が米軍など連合国軍による占領の下にあった一九四五年暮れ、児玉は、A級戦犯の容疑者として連合国軍総司令部（GHQ）から逮捕の指令を発せられ、四六年一月、巣鴨拘置所（巣鴨プリズン）に収容された。

ＧＨＱの捜査官らは、中国から資料を取り寄せ、ベトナムで身柄を拘束されていた憲兵隊の元幹部の話も聴くなど、精力的に捜査したようだ。しかし、三年近くを経た一九四八年一〇月一九日、「証拠不十分」を理由に児玉不起訴の方針は固まった[3]。

知日派の米国人たちの間では当時、日本の民主化と武装解除に力点を置いた占領当初の対日政策を見直し、日本を「反共の砦」に仕立てる「逆コース」の方向に舵を切るべきだという意見が強まっていた。そうした政策転換の予兆の一つだったのかもしれない。四八年一二月二四日、児玉は、のちに首相となる岸とともに巣鴨プリズンから釈放された。

『ニュー・リパブリック』の記事によれば、この釈放のときから、児玉は米国の情報機関と協働する関係にあった、という。シュルツは、一九五五年に自民党が誕生した経緯に触れて次のように書き進めている。

「私の情報源によれば、ＣＩＡは、自民党創立を手助けするのに大きな役割を果たし、以後、同党を支援してきた。この努力にあたって、児玉は明らかに裏でこれを操っていた」

児玉機関で大きな利益

ＣＩＡに保管されていた一九四九年一一月一日付の履歴書によれば[4]、児玉は一九一一年(明治四四年)二月一八日に福島県安達郡本宮町で生まれた。小学校卒業後に家出して上京。当初は板金職人として働いた。

一九二八年(昭和三年)に右翼としての活動を始めた。天皇に直訴しようとして請願令違反の罪に問われ、一九三〇年一月に東京地裁で懲役六カ月の判決を受けた。出所後も右翼団体を渡り歩き、脅迫、爆発物取締罰則違反、殺人予備などの罪で服役した。五・一五事件、二・二六事件など政財界の要人を狙ったテロ事件が相次ぐ世相だった。

CIAに登録・管理されていた経歴情報によれば、一九三七年(昭和一二年)に出所した後、児玉は外務省情報部長の勧めで初めて中国に渡った。以後、外務省の非公式の支援を受けて児玉は頻繁に上海に赴いた。

対米開戦の直前にあたる一九四一年(昭和一六年)一二月、海軍航空本部の依頼で上海に特務機関を設立した。ブラックマーケットを中心に資機材の調達に辣腕をふるい、それは「児玉機関」と呼ばれるようになった。その仕事を通じて児玉は莫大な富を蓄えた。同時に児玉は日本の情報活動にも関わったとみられる。

終戦から三カ月後の一九四五年(昭和二〇年)一一月、児玉は一九日、二一日、二四日の計三日間にわたってGHQの諜報部隊(CIC)の尋問を受けた。

その際の児玉の説明によれば、海軍から借りた二〇万上海ドルを元手にして、銅、真鍮、石油、皮、鉄、鉛、機械、プラチナなどを中国で買い、海軍に売った。中国の内部

るかの実利主義者である」

ＣＩＡに登録・管理されていた経歴情報によれば、児玉は「政治の舞台裏の策略にかなり関わった」とされ、様々な政治指導者と近い関係を保っていると報じられた。

終戦直後に自由党の総裁を務め、首相への就任が確実視された大物政治家、鳩山一郎もその一人としてＣＩＡの経歴情報に名指しされた。戦時中に外相を務めた重光葵の名前もあった。

五五年二月一八日付のＣＩＣ調査官報告によれば、児玉が初めて鳩山と会ったのは終戦一カ月後の四五年九月で、児玉は鳩山の自由党に一〇〇〇万円を寄付し、さらに、保全経済会から自由党に二〇〇〇万円が渡るように手配した、とされている。また、一般には知られていないことだったが、児玉と重光は戦前の三七年から親しく、児玉は、重光外相の下で外務省の情報員として雇用され、工作資金の提供を受けた。戦後、児玉は、重光がいた改進党に保全経済会から四〇〇〇万円が渡るようにした、とされている。

のちの本人の述懐によれば(7)、児玉は「鳩山さんに首相になってもらいたい」「政治家に協力することにおいて、昭和維新の志の十分の一でも実行してもらおう」と思ったという。鳩山が首相の吉田茂に反旗を翻し、衆院が解散されて間もない五三年(昭和二八年)三月のある日、児玉は鳩山に「先生の選挙の金はわれわれが作ります」と言った、という(8)。

五三年二月二一日付のCIC調査官報告書によれば(9)、児玉は、吉田政権下のその当時、自由党と改進党を合併させるための活動に力を入れ、これに私財を投じている、と報じられた。児玉が接触している自由党のリーダーは鳩山で、改進党の総裁は重光。二人とも児玉に近かった。

五六年一〇月二四日付で作成されたCIA保管の文書は、鳩山と児玉の緊密な関係について次のように記録している。

「戦後、古い右翼たちは鳩山の背後に集まり、彼のカムバックを支援した。鳩山が日本自由党をつくったとき、児玉は鳩山に一〇〇〇万円を提供した。鳩山が病気だったとき、児玉は面会を許される唯一の知人であると情報源は指摘した」

CIAのファイルの中にある一九五三年三月一三日付のセキュリティ情報は、匿名の日本人ジャーナリストを情報源として、鳩山と児玉の緊密な関係に触れている。

「もし鳩山が自由党を掌握するのに成功すれば、二人のリーダー（鳩山と児玉）は日本政治で大きな重みを持つことになる」

幻のクーデター計画

このころ、米情報機関は、児玉の周辺で不穏な動きを感じ取っていた。児玉と首相の吉田茂は反目しあっており、児玉はのちに「吉田時代の自由党は完全にアメリカのヒモ的存在だった」と振り返った。(10)吉田もまた、児玉を嫌い、岸信介に「あんな男とは付き合うな」と注意することがあった。(11)

一九五三年(昭和二八年)四月二四日付のCIC調査官の報告によれば、三月一一日、銀座の料亭「おかはん」で、児玉がスポンサーとなって、右翼や元軍人の会合が開かれた。そこでは、吉田内閣を転覆するためには武力が必要だとの意見が出た。

五三年九月一六日付のCIAのセキュリティ情報では、朝日新聞記者出身の有力政治家、緒方竹虎と児玉の関係が指摘された。

「緒方はこんにちの右翼に人気がある。特に笹川良一と児玉誉士夫と接触がある」

その文書によれば、この話の情報源は、緒方と長い付き合いのある匿名の日本人ジャーナリストだとされている。

「緒方は誠実な愛国者だが、彼が首相や防衛庁長官に就任するのは日米関係に危険をもたらす。緒方は元右翼や元軍人に取り囲まれており、それらの男に判断をコントロールされる可能性がある。クーデターが起きたときに決然と行動するには彼は弱すぎるかもしれない」

緒方が政府の中枢にいるときに万一、クーデターが起きたら、緒方は武力でそれを押さえ込むのではなく、クーデターを起こした側である右翼や元軍人に融和的な態度をとるのではないか、との指摘である。

翌一七日付のＣＩＡセキュリティ情報は「元軍国主義者や超国家主義者によって計画されていると疑われるクーデター」と題されていて、その冒頭に児玉の名前がある。

「一九五二年七月初め以来、クーデター計画が元軍人を含む元公職追放者グループによって進められてきている」

しかし、クーデターは起きなかった。児玉にとって、その必要のまったくない政治状況が現実になったからなのかもしれない。

一九五四年（昭和二九年）一一月、鳩山が総裁、重光が副総裁となって民主党が結成された。その民主党を与党として翌一二月、鳩山が首相に就任し、重光が副総理兼外相になった。吉田は通算で七年も首相を務めたが、ついに退陣した。児玉にとっては理想の展開だっただろう。

ところが、やがて児玉はそれに飽き足らなくなったようだ。

ＣＩＣ調査官の五五年（昭和三〇年）六月二〇日付の報告によれば、[12]民主党内の仲たがいや鳩山首相の指導力の低下によって、同党内でやがて児玉は力をふるいづらくなった。この結果、児玉は、彼にとって利益を得やすい新しい政治状況をつくりだそうと計画し、そのために、緒方ら自由党も含めた保守各党のさらなる合同に向けた秘密工作を進めるのに関わった。もしこれが実現すれば、児玉は、新党の総裁として緒方を推す用意がある、と指摘された。

五五年七月九日付のCIC調査官報告によれば、児玉らは憲法を改定して、再軍備を実現し、反共産の国防機構を打ち立てたい意向だったが、鳩山内閣はそれに消極的であるばかりか、共産国との国交正常化と貿易促進に前向きだった。やがて、児玉グループと鳩山グループは互いに疎遠となっていった。代わって児玉グループは自由党の緒方派に向かって秋波を送り始めた。

五五年八月一一日付のCIC調査官報告書によれば、児玉は同年五月、小豆相場への投資で、約九〇〇〇万円の利益を実現した。農相の河野一郎の出した資金もその元手になったと言われる。

その年の一一月一五日、民主党と自由党による保守合同が実現し、自由民主党（自民党）が発足。ここに五五年体制ができあがった。当初、自民党は、緒方、大野伴睦、鳩山、三木武吉の四人が総裁代行委員を務める集団指導体制を採り、政府のほうは、鳩山首相、重光副総理兼外相、河野農相が留任することになった。どの政治家も児玉と近い関係にあり、自民党は児玉の狙いどおりの政党になったといえる。

暴力団を集めて河野農相の壮行会

児玉は、保守合同でできた自民党を与党とする鳩山政権を懸命に支えたようだ。

一九五六年（昭和三一年）一〇月七日、首相の鳩山と農相の河野が全権代表となってソ連に向けて出発し、同月一九日、ソ連との国交を回復した。共産党支配下にあるソ連との交渉には自民党内にも強い反対論があり、「極右団体が直接行動に出るおそれ」が心配された。(13)それを抑えようと児玉が腐心したことがＣＩＡ保管の報告文書に示されている。

五六年一二月一四日付の報告文書によれば、ソ連への出発に先立つ九月三一日、河野ら全権団のために、児玉が銀座で壮行会を開いた。招待された六〇人のうち四三人が出席。その大部分は児玉の手下の「ギャング」たちで、残りは、首都圏の暴力団のボスたちだった。報告文書には暴力団の幹部らの名前が出席者として列挙されている。河野は二〇分、これに顔を出し、あいさつの中で、モスクワで実現したいことを説明し、参加者に支援を要請した、と記録されている。

ＣＩＡが保管していた別の同日付報告文書によれば、一〇月三日には、児玉は向島の料理店で、鳩山、河野ら代表団のために壮行会を開いた。浅草の露店を取り仕切る裏社会の指導者や、児玉の取り巻きで河野のボディーガード役だった男も出席した。

「右翼の指導者たちは、河野農相と児玉誉士夫の緊密な関係を知っている。児玉の地下社会での力とコネもよく知られている。この影響力と、児玉からの報復を恐れて、超国家主義者の指導者らは、河野と鳩山首相を暗殺する計画を公式に容認するのを抑止されている。児玉は、鳩山首相の背後で暗躍する最有力の支援者の一人である」

このように五六年一二月一四日付の報告文書には記載されている。

五九年(昭和三四年)一月一四日付のCIA保管の文書には、児玉が右翼でありながら、日中友好協会や日本共産党の幹部と手を結び、河野との関係も生かして、共産党支配下にある中国やソ連との貿易で利益を得ようと活動しているとの指摘がつづられている。「児玉は、共産ブロックとの友好関係の時代になっても、ボートに乗り遅れまいとしている」

一九六二年(昭和三七年)二月六日付のCIAの報告文書には、児玉が韓国の情報機関トップと連絡を取り合っており、首相の池田勇人にも影響力があると言われているとして、児玉に関する記録を調べるよう部内で求められたとの記録が残っている。二月九日付の報告文書には、児玉に関しては軍の情報部(G2)の書庫におびただしい量のデータがあり、それに基づいて特定の質問に喜んで答えよう、との返答が載っている。

六三年一月二五日付のCIA文書では、児玉が博徒、暴力団、ふつうの右翼を仲間に引き入れようと活動していると報告。首相候補としての河野の立場を固めようとしているのではないかとの見方が紹介されている。六二年一〇月四日に、児玉は、松葉会や国粋会、義人党といった暴力団の幹部らをホテルオークラに招いて夕食をともにした、とされている。

中曽根、佐藤首相と児玉

中曽根康弘は、一九九六年九月に文藝春秋から出版した著書『天地有情』の中で、児玉について次のように振り返っている(14)。

「われわれが聞いていたのは、かれは戦時中、上海で海軍航空本部の委嘱で『児玉機関』をつくって軍需物資の集荷をやっていた、そして、終戦前後に相当のプラチナやダイヤモンドを持って帰り、鳩山さんが共産党と戦うんだといって自由党をつくったとき、そのプラチナや貴金属を河野一郎さんに渡した、それを河野一郎さんが財界の有志のところに売って回って選挙資金をつくったという話でした。戦争当時は知らなかったが、そんな話を聞かされていたので、やはり愛国者なんだろう、そう思って付き合っていました。ロッキードのような、ああいう外国の兵器産業と組んでいたとは、まるっきり知りませんでしたね」

中曽根自身、戦争中は海軍の主計士官として、海軍省兵備局に配置され、「陸軍との資材獲得競争」にあたっていた(15)。ただし、児玉と知り合ったのは、戦後、衆院議員となって憲法改正を唱え、「青年将校」と呼ばれていた一九五五、五六年ごろ、派閥の領袖だった河野一郎の関係でのことだったという(16)。自民党に河野派ができたときに、スポンサーとなった永田雅一(映画会社「大映」社長)、萩原吉太郎(北海道炭礦汽船社長)、河合良成(小松製作所社長)ら財界人に児玉が「ついてきた」という。中曽根によれば[17]、永田らが河野を支援し、児玉は、河野に直接献金するのではなく、永田らの「背後」にいたとみられるという。河野が一九六五年に死去すると、中曽根は派閥を引き継いでその領袖となり、中曽根もまた、河野と同様、永田、萩原、河合から援助を受けた。

児玉から自身への資金援助については、のちに中曽根は国会で「ありません」と説明している。

岸信介の実弟でもある元首相・佐藤栄作の日記は一九九七年から九九年にかけて朝日新聞社から刊行された。児玉がその随所に登場する。

鳩山首相と河野農相の訪ソが決まる直前の一九五六年(昭和三一年)九月九日の項には、「鳩山側近と目される」政治家たちが鳩山邸に集まったとの記載があり、「その際注目すべき発言」として、児玉らが「明春迄鳩山内閣を存続さすべきこと、その為には訪ソ絶対必要のこと」と述べた、とある。児玉が鳩山内閣の命脈を握っていることを前提としているかのような記載だ。

三選を目指す自民党総裁選を控えた一九六八年(昭和四三年)一一月一七日の項には、縁戚関係にある東京ガス社長の安西浩が来て、「中曽根派の協力を約束さす為、児玉誉士夫と会はぬか」と言ってきた、とある。それを断ると、一時間後に北海道炭礦汽船社長の萩原から「是非あってくれ」と電話があったが、これも断った。

「こんな問題に児玉を使ふとならば切刻〔折角〕遠のいた彼をまた近づける事となるし、中曽根の為にも今後永く悪影響をもたらす事となるだらう」と佐藤は一七日の日記に書いている。

このためなのか、中曽根派は二一日夜、佐藤首相の三選阻止の立場をとる方針を決めた。

F104の選定に児玉の力

児玉がロッキード社を知るようになったのは、保守合同が実現したのと同じ年、一九五五年で、そのビジネスに関わるようになったのは、五八年（昭和三三年）のことだった。

五八年四月、政府は国防会議で航空自衛隊の次期主力戦闘機としてグラマン社のF11F1Fを採用すると内定した。当時の首相は、巣鴨拘置所で児玉と一緒だった岸信介で、岸が国防会議の議長でもあった。のちにロッキード事件の公判廷で児玉の弁護人が主張したところによれば、(18) 児玉はこの内定について「政治的圧力が加えられた」との情報を入手し、これを見逃すことはできない、と考えたという。そこで、児玉は、経済企画庁長官の河野一郎に資料を提供した。河野は同年八月、自民党総務会長として防衛庁に「再検討するよう」にと要望。河野らが追及した結果、グラマン機の内定は白紙撤回された。代わりに、岸政権は五九年(昭和三四年)一一月、ロッキード社のF104を次期主力戦闘機とすると決めた。

この経緯について、のちに、児玉は次のように振り返っている[19]。

「私はかつて、グラマンとロッキード問題で、政府と防衛庁を向うに回して闘った。防衛庁はグラマンというんだが、私はグラマンは、はじめからだめだといって反対したんだ。しかし当時の総理大臣以下全部が産業資本のために、商社からもらった金のためにどうしてもグラマンにきめるというんだ。あんなもの竹トンボと同じじゃないかと、僕はあくまで闘った。その結果ロッキードときまってF104というものが空を飛んだんだ」

ロッキード事件が発覚するより前、児玉は「兵器発注に私利私欲は許せぬ」と言い、それを理由に政府の機種選定に介入したと説明した。ところが、ロッキード事件の公判廷での検察官の主張によれば[20]、児玉は、ロッキード社の側の依頼に応じてF104の売り込みに尽力し、ロッキード社から提供された資料を河野一郎に渡したという。F104選定が決まるまでの間だけで児玉は数回にわたって三〇〇〇万円ないし五〇〇〇万円ずつの謝礼をロッキード社から受け取ったという。

児玉本人やその弁護人の公判での主張によれば[21]、F104選定の後からロッキードの営業担当者が折にふれて現金三〇〇〇万円ないし五〇〇〇万円ほどを児玉のもとに持ってくるようになった。中元や歳暮の際に児玉に贈られる現金はやがて一九六三年には年間一五〇〇万円ほどになった。六九年には児玉はロッキード社の顧問に就任し、年間五〇〇〇万円を受け取ることになった。

ロッキード社の側では、児玉の尽力によりＦ１０４の売り込みに成功したとして、児玉を頼りにするようになった。その関係は七六年一月まで続き、同年二月、ロッキード事件として発覚した。

在米大使館員が元国務次官補に接触

ＣＩＡの対日工作とロッキード社、児玉のただならぬ関係を明らかにしたニューヨーク・タイムズ紙と『ニュー・リパブリック』誌の記事が出た当日である一九七六年四月二日、日本の在米大使館参事官・羽澄《はずみ》光彦が、コロンビア大学の教授となっていた元国務次官補のヒルズマンに接触した。

在米大使館の公電によれば、ヒルズマンは「自分が本件に関し覚えていることのすべて」として羽澄に次のように述べたという[22]。

「一九六一年、ケネディ大統領就任当時、われわれ関係者が各種の政府機関、たとえば、ＵＳＩＡ（広報・文化交流局）、ＣＩＡ（中央情報局）、ＡＩＤ（国際開発局）などから説明を受けたことがある。その際、一九五〇年代前半、アイゼンハワー政権当時、日本の政党からアメリカ政府に対し、ポスターやリーフレットの印刷代を供給してもらいたいという話があり、これに応じ、そのような印刷代を供給することの承認がCIAに与えられたと聞いた。政党が一つだったか複数だったか、どの政党だったか、覚えていない。金額も覚えていない」

ニューヨーク・タイムズの記事に引用された話よりも、その内容はさらに詳細だった。ヒルズマンによると、その日本の政党は米政府に次のように無心の理由を説明した、という。

「ソ連政府から共産党の資金が供給されているので」

こうしたヒルズマンの話を報告する公電は四月三日午前七時五一分、日本の外務省に届いた。

その二時間後の同日午前九時四七分、追いかけるようにして、「CIAの知日派職員」がニューヨーク・タイムズの記事について内々に日本の在米大使館員に話したという内容を報告する公電が外務省に届いた(23)。

「この記事は、一読して、鹿地亘《かじわたる》関係以外の部分は、まったくの作り話とわかり、バカげているといわざるを得ない。CIAは、在京大使館を通じて、一九五〇年代のロッキード、グラマン問題などをフォローしていたが、これは、日本の政治状況を把握するためであって、問題そのものにCIAが関係していたためではない」

ＣＩＡの公式のコメントは、ニューヨーク・タイムズに引用されている通り、「否定も肯定もしない」というものだったが、この「ＣＩＡの知日派職員」は表向きの立場から離れて疑惑を打ち消そうとしている。「鹿地亘関係」というのは、日本人の左翼作家・鹿地亘が一九五一年にＧＨＱの諜報部隊(ＣＩＣ)に拉致され、ＣＩＡのエージェントによって約一年間にわたって監禁された事件を指す(24)。

ちなみに、ＣＩＣは中曽根とつながりがあった。

一九五三年、キッシンジャーと中曽根が知り合うきっかけとなるセミナーがハーバード大学で開かれた。そのセミナーに参加しないかとの話を中曽根に持ちかけてきたのが、中曽根本人の述懐によれば、「マッカーサー司令部のＣＩＣ(対敵国諜報部隊)に所属して、国会や各党に出入りして情報活動をしていたハーバード大学出のコールトンという人」だった(25)。

一九七六年四月三日、首相の三木は、しかし、アメリカの諜報機関と自民党政治家との関係などおかまいなしに動いた。午前九時から官邸で開いた記者会見で、取り上げられた疑惑について「重大な問題であり、徹底的に究明しなければならない」「ＣＩＡは政府機関だから米側から協力を得ねばならない」と語った(26)。

米国務省に見解表明を要請

その三日の夕方、外務省では、事務次官の佐藤正二、アメリカ局長の山崎敏夫らが対応を協議した。[27] そして、その深夜、「CIAの対日工作」という件名で在米大使館に公電を送った。

「国務省のしかるべきレベルに対し、記事について外部に発言し得る米政府の公的立場を改めて照会の上、五日午前までに回電ありたい」

締め切りを五日午前にしたのは、その日が月曜日で、官房長官や外相に記者から質問が飛ぶ可能性があったからだ。[28]

日本時間では四日未明にあたる現地時間の三日午前、在米大使館の参事官・羽澄は国務省に日本部長ウィリアム・シャーマンを訪ねた。そしてヒルズマンの話やロッキードとCIAの関連について、米政府の立場を公式に表明するよう要請した。米側の記録によれば、国会や記者の質問に答えられるように五日までに見解を受け取りたいという日本政府の希望も伝えられたが、シャーマンは「それは難しいだろう」と答えた。[29]

日本側の記録によれば、シャーマンは次のように述べた。

「遠い昔にさかのぼることであり、また、政府部内で相談しなければならないので、即答はいたしかねるが、さっそく上司ともはかり、結論が出次第、日本側に回答することとしたい。いずれにせよ、自分としては、政党にCIA資金が提供されたという話についても、CIAがロッキードの日本での活動を承知していたという話についても、まったく何も知らないので、部内の検討にどれほどの日数がかかるか、また検討の結果何らかの声明を出すことにするのかしないのか等々、現時点で推測しがたいので了承願いたい」

四月五日、朝日新聞は一面の左上の記事で「CIA介入　米政府、調査を約束　回答の形も慎重に検討　日本側　国務省に申し入れ」と報じた。

CIAという新たな観点が加わった

ロッキード社から日本の政治家に賄賂が渡ったという疑惑が二月初旬に表面化して以来、首相の三木は繰り返し「真相究明は政府の責任」と述べてきた。

一九七六年二月二四日に、米政府に資料の提供を正式に要請し、二月二六日の衆院予算委員会で「資料の提供があれば政府が公表をする」と述べた。ところが、米政府は三月に入って、秘密扱いを条件に捜査当局にだけ資料を提供すると返答し、三木はその条件をのまざるを得なかった。

野党各党はこれについて「話が違う」と反発。資料を公開できるよう「対米再交渉」を求めて国会審議を拒否した。

CIAの疑惑が明るみに出たのはそのさなか、国会が膠着状態に陥ってから一カ月近くがたとうとしていたときのことだった。

ヒルズマンの話に指摘された「一つないし複数の日本の政党」というのは、自民党、または、その前身にあたる政党であろうことは容易に想像がついた。名指しされた元首相の岸は自民党所属の国会議員であり、政界の「妖怪」「巨魁」として存在感を維持していた。だから、自民党総裁である三木としては、知らぬ顔はできない。ここでも「真相究明」を国民に約束するのは当然だった。

日本の報道機関もアメリカでの報道をすぐさま追った。

四月二日の朝日新聞夕刊は一面トップに「児玉、CIAとも接触？『巣鴨』出所以来　元米記者寄稿　資金、高官にも」という見出しで、『ニュー・リパブリック』の記事を紹介する時事通信電を掲載。その下には二番手の記事として、「日本の政党へも？CIA資金が流れる　米紙報道」という見出しでニューヨーク・タイムズの記事を紹介する記事を載せた。

翌三日の朝刊は、一面に「CIAの日本工作資金報道　日米関係の側面暴露」というワシントン特派員の解説記事を載せて、アメリカの在日大使館の「二つの顔」を指摘した。「一つは『日米対等』といった表向きのにこやかな顔。もう一つは『反共保守政権テコ入れ工作』という〝目的のためには手段を選ばぬ〟えげつない顔である」

二面には、「全く事実に反する」「児玉の工作、私にはない」という見出しで、岸へのインタビューを載せた。岸は、ニューヨーク・タイムズで触れられた自身の疑惑について「まったく事実にないことだ」と否定しつつ、航空自衛隊の航空機調達に関して、自民党の派閥の領袖だった故・河野一郎の名前を挙げて、「私のところにいろんな働きかけがあったことは事実だ」と述べた。

「河野君は児玉誉士夫と親しかったから、児玉が河野君に働きかけたこともあっただろう。この問題が政治的にやかましくなったのは、児玉の影響力があったためかも知れない。しかし、私のところに児玉が直接働きかけてきたことはなかった。（略）児玉がロッキード社からいくらカネを受け取ったのかは知らんが、機種決定にあたって児玉の影響を受けたことはない」

「ヒルズマンが自分で（カネを）渡したというならともかく、人づてに聴いたというのでは証拠力にもとぼしいのではないか。日本の首相が外国からカネをもらうなんて、絶対あり得ないことだ」

三面には「CIAその〝黒い痕跡〟　政治の舞台裏で暗躍　手段を選ばず」という見出し、社会面には「ロッキード事件深まるカゲ　CIAの手ここにも」という見出しで、それぞれ分析記事が掲載された。社会面では「CIA事務所があるといわれる米大使館別館」というキャプションで東京都港区赤坂の建物の写真が大きく扱われ、記事の本文は次のように書き出された。

「児玉とCIAとのつながりを見る上で見落とせないのは、A級戦犯として終戦直後に巣鴨プリズンに収監された児玉が、三年後起訴もされずに出所できたナゾである」

米国の在日大使館は国務省に送った三日付の公電の中で、「ニューヨーク・タイムズ」と『ニュー・リパブリック』の報道は、日本の報道機関による記事と論評の嵐を復活させた」と指摘し、朝日新聞の報道を詳しく報告した。(30)

「CIAという新たな観点が加わったことで、ロッキードそのものの範囲を超えて臆測が広がっている」

「新聞は、日本におけるCIAの存在や戦後初期にさかのぼる活動に関する臆測を喜んで取り上げている」

「これらの臆測のほとんどは的外れで馬鹿げているが、日本の読者にはたいへん興味をもたれている。大使館は『ノーコメント』のルールを固守するつもりだ」

極秘に「ノーコメント」と回答

CIA騒動が始まってから二週間近くが過ぎた四月一四日、日本共産党が東京で記者会見し、同党の国会議員団の調査結果として「在日米大使館など米政府出先機関のCIA要員リスト」を発表した。

「その数は現在、日本にいるもの九三人、過去に日本にいたもの一〇三人の計一九六人にのぼっている」と朝日新聞は翌一五日の朝刊で報じた。(31)

同じ一五日朝、ワシントンの国務省で開かれた国務長官キッシンジャーのスタッフミーティングで、東アジア・太平洋担当の国務次官補フィリップ・ハビブが共産党の発表について「興味深い展開があった」と報告した(32)。元駐日大使でハーバード大学教授のエドウィン・ライシャワーが過去のCIA要員として名指しされているとハビブが報告すると、笑いが起きた。およそあり得ない作り話だと思ったのだろう。続けてハビブが、約九〇人の名前、住所、電話番号が特定されていると言うと、キッシンジャーはその約九〇人について「彼らはCIAなのか」と尋ねた。ハビブは「何人かはそうですし、何人かはそうではありません」と答えた。大使館別館のCIAの覆面組織からリストに入っている名前があり、ハビブは共産党の調査をほめて、「彼らが良い仕事をしたことは明らかです」と述べた。

その日、国務省日本部長のシャーマンが日本大使館の参事官・羽澄を呼び出し、次のように述べた。

「日本側の照会に関し米側としては慎重に検討した結果、次の結論に達した。すなわち、米国政府としては従来から情報活動に関しては何らのコメントも行わないという政策を有しており、この政策について現在も何らの変更もない。したがって今回の日本側照会に関しても何らコメントする立場にはないということである」

要するに、「一切ノーコメント」のゼロ回答だった。

米側の記録によれば、これはこの時点では正式な回答ではなく、「間もなく伝達される予定の公式回答の案」という前提で羽澄に伝えられた。「ロッキードの問題が日本では微妙な問題であることに鑑み、事前に個人的に議論したい」とシャーマンは羽澄に説明した(33)。

日本側の記録によれば、シャーマンは「本日これを極秘の含みで申し上げるのは本件が日本側で極めて重要な政治問題であることにかんがみ、公式に回答する前に報道対策など事前に日米間で打ち合わせる時間的余裕を持つことが必要であろうと考えたからである」と説明したとされている(34)。

米側の記録によれば、羽澄はシャーマンの配慮に感謝の意を表し、「回答の中身については問題はないが、日本政府がいつどのようにこの回答を正式に受け取るべきか慎重に検討する必要がある」と述べた。シャーマンは「米側としては、正式回答のタイミングや方法に関する日本側の要望は検討する用意がある」と、これに応えた。

羽澄は、中身のない回答に文句をつけることなく、まるで、ありがたくも押し頂いた格好だった。

議会には一部否定の回答

翌一六日、上院議会の情報活動特別調査委員会が、CIAから同委員会に寄せられた回答の内容を記者に公表した。それは次のような内容だった[35]。

「児玉を経由した日本政府公務員への支払いについてCIAは承知していない」

「ロッキードの支払いにCIAが関与したことはない」

「日本の公務員や政党に資金を提供するのにディーク社を使ったことはない」

前日に国務省日本部から在米日本大使館に寄せられた「ノーコメント」とは異なり、いくつかの疑惑について、はっきりとそれらを否定する内容だった。そして、それら否定とは裏腹に、依然として、そこには、否定されない疑惑があった。

ディーク社を使わず、児玉も経由せずに、CIAが直接、日本の公務員や政党に資金を提供したことがあったのではないか。CIAが児玉にカネを払ったことはあったのではないか。CIAは、ロッキードの賄賂工作について、関与はしていないとしても、知ってはいたのではないか。それら、CIAの否定の対象になっていない疑惑は逆にその分だけ信憑性を増す結果となった。

その日の午後、在米大使館の参事官・羽澄は前日に続いて国務省日本部長のシャーマンに会った。

米側の記録によると、羽澄は「このCIAの回答に照らすと、もし日本政府が米政府から同じ質問について『ノーコメント』の回答を受け取った場合、それは困ったことになる」とクレームをつけ、次のように述べた。[36]

「上院の情報活動特別調査委員会は、ロッキードとCIAの関係について取り上げているだけで、CIAが日本の政党にカネを払ったというロジャー・ヒルズマンの指摘についてはコメントしていない。第一の疑惑を否定する一方で、第二の疑惑に黙り込むのは、日本の人々の目から見ると、後者の疑惑を認めたことになってしまう」

そして、羽澄は、次のような公式回答ができないだろうかと持ちかけた。

「CIAが日本の政党に資金を提供したことを示す記録は見あたらない」

真相解明をないがしろにして、米政府の回答の中身について日本政府がアドバイスするという本末転倒の構図だ。

シャーマンはこれを断った。

「国務省は、情報活動に関する事項についてコメントしないという原則を変えるつもりはないし、上院の特別委員会に対するCIAの回答として伝えられていることについても取り上げるつもりはない」

まるで、上院議会に対するCIAの回答について、国務省は関知していないかのような言いぶりだ。

実際のところはもちろん、国務省は、上院の広報担当者がCIAの回答を公表した事実を知っていた。国務省の理解では、CIAは公表に反対し、その差し止めを求めたが、退けられてしまった、というのがその経緯だった。

国務省は在日大使館に送った一六日付の公電の中で、「もちろんこのCIAの回答を否定することはないが、我々としては、コメントしないという立場は維持すべきであると確信する」と念押しした。

公式回答の延期を米政府に要請

「ノーコメント」という米政府の回答をめぐって、これ以降、日本国民を欺き、ミスリードする方向で事態は推移していく。

四月一七日、「CIA問題 日本へ回答検討中 米国務省高官が伝達」という見出しの記事が朝日新聞夕刊に掲載された。

「米国務省のシャーマン日本部長は一六日、羽澄在米日本大使館参事官に対し『CIAの日本政界への資金供与をめぐる報道に関し、米政府は日本政府に対する回答を検討中である』と伝えた」

米国務省の公電に記録されたシャーマンと羽澄の会話の内容とはかけ離れた記事内容だった。シャーマンははっきりと「ノーコメント」が米政府の公式の立場であると述べているにもかかわらず、それは伏せられた。

四月二〇日、羽澄は、東京の外務省の指示を受けて、公式回答の延期をシャーマンに要請した。

日本側の記録によれば、シャーマンは異議なくこれに同意した。シャーマンは「いずれ五月に入ってからでも、改めて回答の時期について日本側と打ち合わせることとしたい」と述べ、記者対応について次のように提案した。[37]

「これまで記者の問い合わせに『政府部内で鋭意検討中(serious study)』と答えていたが、米側に困難な問題があるような印象を与えてもよくないので、今後は単に『検討中(look into the matter)』と答えることにしたい」

羽澄はこれを了承した。

翌二一日の朝日新聞夕刊の二面に共同通信電が小さく掲載された。

「米政府筋は二〇日、CIAが日本の政党に資金を供与したとの米国内の報道に対する日本政府からの問い合わせの回答を依然検討中であると述べた」

シャーマンと羽澄が二〇日に打ち合わせた筋書きと一致する記事内容だが、実態とは乖離している。

その短い記事の最後の第三段落は次のように記述されていた。

「一方、信頼できる筋は二〇日、これに関し『米政府が回答を送ることは疑いないが、実質的内容はほとんどないだろう』と語った」

そしてこの記事の見出しは「実質的内容ない？　米回答　CIA対日資金問題」とつけられた。これは実態と符合しており、いわば地ならしのためのリークとも推測できる内容である。

四月二六日、参院予算委員会で外務大臣の宮沢喜一は、社会党参院議員・矢田部理《やたべおさむ》の質問に答えて、CIAの疑惑について「米国政府に照会はしているが、その返事を受け取っておらない」と述べた。その「返事」の先送りを日本の外務省が米政府に持ちかけたことなど、おくびにも出さず、宮沢は、食い下がる矢田部に同じ答弁を繰り返した。

外相「いわゆるCIAという組織として我が国において何かの活動をするということは、我々の方針としてはそういうことは許さないことでございます。従来も許しておりません」

議員「私は、実態を調査すべしと言っているわけです」

外相「そのようなことについて照会はいたしております」

議員「照会じゃなくて、みずから調査をしないのですか」

外相「米国政府に照会はいたしておるのでございます。その返事は受け取っておらないというふうに申し上げておるんです」

実態としては照会への回答はすでに届いていた。にもかかわらず、日本国民の多くは、いまだ回答がないものと信じ込まされ、それを待ち続けさせられるはめとなった。

首相と米大使が総理官邸で会談

五月六日午前、米国の駐日大使ホジソンと首相の三木が総理大臣官邸で会談した。[38] 日本側の記録によれば、三木は次のように切り出した。[39]

「わが国におけるロッキードの問題は、外から見ていて分かりにくい点も多いと思われるので、本日、貴大使の来訪を求め、ロッキードの問題をめぐる日本の国内情勢を自分の立場から説明し、米政府の理解を得たい」

米側の記録によれば、ロッキードの問題がなぜこのように大きなこととして社会で受け止められるのかについて、三木は自身の意見を次のように説明した。[40]

「日本人は、日本の社会の高潔さをたいへん誇らしく思っており、腐敗を憎み、自分たちを原理・原則の人間であると考え、また、尊敬すべき指導者に率いられているという確信を持っている。だから、日本政府の公務員にカネが支払われたというロッキードの暴露は大騒動にならざるを得なかった」

「しかも、この暴露があった時点で、日本人の間には指導者への疑いの念がすでに存在していた。田中前首相の金銭取引に関する疑惑が未だにはっきりしないことによる疑

い の気持ちがあった」

この一年半ほど前にあたる一九七四年一〇月、月刊『文藝春秋』に載った立花隆の記事「田中角栄研究——その金脈と人脈」は現職の総理大臣だった田中角栄による資金調達のからくりを解き明かし、読者の前に示して見せた。その結果、田中は「金権政治」のレッテルを貼られ、すさまじい世論の非難を浴び、二カ月後に首相辞任に追い込まれた。七四年一二月、その「クリーン」さを買われて、田中の後任に就くことになったのが三木だった。

三木はホジソンを前に説明を続けた。

「過去二年間、政治とカネの問題は日本人にとってますます大きな問題となっていた。そんな雰囲気にあったところに、ロッキードの問題が起こり、それは、人々がすでに抱いていた心情に触れるものがあって、一気に大きな火となった」

三木の説明によれば、年内に総選挙が予定されているということもあって、野党は、ロッキードの問題に便乗して自民党を攻撃し、予算案の通過を人質にとって三木政権を倒そうとした。その結果、国会の空転は四〇日余りに及んだ。そのように膠着状態にあった国会を正常化するための妥協として、政府特使と超党派議員団を米国に送ることに三木は同意せざるを得なかった。

日本側の記録によると、ホジソンは次のようにこれに答え、米政府として特使と議員団を受け入れる考えを伝えた。

「以前はこれ以上、日本政府または国会から人を米国に派遣してほしくないと考えていたが、今回、日本政府が苦しい立場に置かれ、ほかに選択の余地がなかったことを米政府首脳は理解している」

日本側の記録によると、三木とホジソンはさらに次のように会談を続けた。

首相「現在、我々は一種の危機に直面しており、日米関係の将来および日本の民主主義の発展のためにこれを乗り切らなければならない。自分としてはこれを乗り切る自信が十分ある。日本の民主主義の基礎はそれだけの力を内在している」

大使「総理の言われたことには同感である。本件がそもそも問題化したことは遺憾であるが、日米双方の対処ぶりは今までのところ適切であった。米政府としては日本の国内政治問題に干渉することは差し控えているし、日本側としても従来通り米国の国内政治問題に干渉しないことが必要である。米議会関係者が『日本政府が米側の協力に不満である』との印象を受けた場合、これが米国内で政治問題化する恐れがある。米政府は共和党政権であるのに対し、議会では民主党が多数党である」

首相「米国の事情はよく承知している。超党派議員団には野党議員も参加するので、個々の議員の発言までコントロールできないが、責任のある与党議員が団長として団のスポークスマンを務めることとなるので迷惑をおかけすることはないようにしたい」

米側の記録によれば、「日米双方の対処ぶり」の部分について、正確にはホジソンは「日本政府による自制と、米政府による協力の組み合わせによって、今のところ、日本の民主主義の過程と米日関係を害さないという目的を達成することができている」と述べたとされている。

そして、ホジソンは、三木への「アドバイス」を口にした。

「特使および議員団がワシントン訪問中に避けるべき問題が二つある」

「避けるべき問題」CIA

「避けるべき問題」の一つ目は、米政府から日本側に資料を提供する際の「秘密扱い」の条件について再交渉を求めないこと。米側の記録によれば、これについては、ホジソンは「総理ご自身が不適切と理解しておられる」として満足の意を示した。

もう一つの「避けるべき問題」は「CIA」だった。米側の記録によれば、ホジソンは「この問題については、日本政府の役に立つ回答をすることができない」と改めて三木に伝えた。

日米両国の記録によれば、ホジソンは「私企業(ロッキード)の行為を問題とするのと、米国の政府機関の行為を問題とするのでは大きく異なる」と言い、「宮沢外相が国会でこの問題の質問をはねつけた」のをほめ、「今後もこのアプローチを続けて」と三木に要請した。

ＣＩＡによる外国政府要人暗殺計画やロッキード事件を暴露した米上院議員のフランク・チャーチに触れて、三木は尋ねた。「チャーチ委員会はＣＩＡに関する調査をこれ以上行うことはない見通しか」

ホジソンは「これ以上調査は行われないと思う」と答えつつ、「新聞などがさらに問題を提起すれば、議会で取り上げられる可能性は排除されない」と付け加えた。

三木は、引き下がることなく、ＣＩＡの問題にこだわった。日本側の記録によれば、三木とホジソンの間で次のようなやりとりが続いた。

首相「ＣＩＡから日本の政党にカネが流れていたとのヒルズマン氏の発言は、同氏が単なるジャーナリストではなく、元国務次官補であるため、日本国民の関心を呼び、問題を深刻にしている。日本側としては米側に照会せざるをえない」

大使「米政府が何らかの反応を見せるとかえって相手の立場を有利にするおそれがある」

首相「日本では『ノーコメント』は肯定を含み得るのであり、場合によっては、肯定に近いことを意味する場合すらある」
大使「CIAの問題については、核政策と同様に否定も肯定もしないとの立場だ」
首相「問題はちょっと違うように思う」
大使「総理の言わんとしていることは分かる」

ここで三木は話の方向を変えた。

首相「国会開会中に国務省が報道関係者から取材を受けた場合、日本側にはまだ回答を与えていないとの線で応答してほしい。『ノーコメント』の回答はまだ外には言わないでほしい」
大使「できる限り協力したい」

三木は米政府に口裏合わせを依頼したのだ。

大使「なお、米政府の元高官の中には現政権と立場を異にするため、自分の政治的立場を有利にする目的でいろいろと発言する者がいる。これら発言は、日本で問題を起こそうとするものではなく、米政府にとって問題となることを目的とした政治的意図を有しており、事実を述べたか否かは別問題である」

首相「しかし、日本の政治家にカネが流れたという話はどうしても日本の政治問題とならざるを得ない」

米側の記録によれば、ホジソンは「日本政府は、でたらめの無責任な主張を事実と見誤るべきではない」と三木に言った、とされている。

三木とホジソンの会談は、日本の記録によれば、約一時間、米国の記録によれば、七〇分に及んだ。

結局、三木政権下では、ＣＩＡが日本の政治に関与した疑惑はうやむやとなった。

自民党への資金援助、二〇〇六年に公式確認

七六年三月一三日、児玉は所得税法違反（脱税）の罪で起訴された。ロッキードから受け取ったコンサルタント報酬を税務申告せず、所得を隠したというのが起訴事実の骨格で、ロッキード事件の起訴第一号だった。

その公判廷で、七八年一二月一四日、児玉の弁護人は終戦直後の児玉の活動について次のように陳述した。(41)

「児玉は当時、海軍省から処分を一任されていた児玉機関の資産を、天皇制護持を唯一の条件として、新生日本の民主政党創設の資金に拠出したが、巣鴨拘置所出所後、三木武吉の知遇を得て政界人と交わり、同志の志をいささかでも政治に反映させようと努めた」

児玉は、戦後保守政界の影のスポンサーだったことを公の場で認めたのだ。

八四年一月、児玉は死んだ。判決は言い渡されることなく、被告人死亡を理由に起訴は棄却された。

ロッキード社から児玉に渡ったとされる二一億円とも言われる巨額の資金について、その全額が本当に児玉の手元に来たのか、それが最終的にどのように使われたのかは不明のままとなった。

首相となっていた中曽根は首相官邸で記者団から感想を聞かれ、「心から哀悼の意を表します」とだけ語った。(42)

その後、ロッキード事件の発覚から一八年余りを経た九四年一〇月九日、「CIAは日本の右派を支援するため五〇年代、六〇年代に数百万ドルを使った」という見出しの記事がニューヨーク・タイムズに掲載された。(43)

調査報道記者として知られるティム・ワイナーが、引退した元情報機関職員や元外交官の話をもとに、「ＣＩＡは、日本に関する情報を集め、日本を共産主義に対する防波堤とし、日本の左翼を害する目的で、自民党やそのメンバーに資金を供与した」と指摘し、その事実と根拠を初めて具体的に明らかにしたのだ。

二〇〇七年、ＣＩＡの裏工作の歴史を内部文書と当事者へのインタビューに基づいてつづったワイナーの著書が米国で刊行された。翌二〇〇八年、日本語に翻訳され、文藝春秋から『ＣＩＡ秘録』と題して出版された(44)。

そこに児玉のことが記されている。

「児玉は朝鮮戦争中に(中略)ＣＩＡの資金援助を受けて大胆な秘密工作をうまくこなした」

「児玉は資産の一部を日本の最も保守的な政治家に注ぎ込み、それによってこれらの政治家を権力の座につけることを助けるアメリカの工作に貢献した」

ロッキードについても記されている。

「ＣＩＡは一九四八年以降、外国の政治家を金で買収し続けた。しかし世界の有力国で、将来の指導者をＣＩＡが選んだ最初の国は日本だった」

「岸は、ＣＩＡの援助とともに、支配政党のトップに座り、日本の首相の座までのぼりつめる」

「ＣＩＡと自民党の間で行われた最も重要なやりとりは、情報と金の交換だった。金は党を支援し、内部の情報提供者を雇うのに使われた。CIAは(中略)信用できるアメリカのビジネスマンを仲介役に使って協力相手の利益になるような形で金を届けた。こうした仲介役のなかに、ロッキード社の役員がいた」

二〇〇五年、児玉に関するCIAのファイルの秘密指定が一部解除された。「日本帝国政府情報公開法」という米国内法に基づき、各省庁の高官が参加して作業グループが設けられ、一九九九年以来、精力的に秘密指定解除にあたったという。(45) 二〇〇七年一〇月二三日、米国立公文書館からその旨が発表された。(46)

米議会上院で児玉とロッキード社の関係が暴露される六日前の七六年一月二九日付でCIAがまとめた経歴資料がその中にあった。

「児玉誉士夫は、日本で最もパワフルな男の一人である。与党・自民党の結党を助けた。数人の首相の指名に参加した」

「児玉は、戦時中に蓄えた富と名声によって、戦後政治に大きな役割を果たすことができた。児玉は、親友である佐藤栄作、岸信介、鳩山一郎の政治キャリアを押し上げるのに大きな影響を与え、その全員が首相になった。一九六〇年代中盤、児玉は日韓関係の正常化に深く関与した。一九七三年に、金大中《キムデジュン》拉致事件で日韓関係が混乱に陥ったとき、自民党指導者の中曽根康弘が危機解決策を求めたのは児玉誉士夫だった」

韓国の野党の有力者金大中が東京都内のホテルで拉致された事件では、韓国当局の関与が強く疑われた。中曽根や児玉がその収拾にあたったと、この経歴資料は特に根拠を示すことなく指摘している。

二〇〇六年七月一八日、米国務省の歴史担当官は史料集『合衆国の外交』第二九巻第二部を刊行し、その中で初めて、CIAによる対日工作の存在を公式に確認した(47)。

米政府は一九五八年から六八年にかけての一〇年間に、「日本の政治の方向に影響を及ぼそうとする秘密のプログラム」として「アメリカ寄りの数人の保守政治家への財政的支援」を含む四つの作戦の遂行をCIAに許可していた――。

史料集の「編集ノート」の冒頭にそう書かれていた(48)。

第七章

日本に米国製兵器を売り込むために

戦後日米関係「逆コース」主導者が
ホワイトハウスに手紙

「自民党福田派の破滅と
自民党政権の崩壊があり得る」

「米国の安全保障上の利益に
害悪でしょう」

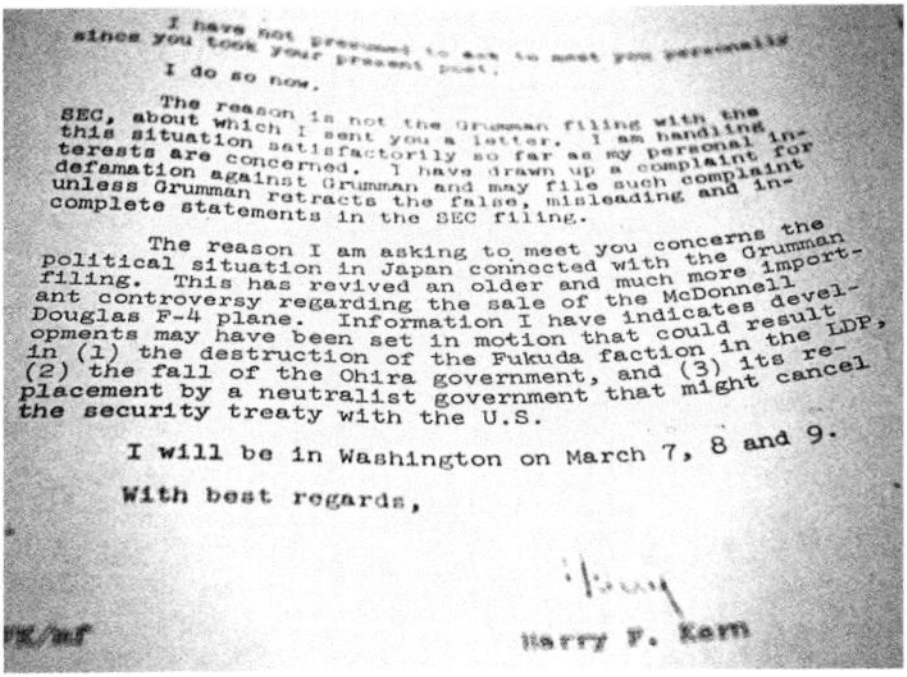

I have not presumed to ask to meet you personally since you took your present post.

I do so now.

The reason is not the Grumman filing with the SEC, about which I sent you a letter. I am handling this situation satisfactorily so far as my personal interests are concerned. I have drawn up a complaint for defamation against Grumman and may file such complaint unless Grumman retracts the false, misleading and incomplete statements in the SEC filing.

The reason I am asking to meet you concerns the political situation in Japan connected with the Grumman filing. This has revived an older and much more important controversy regarding the sale of the McDonnell Douglas F-4 plane. Information I have indicates developments may have been set in motion that could result in (1) the destruction of the Fukuda faction in the LDP, (2) the fall of the Ohira government, and (3) its replacement by a neutralist government that might cancel the security treaty with the U.S.

I will be in Washington on March 7, 8 and 9.

With best regards,

Harry F. Kern

ブレジンスキー補佐官にハリー・カーンが送った
1979年3月1日付の手紙(ジョージア州アトランタ
のカーター大統領図書館)

一九七九年(昭和五四年)三月一日、ハリー・カーンは国家安全保障担当の大統領補佐官、ズビグニュー・ブレジンスキーに手紙を書いた。

カーンが主宰するニュースレター「フォーリン・リポーツ」のレターヘッドの入った用紙に一枚、簡潔にカーンの文章がタイプされている。

その文章の後半に「日本の政治状況」に関するカーンの懸念が三つ、列挙されている。

(1) 自民党福田派の破滅
(2) 大平政権の倒壊
(3) 日米安保条約を解消するかもしれない中道政権への交代

ハリー・カーンは、戦後間もなく、アメリカが占領下の日本をどのような国につくりかえていくか、その政策を決めるのに関わった影の大物として、知る人ぞ知る存在だった。マッカーサー将軍の連合国軍総司令部(GHQ)による占領初期の進歩的な政策、たとえば、農地解放、財閥解体に異論を唱え、共産党が伸長する日本の実情をワシントンに伝え、米政府の対日政策を「逆コース」へと転換させるのを主導した。以後、日本と米国の保守政界を行き来し、両者を仲介する役割を果たした。日本を「反共の砦」「対ソ連の不沈空母」に育てる足がかりをつくった。

七九年三月一日当時、そのハリー・カーンは日米にまたがる疑惑の渦中の人となっていた。三年前のロッキード事件が再来したかのように、米国の航空機メーカーのマクダネル・ダグラス社とグラマン社から日本に「黒いカネ」が流れたとの疑惑が前年一二月一四日と年明けの一月四日に相次いで米国で明るみに出て、三月一日当時、「ダグラス・グラマン事件」の激震は引き続き日本の政界を揺るがせていた。

ロッキード事件の刑事責任追及では、民間航空会社である全日空への旅客機の売り込みが問題となった。一方、ダグラス・グラマン事件では、日本政府への軍用機の売り込みが問題となった。カーンは日米の政界への人脈を生かし、グラマン社のコンサルタントとしてその売り込み工作に関わった。それが世間の関心の的だった。

しかし、七九年三月一日、手紙の中で、六七歳のカーンは「私個人の利害に関する限りでは、これまでのところ、この状況を満足できる形で制御してきた」と強がるように振り返っている。そのうえで、カーンは手紙の中で、より大きな問題を提起している。

カーンによれば、事態が発展していくことで、前首相の福田赳夫だけでなく、元首相・岸信介や現首相・大平正芳にも累が及ぶ恐れがある。そうなると、大平の政府は倒れ、一九五五年の結党以来初めて自民党は下野することになる。代わりに、三木武夫を首班とする中道連立政権が樹立され、日米関係は見直され、米国の国家安全保障に悪影響が及ぶ結果となりうる。

それはホワイトハウスへの警告というより、むしろ脅しに見える。

アメリカ製の兵器を日本政府に買わせるために、日米の政府首脳ら政治家や官僚がどのように動き、それに、カーンがどのように関わったのか。秘密指定解除が進む米側の公文書に今、その断片が浮かび上がろうとしている。

国際収支の不均衡を改善するために

戦争で破壊された狭い国土に過大な人口を抱え、資源の乏しい日本が経済大国に発展することができたのは、ひとえに、米国の助けがあったからだ。すなわち、米国は日本のために、軍事費を肩代わりし、米国の市場への参入を許し、国際機関への参画を支援した――。一九六九年五月、ニクソン政権のホワイトハウスのスタッフたちはそう分析した(1)。

戦後、日本経済が復活の芽をつかんだのは、一九五〇年六月に勃発した朝鮮戦争による「特需」だった。ニクソン政権のスタッフの分析にそう書いてあるわけではないが、日本は、北朝鮮と戦う米軍の後方支援拠点となり、米軍は、日本国内で大量の物資を買い付け、また、発注した。米軍の支払いによって日本は潤った。

休戦によって特需がなくなると、一時的な不況に陥ったものの、日本経済はやがて高度成長、所得倍増の時代に入る。六〇年代後半、日本は、米国の市場で製品を売りまくり、対米貿易の黒字を増大させた。

一方、米国はベトナム戦争の泥沼に引きずり込まれ、軍事支出が急増した。日本は、最前線のベトナムの後方にあって米軍の一大拠点であり、ニクソン政権の分析によれば、日本での米国の軍事支出は五億七〇〇〇万ドル(二〇〇〇億円)に達した。それもあって日米二国間の国際収支で米国は赤字に陥り、その赤字幅は六八年、一〇億ドル(三六〇〇億円)に上った。

日本もまた、自衛隊を増強し、米国製の兵器の購入を増やした。六六年に二八〇〇万ドル(一〇〇億円)、六七年に五〇〇〇万ドル(一八〇億円)、六八年に七七〇〇万ドル(二七七億円)と、その伸びは急ピッチだった。しかし、赤字を埋めるにはまったく足りず、焼け石に水の水準でしかなかった。

こうした事情があったことから、六九年一月発足のニクソン政権にとって、日本にさらに軍事費を分担させ、国際収支の不均衡を改善することが喫緊の課題だった。

グラマン社のE2早期警戒システム

日本に軍事費を負担させるための米政府の具体策の一つが、米国製の早期対空警戒システムを日本の航空自衛隊に配備させることだった。

国務省の資料によると、(2)ニューヨーク州の航空機メーカー、グラマン社が設計・製造する「E2早期警戒システム」は、航空機搭載のレーダーを使うことで、地上のレーダーによる監視の範囲を数百キロ遠くまで広げられる。地上のシステムが機能しないときには、空から迎撃を指示する能力もある。おわん型の容器にレーダー装置を入れ、それを航空機の背中の上に載せ、日本の周辺に終日飛行させれば、低空で侵入してくる敵機をすばやくキャッチできる。〝空飛ぶレーダーサイト〟と呼ばれる。

グラマン社が国務省のために見積もったところによれば、支払いの額は、一五機を使ったシステムでは二億四四〇〇万ドル、三〇機では四億一二〇〇万ドルになる。

グラマン社の副社長でその国際販売子会社グラマン・インターナショナルの社長でもあるトーマス・チータムは一九七〇年三月、国務省に東アジア担当の副次官補を訪ね、同社製のE2早期警戒機とF14戦闘機の売り込みの状況を説明した。(3)チータムによれば、日本政府の複数のトップ高官に段階的なプログラムを持ちかけたところ、前向きな反応があった。七〇年代前半の第一段階では米国で生産された三二機を四億ドルで日本政府が購入する。第二段階では日本製の部品を使って日本の下請けで組み立てることを念頭に置いている。

ところが、防衛庁長官の中曽根康弘は七一年四月、早期警戒機について、グラマンE2を輸入するのではなく、日本独自のシステムを開発し、国産にするとの「裁断」を下したと報じられた。四月二日、朝日新聞で「早期警戒機、4次防見送り」「輸入せず自主開発」との見出しで報じられた(4)。

米大使館が防衛庁幹部に問い合わせたところ、記事は正確だった。中曽根の「裁断」は防衛庁の背広組の官僚らの判断に基づいていた。

防衛庁に対するグラマン社の説明によれば、一五〜二〇機の警戒機を運用するE2システムを完成させるためには三〜四億ドル(一〇八〇〜一四四〇億円)もの莫大な費用がかかる。航空幕僚監部の制服組の幹部は、第四次防衛力整備計画(七二〜七六年度)にシステムの一部を五機ほどで運用する案を盛り込む方向で提案したが、内局の文官らは「中途半端だ」としてこれを受け入れなかった。第五次防衛力整備計画(七七〜八一年度)にE2購入を盛り込む選択肢も、米国でのE2生産が終了しているだろうとの理由で、退けられた。

四月八日、駐日大使のアーミン・マイヤーは蔵相の福田赳夫と昼食をともにした(5)。マイヤーは中曽根の「裁断」を取り上げて言った。

「米日関係はいま、経済的な問題で緊張状態にあります。日本がその国際収支の黒字を使って必要な品目を米国から購入すれば、お互いのパートナーシップの助けになるでしょう」

福田は早期警戒機の問題にあまり詳しくない様子だった。閣僚レベルの国防会議での正式な決定は晩秋以降に予想されていたが、蔵相が防衛庁の決定に拒否権を発動するのは難しそうだった。

マイヤーは「日本が大きな防衛産業を育てることは、現時点では、日本のイメージに良くないでしょう」とも指摘した。

夏の内閣改造で中曽根が防衛庁長官を外れれば、その後任によって中曽根の「裁断」が再考される可能性が残っていた。

「米軍のコストの相殺や、米日貿易不均衡の問題は、中曽根の裁断にあたって考慮されなかった」として、マイヤーは「より広い問題を考慮することの重要性を日本政府に指摘し続ける」と国務省に報告した。(6)

中曽根の「裁断」について、二カ月余り後の六月一五日、米大使館は「必ずしも決定的ではなく、最終決定は今も変更される余地がある」との見方を紹介する公電を国務省に送った。(7)「この問題は政治と絡み合っているとの印象を大使館は抱いている」と、首席公使のリチャード・スナイダーは報告した。

大使館の報告によれば、グラマンは、レーダーをより高性能なものとし、契約の条件も日本により有利なものとする譲歩をする意向を固めた。ただし、中曽根が内閣改造で防衛庁を離れると予測し、それを待って、その譲歩を日本政府に提案する方針だった。

予想どおり、その年の七月五日、内閣改造があり、中曽根は防衛庁長官を退任。福田が外相となった。早期警戒システムへの対応は再び検討し直される見通しになった。

産業界の反対を乗り越えるための外圧

一九七一年後半、日本が米国からの兵器購入を増やすとの見通しが頻繁に米政府に報告された。

- 防衛費を削減するため、日本国内で開発した装備ではなく、安い値段で買える米国の既製品を購入しようという動きがある。たとえば、練習機。ノースロップ社のF5を購入すれば、国内で開発を進めてきたT2より約六〇%も安くて済む。
- 日本における年間五億ドル(一八〇〇億円)の米国の国防支出を相殺するため米国の装備を購入しようという動きがある。
- 七二年に予定されている沖縄の返還に必要とされる装備の調達を促進しようという動きがある。たとえば、RF4偵察機やE2早期警戒機は沖縄の防衛に必要だと考えられた。

外相の福田は九月一〇日にワシントンで米国防長官のメルビン・レアードと会談した際、米国からの装備購入を増やす方針について日本政府内部にコンセンサスができていると述べた。ただし、「これが公になると、日本でこれに反対する者が大変な困難を引き起こすでしょう」と付け加えた。(8) レアードは「値段は防衛庁に魅力的なものになるでしょう」と述べ、購入増の方針を歓迎した。

ところが、米側から見ると、その年の暮れになっても、日本政府は具体的な動きに遅々として進まなかった。日本国内では産業界に後押しされて「装備の国産化」を求める意見が根強く、それが米国からの輸入の壁になっているようだった。

米国防総省の安全保障援助庁がレアードのために用意した一二月八日付の資料によれば、(9) 日本政府の新年度予算案と第四次防衛力整備計画の概要がまとまろうとしているのに、日本が米国製の兵器を購入するとの確たる証拠は何もなかった。

米国防総省はしびれを切らしていた。もし日本がF5練習機を購入すると決定すれば、ノースロップ社は生産ラインと労働者の雇用を維持することができる。それに加えて、外圧が必要だとの声が日本側からも聞こえてきていた。

「複数の根拠によれば、防衛庁は、日本の強力な産業界の反対を打ち負かして、米国の装備の調達や共同生産を増やす観点から、米国からのシグナルを必要とし、歓迎しているのかもしれない」

安全保障援助庁は国防長官のレアードにそう進言した。

一二月一五日、レアードは、日本の防衛庁長官に三日に就任したばかりの江崎真澄に手紙を書いた。

「国防総省は、両国政府に好都合な決定となるよう、あなた方を支援する用意があります。防衛庁が費用対効果の良い判断をできるよう、喜んで私のスタッフを差し向けて、お手伝いさせます」

それはいわば直訴状だった。外相の福田には別途、国務次官のアレクシス・ジョンソンから江崎あての手紙の文面が伝えられた。[10]

江崎は一二月二八日付で返書をレアードに送った。[11]

「そのうちに徹底的な検討をしたいと思います。その結果は牛場大使を通じてお知らせします」

サンクレメンテ首脳会談を前に

年が変わって、七二年一月、日本の首相・佐藤栄作との会談を前に大統領のリチャード・ニクソンのためにホワイトハウス内部で概要説明資料「ブリーフィング・ブック」が通例どおりに用意された。[12]そこでも米国の兵器を日本に購入させる必要性が強調された。

ブリーフィング・ブックによれば、日本国内に米軍基地を維持することによる米政府から日本側への支払いは年間六億五〇〇〇万ドルに及び、国際収支を悪化させていた。一方で、米政府は「我々が日本で軍事費を支出していることによる国際収支の赤字を直接補償するよう日本に依頼するのは得策ではない」と考えた。

日本国内で支出しているとはいえ、それらのうち日本の防衛に直接関係しているのはごく一部。大部分は、アジアの他の地域での米軍の活動に必要な物資の調達や修理に充てられていた。

「在日米軍は、日本本土を防衛するためにそこにあるのではなく、韓国、台湾、東南アジアの防衛のためにある」

その上さらに、国務省の見方によれば[13]、日本の防衛費用や、アジアにおける米国の安全保障の努力への日本の財政的貢献は、一般に信じられているより、はるかに大きい。さらに、「日本における米軍とその基地の存在は、日本自身の選択ではなく、米国の行動によって日本を戦争に巻き込む可能性があり、日本にとって大変な危険を構成している」

にもかかわらず、その支出を日本に肩代わりさせようとすれば、日本国内で政治的な議論となり、日米関係を害する恐れがあった。「ブリーフィング・ブック」は代わりに次のように「費用を分担するための方策」を大統領に示した。

「我々は、日本による高性能の防衛装備の購入を支援するのをいとわない。それは、日本の防衛能力を増大させ、また、国際収支不均衡の問題を大きく改善するのに役立つだろう」

日米の国際収支の不均衡、すなわち、日本とアメリカの間でのおカネのやりとりのアンバランスを改善するための方策として、米政府は、米国の航空機メーカーが製造した軍用機の購入をより強力に日本に働きかける。

「日本が一九七二年から七五年にかけて、米国製の国防装備の購入の水準について、現在の年間一億ドルを一億八〇〇〇万ドルから二億ドルの範囲に引き上げ、トータルで一〇億ドルとすることを我々は期待している」

それまでの支払いをほぼ倍増させてほしい、というのだ。

「ディフェンス・バードン・シェアリング」、すなわち、防衛の一部を日本に分担させることによって国際収支の不均衡を好転させる狙いだった。

「ブリーフィング・ブック」の「防衛支援支出」のページの最後に、日本に購入させたい米国製の国防装備の具体的な品目が列挙された。

ノースロップF5練習機、グラマンE2早期警戒システム……。

大統領みずからノースロップF5をセールス

七二年一月七日午前、太平洋に面した西海岸の街、カリフォルニア州サンクレメンテにある「西のホワイトハウス」で開かれた日米首脳会談で、「日本は防衛装備を米国から調達しなければならない」と最初に言及したのは、米側の記録によれば(14)、ニクソンではなく、佐藤だった。

米ソ軍縮交渉に関する話の流れの中で、佐藤は、共産陣営に対する自由陣営の側の抑止力をどのくらい優勢に保つべきかニクソンに質問した。それに関するやりとりが終わりかけたところで、佐藤は、日本が米国製の兵器類を購入すれば、貿易収支のより良い均衡に資する、と述べた。

ニクソンはこれに同意しつつ、貿易不均衡のスケールは莫大だと強調した。そして、具体的な機種を挙げた。

「日本がノースロップのF5ジェット練習機を購入すると決めてくれれば、もっとも有益でしょう。どの国も自分自身で航空機をつくりたがりますが、F5はベストで、かつ、費用も安い」

ノースロップ社は、ニクソンの地元、カリフォルニア州に本社を置く航空機メーカーだ。ノースロップ社がニクソンのためにその再選委員会に違法に献金したことがウォーターゲート事件の捜査で発覚するのは二年余り後の七四年春のことで、七二年一月当時は疑惑は浮かんでいなかった。

ニクソンはさらに在日米軍に触れた。

「米国内の政治状況からすると、日本が、直接・間接を問わず、米国製品の購入や在日米軍への財政的な支援を決めてくれれば、とても有益でしょう」

佐藤は、通産相の田中角栄と米財務長官ジョン・コナリーの名前を挙げて、「田中通産大臣とコナリー長官との間で検討してくれているものと思います」と答えた。

続けて佐藤は「自衛隊の機材は老朽化しており、買い替えの時期が到来しています」と述べた。米国製の防衛装備の購入に意欲的な姿勢をほのめかしたといえる。

午前一一時、日本の外相・福田赳夫と米国務長官ウィリアム・ロジャーズが首脳会談に合流すると、F5の議論が再開された。日本がF5を購入すれば、それはニクソンの地元のカリフォルニア州にとっては大きな意味を持つ。

福田はF5の購入に慎重だった。

「日本はすでにT2プログラムに多大な投資をしています」

三菱重工業が製造したT2練習機は前年に初飛行を成功させ、2号機も完成していた。福田はそれを指摘し、「いま止めるのは難しい」と述べた。

ロジャーズは、グラマン製の航空機の購入の話も持ち出した。福田は「それは別の話ですので、再検討してみます」と答え、グラマンについては前向きな姿勢を示した。

F5についてロジャーズはなお粘った。

「F5はお勧めできるところがとても大きい。値段が安い。すぐに使える。それに、これを購入すれば、我々(米国)の日本での国防支出を相殺するのに役立ちます」

これに対して、前蔵相でもある福田は国内事情を説明し、検討を約束した。

「大蔵省は値段が安いほうがいいと信じています。他方で、防衛庁は、すでに二機のT2航空機を完成させており、たとえ費用がかかっても、日本独自の航空機産業を育てる方策として、自分自身のプログラムを好ましく思っています」

ロジャーズは提案した。

「過渡的な措置としてF5を買ってはどうですか。T2の国内生産はおそらく間に合わないでしょうから」

福田は「この議論は企業たち自身に任せるのがいいと感じます」と引き取った。

「政治指導者たちが取り上げる事項だとは私は思いません。私自身が財政の観点から再検討してみます」

米側は福田のこの発言について、日本企業とノースロップの共同事業として生産するのならば、F5を購入してもいい、というシグナルだと受け止めた。しかし……。

F5購入見送りに米政府は「失望」

五日後の一月一二日、日本政府から新年度の防衛予算案が発表された。Ｆ５の購入は含まれておらず、従来どおり三菱製のＴ２を購入する方針のままだった。

「サンクレメンテ会談での強い働きかけにもかかわらず、日本の七二年度防衛予算案はノースロップＦ５の購入費用を含んでいない」

米国の駐日大使マイヤーは、一三日、国務長官のロジャーズにさっそく経緯を報告した。その公電によると、[15]外相の福田は、この決定を覆すため、首相の佐藤に話を上げるなど最後まで努力を続けた、という。福田は、そのことを国務長官に伝えてほしい、と大使館に依頼してきた。

国内生産のＴ２を採用するとの決定は、その生産にあたる三菱やその他の国内企業からの「とても強い圧力(very strong pressure)」の下でくだされた。福田によれば、防衛庁には、日本初の軍用ジェット機の開発への強いこだわりがあり、また、これまでのＴ２への巨額投資がＦ５の購入で無駄になるとの懸念もあった。

福田はロジャーズに、決定を覆せなかったことを遺憾としたうえで、「サンクレメンテで申し上げましたとおり、グラマンの早期警戒機の購入の見通しはより明るい」と伝えた。

一四日、国務長官のロジャーズは福田への返答を駐日大使に託した。[16]

「日本政府の七二年度予算案にＦ５購入の費用が含まれなかったのには失望しました

が、サンクレメンテであなたがグラマンの早期警戒システムの取得はより望みが大きいと私に言ったことは心に留めておきます。グラマンのシステムに関する決定に接するのを楽しみにしています」

続けて一八日、駐日大使のマイヤーは国務省に、防衛装備に関する日本の購入検討状況を個々の品目ごとにその数とともに報告した。(17)

「可能性がある新しい品目」として、戦闘機のF4やF14の偵察機バージョンが挙げられた。

「国内生産と第三国からの輸入」の「新しい品目」の筆頭には、「ロールス・ロイスのアドーア・エンジンを二つ使ったT2練習機が米国製のF5を押しのけて選ばれた」と記載された。ロールス・ロイスは英国の工業メーカーだ。しかも、防衛庁はT2を対地支援戦闘機に改良するつもりだった。「このとても儲かるジェットエンジン市場に第三国が参入することは特筆されるべき」と大使は指摘した。

「研究開発と原型段階のプロジェクト」には三つの品目が列挙され、その一番目に「早期警戒機の設計」があった。この予算は大幅に削減された。グラマン社の担当者はこれについて「防衛庁は、国内生産ではなく、グラマンのE2を選ぼうとしていることを示す好ましいサインだ」と受けとめ、そう米大使館に伝えた。

「次期対潜哨戒機の設計」についても予算が削減された。米国メーカーにとっては、ビジネスの良い対象だとマイヤーは指摘した。「米国の航空宇宙工業界にとっては大事な機会になるだろう。大きなプロジェクトであり、よく見ていく必要がある」

Ｆ５練習機と新しい支援戦闘機のエンジンを英国メーカーに奪われたのはかえすがえすも残念だが、早期警戒機と対潜哨戒機は何としても米国メーカーの受注を成功させよう、という意気込みがあふれた報告だといえる。

七二年夏——田中政権発足

七二年八月八日、米国家安全保障会議（ＮＳＣ）で国際経済問題を担当するロバート・ホーマッツからＮＳＣ事務局トップのキッシンジャーにあてて三ページのメモが提出された(18)。

そこには、同月末にハワイで予定される日米首脳会談への準備状況のうち「貿易面」がまとめられ、貿易収支をできるだけ均衡に近づけるため日本が米国から購入するべき具体的な品目や金額の案が「パッケージ」として示された。

「一億ドルから二億ドルの米国製航空機を購入する意向を示す文書」や「新しく米国内に建設されるウラン濃縮施設におおよそ五億ドルを投資するとの約束」などが列挙され、それらに加えて、終わりのほうに「米国内からの国防調達」との項目がある。

「これは向こう数年間、顕著に増える可能性がある。日本は今、だいたい一億ドル相当の防衛装備を米国で購入しているが、これを二億ドルに増やすと約束できるだろう」

ただし、これをハワイ会談で発表するにはセンシティブな問題があった。

「防衛予算は(日本では)微妙な政治問題であり、我々がそれを増やすように日本に圧力をかけていると見られるべきではない。しかしながら、もし日本が防衛予算を増やす意向であるのならば——日本は防衛予算を増やすと示唆している——、その増加分の防衛装備は米国で購入するのが有益だろうと慎重に指摘するのは全く問題ない。これについては、共同声明の枠外で日本によって公表されるのが最良だろう」

同じころ、日本の新しい首相・田中角栄は米側の期待を分かっていたようだ。

八月一九日、長野・軽井沢の万平ホテルで、田中はキッシンジャーと会って日米貿易不均衡の解決を話し合った際、防衛装備の購入を増やすことができるか検討するよう当局者に指示したと明かした。(19)

「これは今、七億ドルの範囲と見積もられていますが、それを、たとえば、八億五〇〇〇万ドルにする。もしこれを約束として、三月末までに統計に表れるようにせよ、と言うのならば、それは不可能です。私が言っているのは、たとえば五年間の範囲で達成可能だということです」

キッシンジャーはこれに満足したようだった。

「私たちはこの問題に友好の精神で臨みましょう。そして、あなたがそうしてきているように、具体の精神で臨めば、解決できると私は確信します」

「ニクソン再選運動にも寄与する」

グラマン・インターナショナル社長のチータムは七二年八月一八日、ニューヨーク州知事のネルソン・ロックフェラーに手紙を書いた。

「ニューヨーク州の経済的な健全性を大きく助け、米日の貿易バランス問題を是正し、したがって、ニクソン再選運動にニューヨーク州でも全米でも寄与するであろう三億ドルのプロジェクトにご注目を頂きたくこの手紙をしたためました。そのプロジェクトとは、グラマン社のE2早期警戒システムを日本の防衛庁に売ることです」

手紙には、「日本へのE2のセールスの経済効果」と題する表が添えられていた。予想される収入だけでなく、連邦政府、州政府それぞれの税収見込み額、生み出される雇用の数が具体的に示されている。

「日本の航空自衛隊は一九七二年度にこれを購入すべきだと希望しました。日本政治の内部検討は佐藤の後継者の周囲で進められており、『佐藤後』の時代が始まったことで、決定には至りませんでした。その後、国内政治上の検討はソフトになってきており、八月末のハワイ会談で、ニクソン大統領が田中首相にE2の議論を持ちかければ、日本の決定はほぼ確実です」

ロックフェラーは、何度も大統領候補に擬せられたことがある共和党の有力政治家で、のちに七四年にフォード政権で副大統領に就任する。国家安全保障担当の大統領補佐官として外交を取り仕切るキッシンジャーは、ホワイトハウス入りする前、ハーバード大学教授だった六八年に外交顧問としてロックフェラーに仕えた。そのため、ロックフェラーはキッシンジャーを「ヘンリー」と呼び、キッシンジャーはロックフェラーを「ネルソン」と呼ぶ間柄だった。[20] そのロックフェラーの人脈と政治力に期待しての手紙だった。

実際、ホワイトハウスの日誌によると、[21] ハワイ会談を目前に控えた八月二〇日夕、ロックフェラーはニクソンに電話をかけ、二三日昼に今度はニクソンからロックフェラーに電話をかけた。そこで何が話し合われたかは定かではないが、グラマンE2のことが話題に上った可能性は十分にあるだろう。

ハリー・カーン

今はメリーランド州カレッジパークの国立公文書館に所蔵されている米国務省日本部長の文書ファイルの中に「グラマン」というタイトルのフォルダがある。[22] ロックフェラーへのチータムの手紙も今はそこにある。

そのフォルダの中には、たとえば、日本の首相あての手紙の下書きがある。グラマン社のE2システムの購入の利点を説明する文面となっている。実際にそれが送られた形跡はないが、国務省内部で検討されたのだろう。

そのフォルダの中に、「バックグラウンドグラマン早期警戒システム(E2)」と題された紙がある。二枚の紙に日本の有力政治家のE2への態度が紹介されている。

福田。「彼はサンクレメンテ会談で、国務長官ロジャーズからE2の問題を聞いており、四月には個人的に、日本はE2を購入するだろうと確約した。七月には、自主的にこれを再確認し、新しい防衛庁長官にもそれを強く働きかけると約束した」

佐藤。「彼は、日本は米国からE2を購入すべきだと感じている。依頼があれば、新首相の田中にもそれを伝える」

中曽根。「防衛庁長官として、日本は独自の早期警戒システムを研究・開発し、構築するとの政策を主導した。これは、実践的な動きというよりも、政治的だと広く考えられている。通産相としての中曽根は今や、国内生産よりも、E2システムを購入するほうを好んでいると報じられている」

この資料の末尾に作成日付として七二年八月一〇日とタイプされており、その左横に「HFカーン」とある。この資料の作成にハリー・カーンが関わったことを示しているのだとみられる。

ハリー・カーンは、鳩山一郎や岸信介らに対する公職追放の解除、自衛隊の創設、日米安保条約の締結など「逆コース」に沿った戦後日米関係を創出した黒幕だった。

日米戦争が続いていたとき、カーンは、米国の有力誌『ニューズウィーク』の編集者となり、終戦の際に外信部長に昇進した。占領下の日本を何度も訪ね、ニューズウィーク東京支局長のコンプトン・パケナムとともに、一九四七年(昭和二二年)、日本の民主化を進めるマッカーサーに批判的な記事を『ニューズウィーク』誌に載せ始めた。「アメリカ対日協議会」を結成し、ワシントンでロビー活動を展開した。日本に産業を再興するのを手助けし、米国の対日政策の形成に関わろうとした。

占領下の日本で、カーンとパケナムは、マッカーサーを外して、日米の保守政治家の間を取り持ち、昭和天皇とワシントンをつなぐ役割をも果たした。

五〇年(昭和二五年)六月二二日、渋谷・松濤町のパケナムの自宅で、米国務長官顧問・大統領特使のジョン・フォスター・ダレスを宮内庁の式部官長・松平康昌に引き合わせた。(23) 二〇一一年に出版された青木冨貴子著『昭和天皇とワシントンを結んだ男「パケナム日記」が語る日本占領』(新潮社)によれば、昭和天皇は松平を通じてダレスにメッセージを寄せ、ワシントンに直接つながるパイプをつかんだ。(24) 五一年(昭和二六年)二月六日には、帝国ホテルで、カーンとパケナムが手引きして、公職追放中の鳩山一郎をダレスに紹介し、[25]鳩山がのちに政界に復帰して首相にのぼりつめる手がかりをつくった。

パケナムは岸信介の英語教師でもあった。岸はのちに「半年ぐらい英会話の勉強で一週間に二回ぐらい朝早く私の家へ来てくれていた」とパケナムのことを振り返った。岸の回想によれば、そのパケナムが上司のカーンを岸に紹介し、『ニューズウィーク』に岸のインタビューが載ったことがある。

岸はカーンについて「GHQにもいろんな働きかけを日本のためにやってた男なんですよ」と評価している。[26]「特にあの頃のGHQのスタッフのなかには、だいぶ極端な左がかった連中がいて、パケナム、カーンはそれに対して批判的だったからね」

カーンは、米政府の諜報機関、CIA（中央情報局）とのつながりもあった。

後任の外信部長となったアノード・ボージュグラブによれば、CIAと『ニューズウィーク』との関係についてカーンから引き継ぎのため次のように言われた。[27]

「ひとつ、いっておきたいことがある。五人のストリンガー（契約記者）はCIAトップと特別の取り決めがある」

七七年一二月二七日のニューヨーク・タイムズ紙の記事によれば、[28]一九五〇年代、ニューズウィークの東京支局ではビジネス職の三人がCIAのために働いていた。

カーンがCIA長官だったアレン・ダレスと親しかったのは有名だった。

五六年にニューズウィークを辞めた後のカーンは、「フォーリン・リポーツ」というニュースレターを出し、石油業界などを顧客とするコンサルタントになった。岸の実弟の佐藤栄作の日記にもカーンは頻繁に登場する。[29]それは佐藤が七五年に亡くなる前年まで続いている。

ハワイ会談でE2をセールス

七二年八月三一日、翌九月一日にハワイで開かれた日米首脳の公式会談では国防装備の購入は話題に上らなかった。しかし、九月一日、日米外相会談が終わり、両外相や米国務次官ジョンソン、駐日大使インガソルが立ち去った部屋で、東アジア担当の国務次官補マーシャル・グリーンは、部屋に残っていた日本の外務審議官・鶴見清彦に「グラマンの提案」を持ち出した。[30]

「米日の企業が協力して利益を得ると同時に、米日の国際収支のバランスを向上させられるプロジェクトを両国政府が協力して明らかにする必要があります」

そう前置きすると、グリーンは、グラマンが日本政府にE２早期警戒システムの購入を提案していると指摘した。日本企業との共同生産の可能性にも触れた。

国務省に対するグラマンの説明によれば、日本の防衛庁はE２システムを購入したがっており、七二年一月の日米首脳会談でも、国務長官のロジャーズがE２を取り上げると、外相だった福田はそれに前向きな意向を示した。しかし、通産相の中曽根が防衛庁長官だった七一年に「日本は独自の早期警戒システムを生産するべきだ」と決めていた。グリーンの指摘に鶴見は渋々、答えた。「第四次防衛力整備計画が正式には決まっておらず、それを注視しなければならないでしょう」

第四次防衛力整備計画(四次防)は、七二年度から七六年度までの五年間を対象に計画的に自衛隊の装備を充実させていこうという日本政府の意向を文書にまとめたもので、七二年二月に大綱は決まっていたが、計画の主要項目は未定だった。

ハワイ会談が終わって一九日後の九月二〇日、ニューヨーク州知事のロックフェラーからホワイトハウスに電話があった。

国内担当の大統領副補佐官のバッド・クロウ(31)への報告によれば(32)、ロックフェラーは電話の中で、ニューヨーク州の地元企業であるグラマン社の状況についてホワイトハウスのスタッフと話し合った。ロックフェラーは、E2早期警戒システムについて日米首脳会談の際にスタッフレベルで議論された、と知っていた。ロックフェラーは「二つ、三つの政府契約がグラマンの周りで漂流している」と指摘し、航空宇宙局(NASA)や海軍との契約に並べて、日本へのE2提供を課題に挙げた。

四次防の決定で「国産白紙」「輸入含み」に

四次防が閣議で正式に決まったのはハワイ会談の翌月の七二年一〇月九日だった。中曽根が防衛庁長官だった時代から紆余曲折を経た末の決定だった。

米大使館から国務省への報告によれば、五九機のT2練習機、六八機のT2改良型の対地支援戦闘機、四六機のF4EJファントム戦闘機、一四機のRF4E偵察機の調達が盛り込まれた。T2と支援戦闘機は三菱重工製だが、F4EJとRF4Eは米国メーカーのマクダネル・ダグラス製だ。

早期警戒機と対潜哨戒機の国産については、「白紙」とされ、「こんご米国からの輸入をふくみとして機種を選定することになった」と報じられた。

二日後の一一日、ハリー・カーンが首席公使のトーマス・シュースミスに会いに、東京の米大使館を訪れた。

カーンの話によれば、日本政府は一〇月九日、早期警戒システムの独自開発を継続しないと決定しており、これは、国内生産を掲げた「中曽根コンセプト」の終了を意味する。米政府のもう一押しさえあれば日本政府はグラマンの早期警戒システムを購入することになる、とカーンは言った。

カーンによれば、防衛庁長官の増原恵吉は、前の週の時点で、国務次官補のグリーンに外務審議官の鶴見にグラマンのプロジェクトについて話をしたことを外務省から知らされていなかった。増原は、非公式にグリーンのアプローチについて聞かされた後も、外務省にそれを確認しようとしなかった。

カーンはシュースミスに次のように伝えた。

「近いうちに田中首相にアポを取り、グラマンのプロジェクトについて話をするつもりです」

日本政府にとって、このプロジェクトを進めることは、貿易不均衡を是正する方策の一つとして米国から先端技術を輸入する意向の真剣さを示す大切な機会である、と田中に話すつもりのようだった。

二日後の一三日、カーンから大使館に電話があった。シュースミスがその話を聞き取って、国務省に報告した(36)。

カーンの話によれば、日本政府は、貿易不均衡を緩和するため米国から何らかのハイテク製品を購入する必要があると考え、最終的に、F5練習機とE2早期警戒機のいずれを選ぶかで綱引きがあった。首相の田中と通産相の中曽根はF5を買う方向に傾きかけたが、防衛庁長官の増原は、「F5の購入はT2の生産ラインの閉鎖につながる」「国会で政治的な問題を引き起こす」と懸念した。一方、E2の購入は国内的な問題をつくり出さないと増原は見た。一〇月九日朝、増原は田中を私邸に訪ね、説得し、田中を翻意させた、という。

う。「評価できる立場にない」と本国に伝えた。こうしたカーンの話について、大使館は、真偽を確かめることができなかったのだろ

「政治的圧力を繰り返すと……」

七三年一月一八日、グラマン・インターナショナルの新しい社長、ロバート・タウンゼントとトム・ケインが国務省を訪ね、東アジア担当者に会った。(37)

タウンゼントは、最近まで海軍の提督だったが、退役後、グラマン・インターナショナルの社長になった。いわば天下りだった。東アジアにおけるグラマンの活動を説明するというのが面談の趣旨だった。

「グラマンはE2のプロジェクトでハリー・カーンと一緒に働いていました」

タウンゼントはカーンとの関係を、過去のある時点での状況を示す過去進行形の文法で語った。

ケインは「過去一〇年の日本との関係で学んだ教訓があります」と言った。

「政治的な側面ではなく、技術的な側面をもっと強調すべきだということです。日本では、政治的圧力を繰り返し用いると、効果が減っていく、と感じています」

この報告を読んだ国務次官補のグリーンはケインの言葉の意味について部下に問い合わせた。日本担当のリチャード・エリクソンがこれに答えた。(38)

「ハリー・カーンはグラマンを佐藤、福田らに関わらせようと努力を続けましたが、それは、日本の政治の予期せぬ変化で逆効果になったと見ているようです。カーンは、日本はE2を購入すべきだという福田の言葉に重きを置きすぎていました。福田が首相になれなかったことで、グラマンの人たちは、政治的影響力に頼ることに何か歪んだ印象を抱いたのでしょう」

権力を握る首相の田中にとって、福田は首相の座を争ったかつての敵であり、ライバルだった。元首相の佐藤や岸は福田の後見人であり、田中にとって敵方だった。カーンは岸、佐藤、福田と近い関係にあり、田中はその対極にあった。カーンは田中にパイプを築いていなかった。[39]見込みと異なり、その田中がグラマンE2購入を最終決定する立場となった。

国務省と駐日大使のインガソルは引き続き、米国製の防衛装備を購入するよう精力的に日本政府に働きかけた。[40]七三年七月一九日、国防総省は「レアード長官から当時の日本の防衛庁長官に手紙を書いたのに、我々はいまだ、本当の意味のある返答を得ていない」として国務省に対応をせっついた。

七三年一〇月二四日、グラマンのタウンゼントが国務省で訪日の成果を報告した。それによれば、グラマンの代理店商社、日商岩井の専務、海部八郎は次のようにタウンゼントに述べたという。

「E2については田中首相と議論しました。日本は間違いなくグラマンの早期警戒システムを購入します」

七六年一二月二四日、三木武夫に代わって福田が首相に就任すると、E2導入への動きはようやく具体化した。防衛庁は七七年八月に、E2導入を目指しての研究調査費とロッキード社の対潜哨戒機P3Cの代金を盛り込んだ予算概算要求を国防会議に報告。七八年夏には具体的な運用計画を明らかにした。

ダグラス・グラマン事件が発覚したのはそんな矢先。田中のキングメーカーぶりが発揮されて大平正芳が田中派の支援により自民党総裁選で勝利し、七八年一二月七日、福田が首相を辞任せざるを得なくなった直後のことだった。

米証券取引委の調査で疑惑の支払いが発覚

ダグラス・グラマン事件もまた、ロッキード事件と同様に、米証券取引委員会（SEC）の調査によって発覚した。

証券取引委は七八年一二月一四日、マクダネル・ダグラス社を相手取って不正な支払いの差し止めを求めて裁判所に申し立てた。七九年一月四日にはグラマン社を相手取って同様の申し立てをした。

日本の在米大使館は、グラマン社が公表した報告書の日本関連部分を次のように翻訳

し、外務大臣あての公電で報告した。(41)

「一九六九年に、E2Cを日本政府に売り込む努力との関連で、また、一人の日本政府関係者の示唆により、グラマン・インターナショナルは(中略)日本における販売代理者を変更した。一九七五年、グラマン・インターナショナルの職員は、その販売代理者が、そのコミッション料の一部を(中略)日本におけるコンサルタントとして雇っているアメリカ人に支払い、当該コンサルタントが自己のコミッション料の一部を一人又はそれ以上の日本政府関係者に支払う可能性があるのではないかということを知った」

ここに言う「販売代理者」というのが商社の日商岩井であり、「日本におけるコンサルタントとして雇っているアメリカ人」というのがハリー・カーンであることは明らかだった。

カーンは一月一九日、大統領補佐官のブレジンスキーに「このコンサルタントは明らかに私です」と手紙を書き、(42)以下のように疑惑に反論した。

「グラマンの説明は正確な事実を明らかにしていません。私は、いかなる日本政府高官にもいかなる支払いをしたこともないし、その約束をしたこともないし、そのような支払いを承知していません」

「早期警戒システムを日本に売り込むためのグラマンのコンサルタントとして、私は、岸氏、福田氏らをグラマンの幹部に紹介しました。それは、日本の防衛力を向上させたいと考えたからであり、正当な行動です。私はこれらの行動を一貫して国務省や在日大使館の幹部に報告しました」

二月二三日には、カーンは、日本の国会議員あての自分の声明文をブレジンスキーに送った。

声明文の中で、カーンは、グラマンの報告書について「中傷だ」と批判した。そして、カーンは、歴代首相の吉田茂、鳩山一郎、岸信介、池田勇人、佐藤栄作、福田赳夫、三木武夫の姓を挙げて、知人として情報を提供してきたと振り返った。

「吉田氏とはもっとも親しく、私が訪日するたび、大磯で昼食に招待してくれました。岸氏とも親しくしました。私が日本にいる間、時々、夕食に招待してくれました。岸氏はまた、私を客人として、友人に紹介してくれました」

一九四八年から七八年まで三〇年間の歴代首相の中で、短命だった石橋湛山《いしばしたんざん》を除くと、唯一、田中角栄の名前だけがなかった。

「政権崩壊のリスク」

こうした中で、ダグラス・グラマン事件に関する東京地検特捜部の捜査は急ピッチで進んだ。取り調べを受けていた日商岩井の担当常務、島田《しまだ》三敬《みつひろ》は一月三一日、元首相・田中角栄や元防衛庁長官・松野《まつの》頼三《らいぞう》ら政治家との関係について自白し、翌二月一日朝、自殺した。同月一六日には米証券取引委の非公開資料が東京地検に到着した。

カーンは、大統領補佐官のブレジンスキーにコロンビア大学教授だった当時から面識があった(43)。ブレジンスキーがホワイトハウス入りした後は、多忙なブレジンスキーに配慮してなのか、あえて面会を求めたりはせず、手紙をやりとりしたり、ブレジンスキーの部下と話したりするにとどめていた(44)。

たとえば、七七年五月二六日の手紙では、カーンは、直前の日本旅行で、首相の福田に会ったと報告した。その手紙の中で、カーンは、福田のメッセージとして、「ロンドン(五月に英ロンドンで開かれた先進国首脳会議)でお会いできなかったのは残念でしたが、いつか東京でお会いしたい」との言葉をブレジンスキーに伝えた。現職首相の伝言でさえ、会うのではなく、手紙にとどめたのだ。

しかし、七九年三月一日、このとき、カーンは、手紙でのやりとりではなく、直接の面談を求めざるを得ないと考えた。

息子のナサニエル・カーンによれば、このころ、ハリー・カーンはパニックになっていた。怖がり、悩んでいた。

手紙の中で、カーンは「私が持っている情報は、事態が発展していくかもしれないことを示唆している」と言い、その「発展」の結果、「自民党福田派の破滅」「大平政権の倒壊」「中道政権への交代」「日米安保条約の解消」になりうると主張した。

ブレジンスキーは、部下のニコラス・プラットにカーンに会うようにと命じた。プラットは国務省の元日本部長でそのときは米国家安全保障会議のスタッフだった。プラットの報告によれば(45)、三月八日、プラットはカーンと会った。その際、カーンは次のように述べた。

「自分の汚名をそそぐため、証拠を公開しなければならないかもしれません。その証拠を出せば、日本の一流政治家を巻き込むでしょうし、日本に大きな政治危機を引き起こすでしょう。グラマンE2の売り込みにあたったころに米国大使館の幹部から受けた支援や助言の手紙についても、公表する必要が出てくるかもしれません。必要でなければ、そのようなことはしません。しかし、身のあかしをたてるために他の方法がなければ、公表するでしょう。グラマンの捜査は、マクダネル・ダグラス社のF4の売り込みに関連するもっと深刻なスキャンダルの可能性を明らかにしました」

プラットは「なぜ私にそれを言うのですか」と尋ねた。

カーンは「米政府は状況とリスクを承知しておくべきですから」と答えた。

カーンは次のように続けた。

「私が持っている情報は、元首相の岸と福田、現首相の大平の政治的な名声を傷つけるでしょう。その結果、大平政権は倒れるでしょうし、元首相の三木武夫の下で中道連立政権が樹立される可能性があります。それは米国の安全保障上の利益に害悪でしょう」

カーンは付け加えて言った。

「米政府は、日本の司法に対して捜査を終えるようにと影響力を行使することでそうした危機を防ぐことができるかもしれません」

プラットは「この件はホワイトハウスが扱うのには不適当だと思う」と言った。

「ロッキードスキャンダルでは、米日の両政府は、いまやっているのと同じように、司法省と法務省の間で証拠を交換するチャンネルを設けました。そのプロセスから政府の政治部門を完全に外しました。この手続きは米日関係にとって最良でしたし、今もそうです」

ロッキード事件が発覚し、田中が逮捕された当時、プラットは米国の在日大使館に勤務していた。

カーンはこれに反論した。

「これは単なる司法の問題を超えています」

これに対して、プラットは自分の考えを繰り返した。

面談が物別れに終わる直前、カーンは「いくつかの資料を置いていきたい」と言った。

プラットは「それらは国務省に送ります」と答えた。

松野頼三元防衛庁長官「自分が皮になる」

ダグラス・グラマン事件に関する東京地検特捜部の捜査では、日商岩井の専務や副社長を歴任した海部八郎が外為法違反容疑で逮捕・起訴され、国会での偽証の罪について追起訴された。元防衛庁長官の松野が日商岩井から五億円を受け取っていたことも発覚した。しかし、時効の壁もあって、政治家が罪に問われることはなく、五月一五日、捜査は終了した。

松野は三木派ではなかったが、三木内閣を支え、三木と近かった。

三木の側近だった海部俊樹によれば、松野は「きわどいセリフ」を口にすることがあったという。(46)

「おれが知っていることをみなしゃべったら、それは吹っ飛んじゃうよ、内閣は」

「知っていること、思っていることを全部しゃべってしまえば、『ああそうか、そっちに行っているのか』ということになるけれど、それをやったら(中略)国全体がぐちゃぐちゃになるから、それは防げるものは防がなければならん」

松野は三木に次のように述べたという。

「誰かが(中略)かぶってやらなければ、『私です』と言うのがいなければ、全部上まであげたのでは(中略)本当に全部切られちゃう。だから皮を切らして、それで辞めなければばならない」

そう考えて松野は五億円受領を認めたという。

七九年一月一一日、大平政権は福田政権の方針を引き継いで、国防会議でグラマンE2導入を正式に決めた。八七年から実戦配備が始まり、現在、一三機のグラマン製の早期警戒機が航空自衛隊によって運用されている。[47]

第八章　日本政府高官への黒いカネを暴いて急ブレーキ
——チャーチ小委員会の消滅

「政府、CIAが許容できないくらい私たちは近づき過ぎた」

上院外交委内部で
小委員会運営めぐって
「大変なトラブル」

ジェローム・レビンソン（2009年9月17日，ワシントンDCのアメリカン大学法科大学院で）

米議会上院の外交委員会は一九七二年春、分科会組織として多国籍企業小委員会を発足させた。民主党上院議員フランク・チャーチを小委員長、共和党リベラル派の上院議員クリフォード・ケースを少数党筆頭議員として、計五人の議員がメンバーとなり、九月に専属の事務局を整えた。以後、四年余りにわたって小委員会は活動した。それはやがて「チャーチ小委員会」と呼ばれるようになった。

ジェローム・レビンソンは七二年九月に、小委員会の首席法律顧問に採用され、その事務局スタッフの筆頭となった。委員長を務めるチャーチの右腕として働き、七六年二月、ロッキード社が日本政府の高官に賄賂を渡した事実を資料とともに公聴会で明るみに出すのを主導したのがレビンソンだった。

レビンソンと小委員会は発足当初、南米チリの左翼政権揺さぶりへの米政府と多国籍企業ITTの関与を調べた。その間、ウォーターゲート事件が発生し、大統領のリチャード・ニクソン自身による事件もみ消し工作が明るみに出て、ニクソンは七四年八月に辞任に追い込まれた。アメリカ社会は大きなショックを受けた。そのショックで起きた反動を生かし、レビンソンは果敢に秘密の暴露へと動いた。

ウォーターゲート事件の捜査の過程では、不法侵入やもみ消し工作だけでなく、ニクソン側への大企業の違法な政治献金も発覚した。政府の独立機関、証券取引委員会は、外国向けも含め政治献金の隠蔽を企業会計上の情報開示義務違反ととらえ、七四年に追及を開始した。チャーチ小委員会は七五年、外交政策の観点から「外国政府への政治献金」を問題視し、その調査に力を入れ始めた。

小委員会は、刑事罰の威嚇を背景に強制的に出頭させたり文書を提出させたりする召喚状(サピーナ)を発し、まるで捜査機関のように真相の解明に取り組んだ。非公開の尋問を併用し、そこでは、外国政府の高官の実名など、突っ込んだ調査を行った。案件ごとの、最後の仕上げが、テレビで放映されることもある公聴会での追及と暴露だった。大統領選に向けたチャーチ議員のパフォーマンスだとの批判が出るほど、それは脚光を浴びた。

七五年五月一五日の公聴会に国際石油資本の一つ、ガルフ石油の会長を呼び出して追及し、六月九日、一〇日の公聴会ではノースロップ社を取り上げた。九月一二日の公聴会ではロッキード社に焦点をあて、そしてついに、七六年二月四日、六日の公聴会で日本とロ社の関係を暴露し、それがその年七月二七日の田中角栄逮捕につながる。その追及の中心に常にいたのがレビンソンだった。

二〇〇九年三月末から九月末にかけて半年間、私は米国の首都、ワシントンDCに住み、客員研究員としてアメリカン大学のコミュニケーション大学院に籍を置いた。その間、同じアメリカン大学の法科大学院にいたレビンソンにインタビューを申し込み、六月から九月にかけて四回会った。

それら四回のインタビューでレビンソンから聞き取った話に基づいて、以下、チャーチ小委員会の栄光と挫折への経緯をつづっていきたい。

会計事務所に文書を提出させる

「外国政府への政治献金」についてチャーチ小委員会が調査を始めたときの最初のターゲットは、ウォーターゲート事件の捜査で違法献金を摘発されたガルフ石油とノースロップ社だった。

レビンソンらの追及に対し、ノースロップは「我々はロッキードからやり方を学んだ。我々はロッキードの前例を踏襲しただけだ」という趣旨の主張をした。その結果、チャーチ小委の追及の矛先はロッキードに向かった。

レビンソンの話によれば、ロッキードに対する調査を始めると、サウジアラビアやイタリアについては比較的簡単にロ社から情報を入手することができた。しかし、日本についてはそうではなかった。何かを隠している様子に見えた。

レビンソンの部下のジャック・ブラムは、ロッキード社の疑惑を調べるためドイツに出張したとき、関係者の一人から「なんでドイツなんかでうろうろしているんだ？　本当の問題は日本なのに」と聞かされた。ブラムによると、(1)ワシントンに戻って、すぐに、それまで手つかずだった日本語の資料を翻訳させ、その分析を始めた。

ロッキードは文書提出命令に抵抗し、カリフォルニア州の本社に来ての閲覧にとどめてほしい、と交渉を求めてきた。そこで、レビンソンは矛先を変えて、ロ社の監査人だった会計事務所のアーサーヤングに文書提出命令を出した。そうして入手した資料を読んだところ、右翼の大物、児玉誉士夫とのつながりなど、日本における問題の根深さが判明した。ロッキードが日本に関する情報を隠したがった理由がこれで分かったとレビンソンは感じた。

レビンソンがロッキードに「二日半を使って公聴会を開く。それによってこの件は終わりにする」と伝えたところ、ロ社の側は「サウジアラビアとイタリアに関する情報はすべて出すので、日本だけは避けてほしい」と頼んできた。レビンソンは「いいえ、日本はあまりに重要」とそれを断った。

チャーチ小委員会は、すべてを包括的に調査しようとしたわけではなかった。時間の制約もあり、費用対効果の高い案件に絞って調査した。

「民間機、軍用機の日本への売り込みの全体を調査したわけではありません。ロッキードの対潜哨戒機Ｐ３Ｃの売り込みについても、資料はありましたが、もしそれを調査したとすれば、私たちは、まったく新しい分野、兵器売り込みの話に踏み込まなければならなかったでしょう。私たちは調査を絞ろうと決めました。私たちができる限りのことをやろうと決めました」

レビンソンらが特に注目したのは、児玉だった。

「第二次世界大戦で我々が戦った相手の中でも最悪の相手が児玉のような人間です。その児玉を通じて日本の政界にカネが流れたとの疑惑が明らかになり、それがワシントンの人々にはショックだったのです」

ロッキード社が児玉にカネを払ったのは、純粋な商売目的だったのか、それとも、右翼を生き残らせることが米国の外交政策に資すると考えたからだったのか。CIA自身がカネを出せなかったから、代わりにロッキード社に出させたのか。そんな疑問が生じた。もしそうだとすれば、CIAは、議会の承認を得ることなく、勝手な目的で不適切な資金を使用したことになる。

ロッキードについては、会計事務所アーサーヤングから資料を入手することができ、そこに児玉の名前があった。このため、レビンソンたちは、旅客機L1011トライスターを日本に売り込むための工作に集中して調査することにした。

サウジアラビアの王子にカネが流れたことが判明しても、多くの人は「それが中東なのさ」と肩をすくめるだけの反応だった。しかし、日本についてはそうではなかった。

「田中首相あて」が判明した瞬間

それは一九七五年(昭和五〇年)秋のことだったとレビンソンは私に言った。

チャーチ小委員会の非公開の会合で、ロッキード社の東京事務所代表だったクラッターを呼んで尋問したとき、レビンソンのある質問にクラッターは返答を渋った。

「その質問はしてほしくなかったのですが……」

レビンソンが尋ねたのは支払いの最終的な行き先だった。

小委員長を務めるチャーチが割って入った。

「でも、彼は質問したのだ」

彼とはレビンソンのこと。議会の調査権に基づく尋問だから、証言拒否は原則として許されない。

「わかりました」。クラッターは質問に答えた。「支払いは田中首相あてです」

レビンソンによれば、キャピトルヒルにある議会ビルディングの中にある上院外交委員会の議場でそんなやりとりがあった。「議事録はなく、正確な日付は覚えていない」という。

レビンソンの部下だったブラムも、クラッターが田中の名前を出したことを覚えていた。

「彼は真実を語ろうとしていたと思います。しかし、彼は同時に怖がっていました。これでキャリアが終わったと彼は悟っていると私は思いました」

日本の首相にカネが渡ったと聞いても、ブラムは驚かなかったという。ロッキード社は世界各地で多数の人にカネを払っていたからだ。

ロ社の監査人だった会計事務所のアーサーヤングから提出させた書類の中に「支払いは田中首相あて」を裏付ける記載はなく、このクラッターの証言によって、初めて、レビンソンらは田中首相の関与を知った。のちに、証券取引委員会がロッキード社から直接提出させた資料には「田中」の名前の記載があり、クラッターの証言は裏付けられた。

「できる限りの多くの公表」を方針に

レビンソンの話によれば、委員長のチャーチと共和党筆頭議員のケースの二人は、ものごとを隠すのではなく、公聴会を開き、できるだけ多くを公表するという小委員会運営方針を採った。それまで公表されていなかったこと、それまで議論の対象になっていなかったことを公表しようと努めた。

従来、政府は、国家安全保障の名の下で、児玉とのつながりや、外国への兵器の販売、石油など特定の分野で、多くのものごとを非公表にしてきた。国務省の高官や国家安全保障担当の大統領補佐官が外交委員会の委員長に会い、「これを公の場で議論するのは国益にならない」と言いさえすれば、そうした「禁断の地」を設けることが可能だった。

ところが、ウォーターゲート事件によって、それがとても難しくなった。大統領のニクソンは、国家安全保障を理由に持ち出して、国家安全保障と何の関係もないウォーターゲート事件をもみ消そうとした。それが明るみに出て、その結果、ニクソンは七四年八月に大統領を辞任せざるを得なくなった。国家安全保障を理由に公表を差し止めるのはまるで、政府が再び何かをもみ消そうとしているかのように見られた。そういう社会の空気があった。

ウォーターゲート事件によって、秘密と濫用に対する激しい反動が社会に生じた。代わりに、公表の必要性に重点が置かれるようになった。

レビンソンはチャーチとケースに進言したという。

「この状況を利用して、できる限りの多くを公表しましょう。企業と情報機関のつながりを暴露できるチャンスはもう二度とないでしょうから」

事実を詳細に明らかにして、それをもとに、何が望ましい姿なのかを議論する。それができるのはウォーターゲート事件直後の今だけだ、とレビンソンは考えた。

「アメリカの外交政策を本当につくっているのはだれなのか、という疑問があります。米政府が企業を使っているのか、企業が政府を使っているのか。互恵的な関係がありま す。だれがだれを使っているのか。何が見返りなのか、あるいは、単に利害が並行しているだけなのか」

実際、こうした議論ができたのはウォーターゲート直後だけで、そのほかは後にも先にもない。

「この状況を利用しましょう」というレビンソンの進言にチャーチとケースは同意した。

風を生かして、可能な限りの情報を暴露しようとしたのがチャーチ小委員会だった。それを邪魔する者は途中まではいなかった。レビンソンによると、実業界出身の共和党議員で小委員会メンバーだったチャールズ・パーシーが国務省に「米国の国益を損なう恐れがある」と言わせて調査を取りやめさせようと画策したことがあったが、当時の空気の下で国務省はそれに応じることができなかった。

「もしウォーターゲートがなかったならば、私たちが実際やったように公表することはできなかったでしょう」

レビンソンはそう確信している。つまり、ウォーターゲート事件がなければ、ロッキード事件の暴露もなかったのだ。

キッシンジャーの皮肉

情報公開に関するチャーチ小委の方針は、軋轢《あつれき》を常に生じさせた。

七六年三月一九日朝、国務省のスタッフミーティングで、国務長官のヘンリー・キッシンジャーは、ロッキード社によるイタリアでの政界工作を暴こうとするチャーチ小委員会の動きを知らされ、「これはだれだ、レビンソンか？」と声を発した。[2]続けてキッシンジャーは「チリのことといい、この間、彼、レビンソンがここでやっていることは本当に国益への偉大な貢献だ」と述べた。

レビンソンは二〇〇九年七月、秘密指定を解除されたそのスタッフミーティングの議事録を私に見せられ、初めて自分に対する「嫌みな皮肉」を知った。レビンソンは次のように言った。

「私たちはチリにおけるキッシンジャーの役割を解明しました。彼は、最初はアジェンデが大統領にならないように、大統領就任後はアジェンデ政権を転覆させるために、努力しました。それを追及されたことに彼は憤慨しています」

これは、キッシンジャーがチャーチ小委員会の方針を理解していなかったことの表れだとレビンソンは指摘する。チャーチ小委員会はできる限りの多くを公表する方針だった。キッシンジャーはそれを苦々しく思ったのだろう。

調査を進めるにつれて明確となってきたのは、企業が米政府を使っているのか、米政府が企業を使っているのか、という単純な論点ではないということだった。米国の営利企業が右翼の児玉に資金を拠出し、結果として児玉を政治的に生かし続ける一方、米政府はそれを容認し、利用した。それは相互の関係であり、だれがどのようにそれを始めたのかを語るのは難しい、ということだった。情報公開によって明るみに出そうと意図したのはその点だった。そして、議論を呼び起こそうと考えた。

そうした暴露や議論を嫌ったのがキッシンジャーだった。だからキッシンジャーはレビンソンとチャーチ小委員会に痛烈な皮肉の言葉を浴びせたのだ。レビンソンはそう私に感想を語った。

そのとき、軋轢が生じたのは小委員会と国務省の間だけではなかった。上院外交委員会の内部でも、親《おや》委員会と小委員会の間で緊張が高まろうとしていた。

止められたハワイ出張

二月初旬の公聴会でロッキードから日本政府高官や児玉への資金の流れを暴露して間もない七六年三月ごろのことだったという。

レビンソンは、ハワイに住むある男と電話で会話した。

レビンソンによると、男は元CIA契約職員だと名乗った。男の説明によれば、グラマンの売り込み工作について知っていることがあるという。日本の保守政党が合同し、自民党ができた際に、米政府がどのようにそれを助けたのか、詳しく知っているという。

CIAは日本で、左翼に対抗させるために、右翼を支援したという。その男はレビンソンに、電話では詳しくは話せないので、ハワイに来てほしい、と言った。

レビンソンはハワイに出張してその男にインタビューしようと考えた。

しかし、レビンソンによれば、チャーチ小委員会の親委員会である上院外交委員会の首席スタッフのパット・ホルトがそれに介入した。ハワイ出張の旅費を出さないと決定した。そうした拒否は初めてのことだった。

小委員会はそれまで何度も海外の関係国に調査のためスタッフを派遣してきた。その旅費の支出を拒まれたことは一度もなかった。

レビンソンによれば、ホルトは次のように言ったという。

「小委員会はあるべき姿より踏み込み過ぎました。外国での腐敗した支払いについての調査は終わりにしてください。企業のこと以上に、米国の政策の観点からの調査をしてください」

企業と外国政府の関係を超えて、米政府の対日政策そのものを俎上に載せるのは、多国籍企業小委員会の任務をはみだしており、行き過ぎだ、とホルトは考えているようだった。

つまり、それは、ホルトによる調査の差し止めそのものだった。前例はなかった。レビンソンがハワイに出向くことは結局なかった。

「確証があるわけではありませんが、ホルトはCIAと話し合い、これ以上はやめさせようと考えたのだと私はずっと確信しています。ただ、私にはそれを証明できません。私の意見に過ぎません」

二〇〇九年九月一七日、レビンソンは私にそう語った。

「私がハワイに行けば、私たちは、自民党結党にあたって米政府とCIAが果たした役割、そして、その結果としての日本政治への米国の関わりを調査することになったでしょう。そして、ロッキード社が間接的に米国のために児玉の政治力を生かし続けようと児玉に資金を提供したのかどうかなどなど、ロッキードの役割を調査することになった可能性があります」

航空機の売り込みだけではなく、小委員会が、米国の対日政策の暗部に踏み込んでいこうとしているとの懸念が生まれ、外交委員会に大きな圧力がかかったのではないか――。レビンソンはそう推測する。

「今となっては、私はそれを証明するすべがありません。推測できるだけです。私の感触としては、私たちはあまりに近づき過ぎた。彼らが許容できないくらいに近づき過ぎた。ここで『彼ら』というのは、米政府、CIAといった国家安全保障複合体のことですが、彼らはロッキードの役割を明るみに出されることを許容できなかった。私たちの調査が米政府の果たした役割に近づくにつれて、とてもセンシティブになっていきました」

「ホルトの主な動機はそれだと思います。小委員会があまりに注目されたので、それへの反感もあったとは思いますが」

ホルトは、若いころ、コロンビア大学のジャーナリズム大学院を修了し、新聞記者になった。第二次大戦中に徴兵されて陸軍に入り、日本語の翻訳者となる任務を与えられ、ワシントンに来た。傍受した日本の通信の内容を翻訳するのが仕事だった。米軍の爆撃による被害の報告や、戦果の報告、船団の構成の連絡など定型的な内容が大部分だったので、日本語を学び始めて年月を経ていなくても、翻訳することができた。

戦後、同僚の中には陸軍に残り、占領下の日本に派遣され、やがてＣＩＡでキャリアを築いていった人もいた。ホルト自身は陸軍を離れ、一九五〇年に上院外交委員会のスタッフになった。以後、七七年まで二七年間にわたって一貫して外交委員会で勤務し、七二年夏には、チャーチ小委員会を立ち上げて、レビンソンを採用するのにも関わった。上院での最後の三年間は首席スタッフを務めた。

上院議会のオーラルヒストリーのプロジェクトの一環で、ホルトはのちに一九八〇年に上院歴史室のインタビューを受け、「私は多国籍企業小委員会との間で大変なトラブ

ルがあった」と振り返っている。(3)

「小委員会はスキャンダルを暴くことだけに固執しました。それについてはとても巧みにやりました。問題はありませんでした。スキャンダルがあるのならば暴けばいい。しかし、もっと基本的・長期的な問題、すなわち、米国あるいは世界は多国籍企業の問題にどう対応すべきか、ということについて焦点を当ててもらうことはできませんでした」

自由な活動が制約されるようになって

レビンソンはホルトを相手に闘おうとはしなかった。闘っても無駄だと思ったからだ。小委員長のチャーチは民主党の大統領予備選に名乗りを上げて選挙運動をしている最中で、不在にしがちだった。大統領選の最中にチャーチがホルトと相争うとも思えなかった。

親委員会の外交委員会ではチャーチ小委員会を終了させるべきだとの意見が強まった。もともと七二年に三年の予定で始まった小委員会の活動はすでに四年目に入っていた。それに、委員長のチャーチ以下、わずか五人のメンバーからなるチャーチ小委員会の公聴会が大きく報道され、世間の注目を浴びていることに、外交委員会の有力議員らは嫉妬を感じているようだった。外交委員会は小委員会の陰で、目立たない存在に成り下がっていた。企業寄りの保守的な議員らを中心に、「小委員会は多国籍企業についてあまりにネガティブに描いている」「アメリカの企業の利益を害している」との反感もあった。

日本政府から「ロッキード問題の日本に関するいわゆる政府高官名を含む一切の未公開資料」の提供を求められたとき、外交委員会の保守派議員たちは、資料の提供には外交委員会の承諾が必要だと主張し、それをチャンスととらえてチャーチ小委員会の運営に介入しようとしているようにレビンソンの目には映った。外交委員会の保守派議員らは、小委員会による情報公開をできるだけ抑え込むのに躍起となっているかのようだった。

チャーチは大統領選への運動に集中していた。ケースは現職でありながら上院議員選挙を前に地元ニュージャージー州の共和党候補者選びの予備選で苦戦していた。七六年春、調査を推し進めようという「やる気」が小委員会から失せてしまった。

「公然と圧力がかかったわけではありません。だれかが『やめろ』と私に言ったわけではありません。しかし、突然、多くの上院議員たちが、小委員会の調査継続を妨げようとするようになったのです。圧力がどこから来ているのか、CIAなのかホワイトハウスなのか国務省なのかは分かりませんが、以前と同じように自由に運営することが突然できなくなりました。複合的な要因があって、小委員会の活動は制約されました。その意味で、ロッキードは、小委員会の四年の活動の最高潮だったのです」

七六年秋、小委員会は消滅した。最終報告書を出すこともできなかった。「私たちは最終報告書をまとめることを許されなかったのです」とレビンソンは悔しそうに振り返る。多国籍企業小委員会の代わりに、「国際経済政策小委員会」が設けられた。新しい小委員会に入った保守派の議員は「小委員会の調査への意欲をくじくことが目的だ」と言った。

七三〜七六年と同じように物事を公表することが七七〜七八年にはできなくなった。チャーチは上院で、「もう一つのチャーチ委員会」とも呼ばれる情報活動調査特別委員会の委員長を務め、CIAの非合法な国民監視などの実態を報告書で暴いたが、これに対して、「米国の安全を損なっている」と批判がわき起こった。反動への反動が生じ、その結果、国家安全保障を理由にした秘密が、やがて、以前と同じように、まかり通るようになった。

調査には大きな反響が寄せられた。しかし、その大きな反響も一因となって、調査継続が難しくなった。

チャーチ小委員会は、行けるところまで突き進んだ。ロッキードから児玉にカネが流れたことを明らかにした。しかし、児玉とCIAとの関係ははっきりしないままだった。占領終了間もない時期の日本に対する米国の政策と自民党の関係が疑問として残された。

後に続いて、その疑問を追及しようとする人はだれもいなくなった。

七七年、すべての調査の打ち切りを言い渡され、その年の秋、レビンソンは議会を去った。

アメリカン大学で

七七年五月、英ロンドンで開かれたサミット(先進国首脳会議)で、米大統領のジミー・カーターや日本首相の福田赳夫らは「正常でない慣行や不当な行為が国際貿易、金融及び通商から排除されるべきである」「不正な支払の禁止についての国際的合意に向けて作業がなされていることを歓迎する」との首脳会議宣言をまとめた(4)。

その暮れ、七七年一二月に、米議会は、外国公務員への贈賄を刑罰で禁止する海外腐敗行為防止法(FCPA)を制定し、カーターは「賄賂は倫理的にあってはならず、競争上も不必要だと信ずる」との談話を出してこれを施行した(5)。

海外腐敗行為防止法について、レビンソンは「日本のロッキード事件は深い影響を与えました」と言う。「田中訴追がなければ、FCPA制定への政治的な動きは起きなかっただろうと私は思います」

そうした意味で目的の相当部分は達成された。レビンソンはそう考えている。

二一世紀に入って、米司法省は精力的にFCPA違反事件を捜査し、訴追しており、日本企業も例外ではない。二〇一一年九月にブリヂストンが有罪を認めて二八〇〇万ドル(約二三億円)の罰金を払うことで司法省と合意し、日揮が同年四月にナイジェリアでの取引について二億一八八〇万ドル(約一八二億円)を支払わされた。ロッキードとともに田中角栄に贈賄した丸紅も、ナイジェリアの液化天然ガスプラント建設工事をめぐる贈賄容疑で摘発され、二〇一二年一月に五四六〇万ドル(約四二億円)を払う起訴猶予契約で司法省と合意し、二〇一四年三月にはインドネシアの別件で八八〇〇万ドル(九一億円)を払う司法取引で米司法省と合意した。二〇一六年三月には、精密機器メーカーのオリンパスの米子会社が、医療機器の売り込みをめぐって医師に不正な支払いを重ねたことを認め、FCPA違反以外の罪状も含めて罰金などとして六億四六〇〇万ドル(約七四〇億円)を米司法省に支払った。

日本では遅ればせながら一九九八年に不正競争防止法を改正して、外国公務員への贈賄を犯罪として処罰できるようにした。しかし、実際の摘発は極めて少ない。ブリヂストン、オリンパスなど米司法省が摘発した事件であっても、日本の警察や検察が立件した事例はない。

レビンソンはその後、ワシントンDCの西北部にあるアメリカン大学の法科大学院で、外国直接投資の法的側面や国際貿易、国際金融機関について教鞭をとってきた。

二〇〇四年、レビンソンは、チャーチ小委員会時代を振り返る著書『だれがアメリカの外交政策を決めるのか？』を出版した。[6] その中で当時の経緯の詳細を明らかにした。

二〇〇九年、七八歳となったレビンソンは日本の新聞記者である私のインタビューを受けて、次のように語った。

「日本が二〇年にわたって日本の司法システムの中でこの事件を追及し、有罪の結論を導き出したことに私は感銘を受けました。ただ、私が疑問に思っているのは、児玉のような仲介人を使う日本政治の『黒い霧』は晴れたのか、ということです」

レビンソンは、児玉がかつて暗躍した日本にその後も疑いを抱き続けている。

「根本的な部分が本当に変わったのですか。私は疑問に感じています」

アメリカン大学にほど近いメリーランド州ベセスダの葬儀社のウェブサイトに掲載された訃報によれば、二〇二〇年一一月一八日、レビンソンは新型コロナウイルスで亡くなった。八八歳だった。

チャーチ小委員会の記録は現在、米国立公文書館に所蔵されている。[7] 上院議会の規則で、[8] 五〇年は公開されないことになっており、二〇二四年春時点でなお閲覧できない。

第九章 考察——本当に「田中角栄は虎の尾を踏んだ」のか？

アメリカに弱みを握られた政治家が首相になるとき

東京地検に逮捕され，東京拘置所に入る田中角栄元首相(中央，1976年7月27日)

アメリカ発でロッキード事件が明るみに出て元首相・田中角栄が逮捕されて以降、日本国内では「田中元首相はアメリカを怒らせたから事件に連座させられた」「田中角栄はアメリカの虎の尾を踏んだ」という仮説が根強く幅広く流布されている。それは今や定説となっているかのようだ。それ自体の虚実はさておき、少なくない日本人がそう信じているのは事実である。防衛庁長官や通産相、自民党幹事長、首相を歴任した中曽根康弘もそれを信じる政治家の一人だ。

田中君は、国産原油、日の丸原油を採るといってメジャーを刺激したんですね。(中略)ソ連のムルマンスクの天然ガスをどうするとか、そういう石油取得外交をやった。それがアメリカの琴線に触れたのではないかと思います。(『天地有情』文藝春秋、一九九六年、二七五頁)

彼は(中略)独自の資源取得外交を展開しようとしました。これが結果として、アメリカの虎の尾を踏むことになったのではないかと思います。世界を支配している石油メジャーの力は絶大です。このことが淵源となり、間接的に影響して「ロッキード事件」が惹き起こされたのではないかと想像するところがあります。ずいぶん経ってから、キッシンジャーとハワイで会った時に、彼は「ロッキード事件は間違いだった」と密かに私に言ったことがあります。キッシンジャーは事件の真相について、かなり知っていた様子です。（『自省録――歴史法廷の被告として』新潮社、二〇〇四年、一〇四頁）

本書の第三章に記述したことからすれば、キッシンジャーが「ロッキード事件は間違いだった」と考えるのは当然のことだし、キッシンジャーが事件の経緯についてかなり知っているのも当然のことだ。キッシンジャーは、疑惑を調査して暴露しようとする議会や証券取引委員会の動きを国務省内の会議で一貫して批判し、高官の名前が公表されないようにと司法長官に働きかけた。

また、この本の第一章に記述したことからすれば、田中は、その政策によってキッシンジャーらの反感を買ったのではなく、その人となりを理由に、米政府内部の会議で、あしざまに非難され、軽蔑された。特にキッシンジャーらが我慢ならなかったのは、政治的に微妙な問題も含め、あること、ないことを織り交ぜて田中が報道機関に情報を流すことだった。「独自の資源取得外交」を理由に田中や日本政府が米政府に敵視されたり、やり玉に上げられたりしたことを示す文書は、もしそれがあるのだとすれば秘密指定をとっくに解除されているはずだが、私のリサーチでは米国立公文書館にも大統領図書館にも見当たらない。

田中角栄が日本独自の石油や天然ガスなど資源を追求したために米政府の謀略で失脚させられたとの説について、米議会上院の多国籍企業小委員会(チャーチ小委員会)で首席スタッフとして調査を主導したジェローム・レビンソンは「率直に言って、それが動機ではないことを私は知っています」と答えた。日本とロッキード社の関係の追及に力を入れたのは、第二次世界大戦でアメリカの敵だった人物の中でも最悪の敵だったといえる右翼の大物、児玉誉士夫へのカネの流れがあったからだ、とレビンソンは強調した。その言葉にウソはないとの心証を私は得ている。

日中国交正常化を推し進めたから田中は米政府に嫌われたのだとする説もあるが、それも当を得ていない。たしかに台湾との性急な断交やそれに伴う日米安保条約の再解釈について田中がキッシンジャーら米政府に反感をもたれたのは事実だが、それはその政策そのものが原因であるというよりも、田中のふるまい、言動が原因だった。田中とともに日中国交正常化に政治生命を賭した外相の大平正芳への米政府の評価はむしろとても高い。

「誤送」説の真偽

中曽根は、ロッキード社の資料がチャーチ小委員会に誤って配達されたことがロッキード事件の暴露につながったとして、それを根拠に、その経緯の背景に「誰かの政略」があったとも主張している。

ロッキード問題については、私は、いくつか疑問を持っていました。というのは、あの頃、「SEC（アメリカ証券取引委員会）からフィンドレーという会計事務所に書類を送ったのを議会に誤送された」といわれましたね。チャーチ委員会に誤送されて、それで公聴会が開かれることになったと。そんなバカなことがあるかと思いましたよ。もし誤送されたのなら、フィンドレー会計事務所に返すべきじゃないですか。これは誰かの政略だなと、まず感じましたね。(1)

フィンドレーは、会計事務所のアーサーヤングに所属する会計士、ウィリアム・フィンドレーのこと。アーサーヤングはロッキード社の監査人を長年務め、フィンドレーがその担当者だった。

この「誤送」説は日本の新聞でも報じられ、中曽根はそれを読んだのだろうが、もともとの話の発端になったのは、一九七五年九月一五日付のウォール・ストリート・ジャーナル紙に掲載された記事だとみられる。「L1011売り込みをめぐる支払いに関するロッキード社のデータがミステークで上院の小委員会に送られた」という見出しで、その記事は「誤送」を断定している(2)。

私は二〇〇九年、チャーチ小委員会の首席法律顧問だったレビンソンにインタビューして、経緯を再確認した。レビンソンは次のように答えた。

小委員会はアーサーヤングに対して文書の提出を命ずる令状を出しました。アーサーヤングとしては、令状を無視するか、長年の顧客で、とても儲けの多いロッキードを怒らせるか、いずれかを選ばなければならない立場にありました。ロッキードは、アーサーヤングが小委員会に文書を出すのに反対していました。

そこで何が起こったかというと、私が信じているところによれば、アーサーヤングの代理人となっていたホワイト&ケース法律事務所の幹部弁護士は、ロッキード社と委員会の板ばさみ(クロスファイア)を脱するために、文書を放り出して、「小委員会とロッキードの間でやり合ってくれ」と言うのが唯一の方法だと決めたのです。

事実として、ロッキードの弁護士、ロジャーズ&ウェルス法律事務所のロジャー・クラーク弁護士らが私の事務所に来て、私を説得しようとしました。ノートにメモしたり、小委員会に報告したりしないことを条件に文書を閲覧するということでいいではないか、と。我々が会計事務所から文書を出させようとしていることに反対する議論をしました。まさにそのときに、ホワイト＆ケースは文書を持ってきました。私の秘書が「ホワイト＆ケースの弁護士たちが文書を持ってきました」とのメモを差し入れてくれました。私は「階下に文書を持っていって厳重に保管してくれ」というメモを彼女に渡しました。

ロッキードの弁護士はそのことを知りませんでした。私の事務所で座っているまさにそのときに、ホワイト＆ケースの弁護士によって文書が届けられた。そのことを知りませんでした。

これが本当の経緯です。ホワイト＆ケースの若い弁護士たちがミステークで文書を届けたのか？　それは違うと思います。証拠があるわけではありませんが、ホワイト＆ケースのような、ウォール街の大手法律事務所がそのようなミスをするはずがありません。誤配があったと私が思ったことは一度もありません。

このようなことを（ホワイト＆ケース法律事務所が）した動機は何かというと、監査法人のアーサーヤングをどうしようもない不可能な立場から解放するためだったと私は信じています。議会の委員会から圧力をかけられる一方で、とてもカネになる長年の顧客、ロッキードからも、文書を提出しないように圧力をかけられました。ロッキード社は顧客としてとても重要でしたが、それと同時に、当時の世の中の空気の下で上院の調査を妨げていると見られたくはなかった。だから弁護士たちは、責任を私たちに預け、それを解決したのだと思います。それだけの簡単な話だと思います。

ホワイト&ケースが私たちに何か言ってきたことはありません。誤配だったと報じられているのは、顧客であるロッキード社の怒りを鎮めるために過ぎないと思います。

もちろん、それらの文書でとても多くのことが明らかになりました。

チャーチ小委員会でレビンソンの部下だった弁護士のジャック・ブラムも「ミステークで配達されたものは何もない。そのことは保証できる」と言う(3)。

レビンソンによれば、小委員会メンバーだった上院議員のチャールズ・パーシーは、ロッキードの言い分を取り上げて、文書をホワイト&ケースに返すよう主張したが、ブラムが「上院の規則でそれはできません」と、はねつけた。既に小委員会の管理下にある文書を返すには上院の決議が必要だと主張したのだという。

国務省は、ジッダの在サウジアラビア大使館に七五年九月一三日に送った公電の中で(4)、ロッキード社の複数の弁護士の説明に基づいて、監査人からチャーチ小委員会に文書が渡った経緯を説明している。そこには「ミステーク」があったとは書かれていない。

「チャーチ小委員会は、ロッキード社のすべての文書を受け取っているわけではなく、ロッキード社の監査人から雑多な文書を受け取っている」と記述されているだけで、「誤送」への言及はない。もし本当に「誤送」があったのならば、これは不自然だ。

正規の文書提出命令に従ってアーサーヤングの側からロ社の関連書類がチャーチ小委員会に提出された。それが間違いのない客観的な事実だ。「誤送」が事実であるとは言い難い。

暴いた側と暴かれた側の双方を嫌った米政府首脳

このように「虎の尾を踏んだ」説の主要な内容は根拠に欠けている。一方で、「虎の尾」説を支える状況証拠がいくつか存在することも確認できた。

まず言えるのは、リチャード・ニクソンが大統領だったから、田中が逮捕されることになった、ということだ。ニクソンがいなければ、ウォーターゲート事件があああいうふうに拡大することはなかっただろう。ウォーターゲート事件の捜査がなければ、ノースロップ社のヤミ献金が表沙汰になることはなかっただろうし、上院や証券取引委員会の調査に米国民の支持が寄せられることもなかっただろう。米国で田中はニクソンと同類であるとみられた。

また、ロッキードからカネを受け取った世界各国の政治家の中で、田中が真っ先に逮捕されたことの背景に、米国内でのロ社首脳の自白と米司法省の捜査協力があり、米国務省がその捜査協力を差し止めなかった事実がある。国務省の捜査協力容認の背景に、ニクソンの補佐官を務め、途中から国務長官になって、事実上、米政府の外交を取り仕切ったキッシンジャーの田中への軽蔑の念が少なからず影響した可能性は否定できない。キッシンジャーは、政策ではなく、その人格の側面から田中を蛇蝎のごとく嫌っており、その意味で田中は米国の「虎の尾」を踏んでいたと言える。

最近になって秘密指定を解除された国務省内部での会話の記録を見ると、キッシンジャーがもっとも痛烈な皮肉の言葉を浴びせていた先が日本の首相・田中角栄とチャーチ小委員会スタッフのレビンソンだったことが分かる。ロッキード事件を暴かれた側と暴いた側の双方をキッシンジャーは激しく嫌っていた。キッシンジャーからすれば毒をもって毒を制する結果になった。これは何かを暗示している、ように見えなくもない。

「虎の尾」説が誤りであることを完全に立証するのは「悪魔の証明」であり、そもそも不可能だ。一方、それを支える間接事実がいくつかある。そこに、「虎の尾」説が日本で生き続ける余地があるのだろう。

「トラウマとなり、精神を呵み、自死」

ここで私が重要だと考えるのは、「虎の尾」説が真実かどうかではなく、多くの日本人によって「虎の尾」説が信じられてしまっている、ということだ。日本で「アメリカの虎の尾」が恐れられてしまっている、という事実である。

米国に盾突けば何らかの謀略で失脚させられ、政治的に葬り去られるのではないかという恐怖、米国を敵に回すことをタブーとする思考が、少なからぬ数の日本人政治家の潜在意識の底に沈殿した。これは紛れもない事実だ。

ここでは、田中角栄が実際に「虎の尾」を踏んだのかどうかは論点ではない。田中が米国の策略によって失脚させられ、そのあげく、逮捕されたかどうか、その真偽はさして重要ではない。大事なのは、それら「田中はアメリカの虎の尾を踏んだ」説が漠然と信じられ、あるいは、疑われてきた、ということだ。それを完全に否定しきることはできないのだから、程度の差こそあれ、そうした仮説は多くの日本人の意識にある。

日本の政府や国会にいる少なからぬ数の政策決定者が、米国の虎の尾を踏めば政治的に葬り去られると恐怖や懸念、不安を抱えてきた。それはおそらく、一九七六年以降の日本の政策判断に少なからぬ影響を与えただろう。今もその呪縛は続いているのかもしれない。

ロッキード社からカネが流れた先である全日空のカネを受け取っておきながら、逮捕されず、「灰色高官」として公表された六人の中にも入らなかった有力政治家がいた。そうした政治家はその後も、米政府によって、いつなんどき、事実を暴露されるのかと、怯え続けたことだろう。

そうした恐怖や懸念、不安が日本の政策判断をゆがめることになった可能性がある。少なくともある一定の影響を与えただろう。

ロッキード事件が疑惑として浮上した直後の一九七六年二月一五日の朝日新聞社説は次のように主張している。

「見落としてならないことは、米国に日本政界の弱みを握られていて、果たして日本の国益が保てるのか、という懸念が国民の間に長く尾を引くことである。米国の真相秘匿で政治生命を永らえた政治家が、かりに政権の座についたとき、米国に対して大きな負い目を持ち、いわば首根っこを抑えられるおそれが出てくる」

中曽根が米政府に「MOMIKESU」を要請したのはこの社説が出て四日後のことだ。

この要請によって、中曽根は、ロッキード事件をめぐって米政府に弱みを抱えることになった、ということができる。

中曽根が「虎の尾」説を唱えるのは、中曽根自身が、意識してなのか無意識になのかはともかくとして、「アメリカの虎の尾」を踏むことを恐れる深層心理を抱えていたことの裏返しではないか。

竹下登や中川一郎も「虎の尾」に怯え続けたかもしれない。建設相だった竹下と衆院運輸委員長だった中川はそれぞれ、全日空から裏金を受け取ったとして、七六年夏、東京地検特捜部の事情聴取を受け、受領を認めた。しかし、その事実は二〇〇六年、捜査主任検事だった吉永祐介の所蔵資料に基づき元NHK司法キャップの小俣一平（筆名・坂上遼）が月刊『現代』の連載の中で明らかにするまで、[5]三〇年にわたって伏せられた。

中曽根は八二年一一月に総理大臣となり、竹下は八七年一一月にその後任となった。二人は、米政府と蜜月の関係にあったことがよく知られているが、それはそういう関係をつくることが二人にとって必要だったからではないか、という疑問を私は抱かざるを得ない。中曽根が日本列島をソ連に対抗する「不沈空母」にすると公言したり（八三年）、[6]蔵相の竹下とともにプラザ合意で急激な円高を事実上容認したり（八五年）[7]したことは、米政府にとってはおおいに歓迎すべき言動だったが、日本にとって本当の国益になったかどうかは疑わしい。

一方、中川は八三年一月に自殺した。自殺の理由は長らく不明だったが、中川の秘書だった鈴木宗男が月刊誌『新潮45』二〇一〇年一一月号に「中川一郎先生の名誉のために今、初めて明かす『自殺の原因』」と題して寄稿し、次のように述べた。

「中川先生は特捜部の事情聴取を受け、秘匿されたその事実が、トラウマとなり精神を呵《さいな》みました」

「事情聴取を終えてからの中川先生は、この事実がマスコミに漏れるのではないかという不安に襲われ、とても神経質になりました」

「『中曽根内閣は俺を狙っている』と疑心暗鬼に襲われたのも(中略)『例の件』を洗いざらい表に出すのではないかという恐れがあったからなのです」

「私が今回、この事実を初めて公表するのも、長く先生を苦しめてきたこの事実を抜きにしては、中川先生の『自死』の原因を解き明かすことはできないと考えたからです」

中川はロッキード事件に関与しながらそれを国民の目から隠し通した。鈴木の言うとおりだとすれば、その後、中川は大きな弱みを内心に抱え、苦悩し続け、その結果、みずからを死に追いやった。

ロッキード事件に関与しながらそれを秘密とするのに成功した中川ら政治家たちの、その後の苦しみを思うとき、私は暗然とする。ダグラス・グラマン事件についても同じような苦悩を抱えた政治家がいただろう。彼らが米政府によってその弱みを握られていると自覚しなかったはずはない。

CIAとの関係そのものが弱みに

レビンソンの著書によれば、企業寄りの共和党議員、パーシーがなぜか、ロッキード社に強く要求し、「カネが渡った日本の政治家」のリストを同社からレビンソンに提出させたことがあった。

ロッキードの最高経営責任者はわざわざ、レビンソンに「他の人は信用できないので、あなただけに渡す」と言ったうえで、そのリストを送ってきたという。レビンソンの著書によれば、田中角栄は含まれておらず、その意味で不完全なリストではあったが、「当時の自民党幹事長や議会の運輸委員長の名前があった」という(8)。

その経緯を小委員長のフランク・チャーチに事後に説明したところ、チャーチは激しく怒った。

ロッキードからレビンソンを名指しして高官リストを送ってきたのは、パーシーとCIAによって仕組まれた罠に違いない――。

それがチャーチの見方だった。チャーチによれば、高官リストはきっとリークされる。そうなったときに、非難されるのは、レビンソンの上司であるチャーチである。大統領を目指すチャーチの選挙運動はそのころ急速に盛り上がってきたのに、それに水を差されることになる――。それを狙ったトラップだというのだ。

レビンソンは、ロッキード社にとって天敵同然であり、ロ社の関係者から「アメリカの資本主義を破壊する任務を帯びたクレムリンの回し者」などの非難を浴びることさえあった。にもかかわらず、ロッキード社の最高経営責任者がレビンソンに「あなたなら、メディアにリークすることはなく、会社に取り返しのつかない損害を与えることもないでしょうから」という趣旨の話をしたのは、振り返って冷静に考えてみれば、いかにも不自然で、罠の臭いがする。レビンソンはチャーチの叱責を受けて、自分の思考の浅はかさを知った。

結果的にその高官リストはリークされなかった。公表もされなかった。チャーチの見立てが事実だったとすれば、名前のリークや公表を逃れた日本の政治家は、米国内の政治的な駆け引きの「罠」のネタに使われたうえに、その後も末永くＣＩＡに弱みを握られ続けたことになる。

ＣＩＡがロッキード社から日本の政治家へのカネの流れを最初から知っていたとの疑惑は、その後、同社に対する米司法省の捜査の過程でも問題となった。

日本国内の捜査が一段落した後、米司法省は、ロッキード社が輸出入銀行に提出した書類に虚偽の記載をしたとの容疑で捜査を進めた。ロッキード社の社長だったカール・コーチャンは、米国内では刑事免責を得ておらず、容疑が固まれば訴追は可能だった。

しかし、コーチャンの弁護士はそれに抵抗した。七八年一〇月五日のウォール・ストリート・ジャーナル紙の記事によれば[9]、コーチャンの弁護士は司法省に対して、「もし起訴するのならば、公判廷で、米政府が外国での支払いを知っていたと立証する」と通告したという。

「国務省、国防総省、ＣＩＡは一九七〇年代前半に、企業の賄賂が外国で横行していることを知っており、ロッキードによる特定の支払いについても知っていた」

こうした事実の立証が可能だとコーチャンの弁護士はウォール・ストリート・ジャーナル紙の記者に説明した。

翌七九年六月一日、司法省はロッキード社を刑事訴追した。同社は争うことなく罪を認めて、罰金を払った。しかし、コーチャンら個人に対する訴追は見送られた。

秘密を共有したことが政府側の弱みとなり、ロ社の側によって、「もし起訴するのならば」と脅しのネタに使われた格好だった。

こうした弱みと脅しは、日本の政治家や政党とＣＩＡとの関係についてもあり得たと言える。日本の保守政党や有力政治家、右翼、野党の一部政治家がＣＩＡのカネを受け取っていた。これもまた、彼らにとってはアメリカに対する弱みになっただろうし、米政府にとっては脅しの材料に使えただろう。

外交に秘密はつきものだ。それだけで批判されるべきではない。しかし、その秘密であることに正当性がなければならない。ばらされたとしても、国民に対して、きちんと説明することができる秘密でなければならない。そうでなければ、秘密を共有する相手に弱みを握られてしまうことになるからだ。その観点から見たとき、日本の保守政治家たちが、少なくとも当時の状況では国民に説明することができない秘密を米国と共有したことの無防備さに驚かされる。

それら秘密の多くは、米国側では国民に恥じることのない内容だった一方、日本側では国民に申し開きのできない内容だった。もし万が一、それが明るみに出たとき、日本側はとても困るが、米国側はさほど困らない。そうした秘密は、日本側の弱みにいつでも転化することができたといえる。まるで、日本の保守政治家は、米国に弱みを握られてもかまわないと思っていたかのようだ。

米政府にとって常に、脅しは欠かせない外交の手段だ。核兵器や経済制裁だけでなく、情報工作もまた、軍事上の作戦の手段であり、同時に、外交の延長線上にもある。その工作のネタは多ければ多いほど、軍事上も交渉上も、優位に立てる。脅しのネタは、相手の攻撃を抑止する力として機能させることもできるし、交渉上の手練手管にも使える。相手首脳の恥部に関する秘密は、武力行使なしで相手を屈服させる最終兵器にもなり得る。

日本の保守政治家が「アメリカの虎の尾」をことさら恐れたのは、そうした弱みと脅しに無関係ではないだろう。そのことをロッキード事件の暴露は少しだけ見せてくれた。

「プロボカティブ（刺激的）な指摘でした」

戦後、占領下の日本に対して、米国は当初、武装を解除して戦力不保持を誓わせ、財閥を解体し、農地を解放し、労働組合をつくらせ、戦争協力者を公職から追放した。それが一九四八年暮れごろを境に「逆コース」に転換していく。再軍備を促し、朝鮮戦争に掃海部隊を参加させ、共産党員を職場から追放し、戦争協力者の公職追放を解除した。いずれも同じ米国がやったことだ。

それと同様に、ロッキード社やＣＩＡの工作を暴こうとした米国と、疑惑に蓋をしようとした米国があった。議会の中にも、政府の中にもそれがそれぞれ同居していた。

このように、アメリカは一枚岩ではないのだから、「虎の尾」を日本の保守政治家に踏まれることを快く思わず、作為・不作為によってその保守政治家に嫌がらせをしようという米当局者がいた可能性も十分にある。田中を徹底的に軽蔑したキッシンジャーもその一人だった可能性がある。「田中角栄はアメリカの虎の尾を踏んだ」との説の主要部分は誤りだが、それでも、それを荒唐無稽だとして切って捨てるほどの確信が私にあるわけではない。

「虎の尾を踏んだ」説を田中逮捕直後に米政府ホワイトハウスに伝え、その反応を得ーバックネル大学の教授で同大学の日本研究所長でもあるディビッド・ジョン・ルー。彼は、田中逮捕後の七六年八月六日、国家安全保障担当の大統領補佐官ブレント・スコウクロフトに手紙を書き、その中で、ジャーナリストの田原総一朗が月刊誌『中央公論』七六年七月号に「アメリカの虎の尾を踏んだ田中角栄」とのタイトルの下で発表した論考を紹介している。(10)

田中前首相の逮捕を経ても、当面、日本人の意識からロッキード・スキャンダルが消える可能性はありません。賄賂が横行する劣等国であると米国によって名指しされたと感じ、日本は、国としてのプライドを傷つけられました。米国は、米国に友好的ではない外国政府高官をこの事件を使って故意に粛正したり困惑させたりしているのかもしれないとの疑念がありました。米政府が日本の捜査に完全に協力していないとの非難もありました。

この「米国に友好的ではない外国政府高官をこの事件を使って米国が故意に粛正したのかもしれないとの疑念」は、田原が問題提起した「虎の尾」説を指している。

台湾出身で、コロンビア大学で国際関係と法律学を学び、博士号を得たルーは、その年の五月から六月にかけて日本に滞在し、労相の長谷川峻《はせがわたかし》らと交流し、あちこちで講演して回った。五月二五日に都内で講演した際にはロッキード事件について次のように述べた。

出所がアメリカ上院であるため一部外国人は、アメリカ政府がわざと何かをしでかしたのだろうと考えるかもしれません。しかし、その臆測の真偽性を考える前に、三権分立の政治体制の中で、行政府が議会にああしろ、こうしろと言えないことを、まず念頭に入れていただきたいと思います。

その日本滞在時に見たこと、感じたことをルーはスコウクロフトに書き送った。その筆頭がロッキード事件への日本の反応であり、その中に、「アメリカの虎の尾を踏んだ田中角栄」の論考の紹介があった。

こうした非難のいくつかは明らかに誤りです。しかし、日本のマスメディアによってつくり出されつつある雰囲気が将来の米日関係に有害な影響を与える恐れがあります。

ルーはこのようにスコウクロフトへの手紙につづった。

国家安全保障会議スタッフのジーン・デービスがスコウクロフトの代理として九月一五日付の返書を用意した。そこには次のようにあった。

あなたが提起したポイントの数々はプロボカティブでした。プロボカティブには、「人を怒らせる」とか「刺激的な」「挑発的な」という意味がある。

米国はロッキード捜査について日本政府に協力するためにあらゆる努力をしてきました。そして、米日関係に悪い影響が出ないだろうことに自信を持っています。

ロッキード事件は発覚したが、結果的に、米国にとって、「米日関係に悪い影響が出ること」はなかった。これは客観的事実だろう。一方、日本にとって、「日米関係に悪い影響が出ること」はなかったと断定できるだろうか。日本の本当の国益に、「アメリカの虎の尾」や「CIAからの資金提供」が影を落とさなかったと断定できるだろうか。

「アメリカの虎の尾」への恐れや「CIAやロ社の側からの資金提供」に伴う弱みが日

本の保守政治家のふるまいに影響を与えなかったと断定できるだろうか。いずれもまったく断定できない。

「米国の真相秘匿で政治生命を永らえた政治家が、かりに政権の座についたとき、米国に対して大きな負い目を持ち、いわば首根っこを抑えられるおそれが出てくる」との懸念は払拭されただろうか。それが今の日本の立ち位置に影響していないと断定できるだろうか。払拭されていないし、断定もできない。

四〇年を経たロッキード事件は今の私たちにそうした疑問を突きつけている。

あとがき

この本のもとになる取材を始めたのが二〇〇九年春だったから、ここまでたどり着くのに実に七年余りもの歳月を要したことになる。

二〇〇九年一月、朝日新聞の連載企画「検証・昭和報道」のため、朝日新聞主筆だった船橋洋一さんと同編集委員だった村山治さんから私に対し、ロッキード事件に関する米国内での取材を担当するようにと指示があった。それが始まりだった。

二〇〇九年の三月末から九月末にかけて、私は、アメリカン大学の調査報道ワークショップに客員研究員の立場で在籍し、教授のチャールズ・ルイスさん、准教授のウェンデル・コクランさんの下で、私自身の興味・関心に従って種々の研究に打ち込む環境を与えられた。このチャンスを使って、気が済むまで米国立公文書館に通うことができた。そのリサーチの成果がこの本のベースになっている。公文書館での文書探索にあたっては、最初、元共同通信ワシントン支局長で東京大学新聞研究所の講師も務めたジャーナリストの松尾文夫さんに紹介していただいたロバート・ネデルコフさんの案内と支援を仰いだ。

帰国後、「検証・昭和報道」取材班のデスクだった金光尚さん、キャップだった藤森研さんの下で、村山さんとともに、取材結果の紙面化を検討した。最初の原稿を二〇一〇年二月一二日の朝日新聞朝刊に出し、「『中曽根氏から、もみ消し要請』ロッキード事件、米に公文書」との見出しがつけられた。その日の夕刊から一一回にわたりロッキード事件の報道の検証結果を連載。三月一日には特設面に「秘密解除・ロッキード事件」のタイトルで詳報を載せた。三月七日の朝刊には「『自民離脱、信問う』示唆　三木元首相が米政府に密使　ロッキード事件」との記事を出した。

それらの記事を見た岩波書店の伊藤耕太郎さんに勧められて、その年の暮れから翌年三月にかけて、月刊誌『世界』に「秘密解除・ロッキード事件」を連載した。新聞紙面で紹介した内容について、さらに掘りさげて、詳しく書き込んだ。私と村山さんが運営する朝日新聞社の専門ウェブサイト「法と経済のジャーナル Asahi Judiciary」にも根拠資料を添えてその原稿を掲載した。この本の第四章(『世界』二〇一一年一月号)、第二章(同二月号)、第六章(同三月号)、第一章(同四月号)はその連載の原稿が元になっている。

当初、この連載は五回ないし七回続ける方向で検討した。ところが、二〇一一年三月一一日、東日本大震災が発生し、福島第一原発で深刻な放射能漏れが起きた。私はその取材・報道に集中することになり、『世界』での連載は中止となった。

二〇一一年秋、この本の出版について、伊藤さんから提案があった。同年一一月、当時の上司だったネットプロデューサー、樫村伸哉さんから申請してもらって、会社から社外出版の許可を得た。

当初は二〇一二年までには出版するつもりだった。しかし、作業はなかなかはかどらなかった。米国から持ち帰った米公文書があまりにたくさんあって、それを読み込むうちに私は途方に暮れてしまった。福島第一原発事故や核、原子力の問題の取材にも多くの時間を投入しなければならなかった。そこで、私は、核不拡散、原子力に関する米政府の政策の変遷と、ロッキード事件の双方をテーマとし、少しずつ、少しずつ、米公文書の読み込みと分析、執筆を進めることにした。それが結果的には事実関係やその考察の整理に役だった。赤ワインと同様に、熟成するのを待つ歳月が必要だったのだと今は思う。

二〇一六年、ロッキード事件がチャーチ小委員会で暴露されて二月四日で四〇年となり、田中角栄元首相が逮捕されて七月二七日に四〇年となる。このタイミングを逃すことはできないと考え、現段階の中間報告のつもりでこの本をとりまとめた。二〇一一年当時とは私の所属も上司の顔ぶれも変わってしまったため、特別報道部長の小倉直樹さんに改めて申請を出してもらって、会社の許可を取り直した。

二〇一〇年四月二七日の朝日新聞の「検証・昭和報道を終えて」というタイトルの特設ページに船橋さんの文章が載っている。「調査報道こそ歴史の審判に堪えうる」という見出しがあり、その中で、私の原稿に触れてくれている。

朝日新聞が調査報道に本格的に取り組んだのは、七〇年代のロッキード事件からである。今回の取材でも、中曽根康弘・自民党幹事長(当時)が裏で米政府側に事件を「MOMIKESU(もみ消す)」よう要請していたことを示す米公文書などを発掘した。「続報」は「第一報」同様、大切である。「第一報」による問題提起と「続報」による事実の検証、再検証という執拗な調査報道こそが、歴史の審判に堪える報道、と言えるだろう。

公共の関心事に関して秘密を知るということは、特別の責任を伴う。その秘密を維持しなければならない責任と、その秘密を公表しなければならない責任と。方向は真逆だが、根っこは一つで、その秘密の内容の公益性にそれは基づいている。その責任を適切に果たさない者は、法的にも道義的にも非難されうるし、方向が真逆だから価値観の激しい対立、せめぎ合いが生じうる。

ロッキード事件に関して秘密がつくられ、歳月を経て、その秘密指定が解除されつつあるのは、そうした責任を各人が各人なりに果たそうとしてきた結果であり、不十分な点を含みながらもそうした責任を果たしてきた結果なのだといえる。解除された秘密を実質的に解き放って世の中に問うていく取材・報道、船橋さんの言う「執拗な調査報道」、なかんずく、この本の出版も、そうした責任の延長線上にあるのだと私は考えたい。

すべての人の名前を記すことはできないけれども、その作業に協力してくださった人たちに感謝します。

二〇一六年六月二一日

奥山俊宏

ロッキード事件の真相から今こそ学ぶべきこと
――岩波現代文庫版のためのあとがきに代えて

歳月の経過とともに、現場の風景は変容し、ひとの記憶は失われ、世間の関心は離れ、どんな大事件もやがて、忘却の彼方《かなた》に消えていく。しかし、ロッキード事件はそうではなかった。新たな視点と新たな角度から繰り返し検証され、残された記録が発掘され、新たな生命を吹き込まれるように、歴史のなかに確固たる居場所を得ようとする意思を有しているかのように、発生から半世紀を経た二〇二四年の現時点でなお、この事件はその蠢動《しゅんどう》をますます強めている。

この本は、そのロッキード事件について、三人の日本人と二人のアメリカ人を主人公に、アメリカ政府の視点で俯瞰し、いくつかの角度から検証し、歴史の上に置き直し、現在および将来の日米関係への教訓を抽出しようとする作業の中間報告だといえる。

日本側の三人とは、①古き良き昭和の高度成長期を代表する政治家として近年その人気をますます高めている元総理大臣の田中角栄であり、②クリーンさを買われて田中の後任総理となり、アメリカ政府の協力を得て田中を拘置所へと追いやった三木武夫であり、③刑事被告人となった田中に担がれて総理大臣に就き、かつての右翼的な独立指向を封印して日本列島を「不沈空母」としてアメリカの盾に差し出す姿勢を見せて、アメリカ首脳との蜜月を演出した中曽根康弘である。

アメリカ側の二人とは、①ニクソン大統領の国家安全保障担当補佐官として、また、フォード大統領の国務長官として超・現実主義的アメリカ外交を取り仕切り、五十有余年にわたって歴代大統領に助言してきたヘンリー・キッシンジャーであり、②ジョン・F・ケネディの表の顔に象徴される理想主義的なアメリカを信奉し、議会上院の外交委員会の下に設けられた多国籍企業小委員会のスタッフを率いて米政府外交の闇を明かりで照らそうとしたジェローム・レビンソンである。

ロッキード事件をめぐって、真実を洗いざらい明るみの下に暴露するか、それとも、臭いものに蓋をして隠蔽するか、日本でもアメリカでも、それぞれ権力中枢の内部に両面性を抱え、厳しい対立があった。その対立は熾烈であり、三木は田中の仇となり、レビンソンはキッシンジャーの敵となった。中曽根は漁夫の利を得たが、歴史が彼らをどう裁くかは未だ決着していない。そうした対立と葛藤を物語として紡ぎだしたのがこの本だということもできる。

このような複雑な陰影に重ね合わせてみると、「田中はアメリカの虎の尾を踏んだから～」とまことしやかに語られている陰謀論の大部分は、あまりに単純であり、客観的な事実関係と符合せず、現実味を失ってしまう。これについては、この本の第九章(三二六〜三三三頁)で述べたとおり、「田中は虎の尾を踏んだからロッキード事件を仕掛けられ、追い落とされた」というわけではない。

しかし、その一方で、この本の第一章(三四〜三九頁)と第九章(三三三〜三三四頁)で論述したとおり、田中は、極東なかんずく台湾の安全保障に関する日本の立場について、無神経にもキッシンジャーら米政府の配慮を逆なでし、それはまさに「アメリカの虎の尾を踏んだ」も同然であり、だからこそ、キッシンジャーは、田中に関するロッキード社の資料が日本の検察に渡るのを容認もしくは黙過した、との仮説は成り立ち得る。これは、いまの日本、こんごの日本にとって暗示的であり、二〇二四年に改めて深掘りを試みることの意義は小さくない。

中国が台湾に武力を行使するとき日本は？

そんなふうに私が思うのは、二〇二二年以降、台湾の安全保障をめぐって日米中三国の間に風雲急を告げる空気が急速に醸成されつつあるからだ。

日本政府の外相や首相を歴任した与党の大物政治家・麻生太郎は二〇二三年八月、自民党副総裁としては一九七二年九月に断交して以来初めて台湾を訪問し、「日本、台湾、アメリカをはじめとした有志の国々に、強い抑止力というものを機能させる覚悟が求められている」と言い、「戦う覚悟です」と述べた。中国の人民解放軍をその「戦う覚悟」の相手として念頭に置いていることは文脈から明らかで、麻生は「いざとなったら防衛力を台湾の防衛のために使う」との意思を日本が率先して中国に発信し続けることの重要性を強調した(1)。

民主党政権で原発事故担当相や環境相を務め、その後、自民党入りした衆院議員の細野豪志《ごうし》は二〇二三年一月、ツイッターに「台湾有事は日本有事」と投稿し、「『勝てない中国との戦争に加わるべきではない』というのは『日本を守らない』と言うに等しい」と説いた(2)。

アメリカでさえ、台湾有事にどういう態度をとるか、あえて、あいまいにしているのに、不戦を誓ったはずの日本で、善隣友好を誓った隣国との間で、最終的な勝利の見込みを見出せなくてもかまわないから戦争をかまえよう、そんな勇ましい呼号が公然とまかり通っている。

田中がなぜどのようにアメリカ政府首脳を怒らせたかを再確認する意味は、こうした風潮にある二〇二四年だからこそ大きいと私は思う。

第九章(三二八頁)で述べたことを繰り返すが、日中国交の正常化を推し進め、台湾と断交したから田中は米政府に嫌われたのだとする説は当を得ていない。たしかに、そうした政策の遂行をめぐって田中がキッシンジャーら米政府に反感をもたれたのは事実だが、それは、その政策そのものが原因だったというよりも、田中のふるまい、言動が主な原因だった。

田中とニクソンによる初めての日米首脳会談が終わった直後の一九七二年九月一日午後二時(日本時間では二日午前九時)から、ハワイ・ホノルルのサーフライダー・ホテルで、田中は日本人記者向けに記者会見を開き、そこで台湾の安全保障について質疑に応じた。この本の第一章(三五〜三七頁)でその一部を取り上げたが、日本外務省の記録に残る一問一答のすべてを以下に抜粋してみたい。

(問)台湾と断交した場合、安保(日米安保条約)適用範囲の点で(米側に)不安感が生ずるのではないか。

(総理)そんなことはない。

(問)共同発表では、朝鮮については緊張緩和云々が言及されているが、これに反し台湾については何ら触れられていない。この台湾について、佐藤―ニクソン共同声明中で述べられた日本の立場は変ったのか。

(総理)事態は大きく変化している。例えば、その後で、ニクソン大統領が訪中している。

(問)台湾条項は修正されたと考えてよいか。

か。

（総理）事態は変ったということである。

（問）台湾条項とそれと関連する事態の変化について、両国間の認識は一致している

（総理）私と大統領の間では具体的には話さなかった。

（問）台湾条項および朝鮮条項は事実上消滅したということか。

（総理）字句にこだわる必要もないと思う。日米安保条約締結の際、いろいろな事態が想定されたが、その後望ましい情勢がだんだん発展している。前の立場とか理解を取り消す必要はないのではないか。(3)

この総理の受け答えは、まるで、「台湾条項」で表明されている日本の立場は「前の立場」であって、この時点の田中政権の立場ではないことを前提としているかのようだ。一九七二年当時、アメリカは、中国本土を支配する中華人民共和国とは国交がない一方で、台湾の中華民国とは同盟関係を結び、台湾を武力攻撃から防衛する義務を負っていた。もし台湾海峡で戦争が起きた場合、アメリカ軍は嘉手納、普天間、岩国など在日米軍基地から出撃することが想定された。沖縄返還を三年後に控えた一九六九年に、田中角栄の前任首相の佐藤栄作とニクソン大統領の共同声明に「台湾地域における平和と安全の維持も日本の安全にとってきわめて重要な要素である」との「台湾条項」が盛り

込まれ、「日本国の安全」に台湾防衛を関連づけたのは、中華人民共和国の人民解放軍による攻撃から台湾を守るために、アメリカ軍が、在日米軍基地を使えることを（日本側の同意を「予約」するものとまではいえないものの）より明確にするためだった。

こうした「台湾条項」が生きていることを前提に、日本が中華人民共和国と国交を結んで台湾と国交を断絶した場合、日本は、国交のない台湾を守るために、国交がある中国と戦うアメリカ軍に基地を提供し、後方支援などサービスを提供するという、ねじれた事態に陥りかねないリスクを抱える。この矛盾を深く追及し始めると解決不能になってしまうので、日本がそれを望むのならば、お互い、できるだけ触れないようにしておこう、というのが、当時のアメリカ政府の方針だった。

一九七二年夏、あらかじめ、アメリカ国務省は、ニクソン大統領に次のとおり田中に話すようにと助言した。「もし日本が一九六九年のニクソン―佐藤共同声明に公の場で言及しないのなら、我々も言及しない（つまり、我々の沈黙は日本の沈黙次第である）[4]」

ところが、一九七二年九月一日、田中は、ニクソン大統領との初の日米首脳会談を終えた直後、記者会見で台湾条項の「消滅」について問われると、ノーコメントと言うのではなく、沈黙するのでもなく、むしろ、質問の趣旨を否定することなく、それに同調して「事態は変った」と言い、その「消滅」を半ば認めるかのような受け答えで応じた。

日米首脳会談を報じた翌九月二日付の朝日新聞には「台湾条項拘束されぬ」という見

出しが大きく躍り、九月三日のニューヨーク・タイムズの記事は、田中首相の発言として「日米安保条約は日本の防衛を第一とする条約であって、台湾の防衛についてはワシントンと台湾の問題である」との内容を報じた。

これらの報道に接してニクソン大統領が激怒したのも当然だろうと私には思われる。台湾を含む極東における平和と安全の維持のためにアメリカ軍は在沖米軍基地を含む在日米軍基地を使うことができる、それが日米安保条約の肝であり、ほんの三カ月あまり前の沖縄返還の前提条件でもあるのに、田中はそれを他人ごととして突き放すかのように語っている。アメリカ政府は、田中や日本の立場を慮って、あえてその肝の存在に言及しないでいたのに、そして、日米首脳会談で現にその話題は出なかったのに、田中は、首脳会談直後の記者会見で、一方的かつ勝手にそれを解釈改定したかのような言動を公にしている。これらは、ニクソンを騙し討ちし、ニクソンを出汁に使って中国共産党にすり寄ったのも同然だ⑸。

このように、中国本土の共産党政府と国交を結び、台湾と断交したことが、ニクソンやキッシンジャーが田中を嫌うきっかけではあっただろうけれども、それそのものよりも、そうした対中政策の遂行にあたって、田中は、節操なく前言を簡単に翻し(第一章一二頁にあるように、田中は総理就任直前、キッシンジャーと会った際「台湾問題については日本と米国の完全な合意が必要」と明言していた)、アメリカ側の配慮を逆手にとって「台湾条項」の解釈を勝手に変更したかのような態度をとったことで、アメリカ側の不信を買った、というべきだろう。

日本の政策当局者が、米国の都合を顧みるよりも、日本の国益を優先するのは当然のことであり、私の受けた印象によれば、それに徹することができる日本の政治家について、キッシンジャーらはむしろ尊敬の眼差しを向けていたように思われる。他方、内密の会話でウソをついたり、外交上の信義を破ったりするのは、当然のことながら許容できないし、田中がハワイでの宿泊先として「田中の主要な資金支援者」である小佐野賢治のサーフライダー・ホテルに異常にこだわったように(第一章二六〜二九頁)、国益ではなく、個人の利益、いわば私利を図って、外交関係をわずかでも犠牲にする言動については、キッシンジャーらは心底から軽蔑しただろう。

日中国交回復を田中以上に積極的に推進した副総理の三木武夫や外相の大平正芳が、米政府から危険視されるどころか、高く評価され、半ば尊敬されたのに対し、田中が軽蔑されたのには、そうした事情があったように私には思える。

田中は、石油、天然ガスなど独自に資源を獲得しようとアメリカ以外の国々を相手に積極的な外交を展開したことで、「世界を支配している石油メジャー」を刺激し、「アメリカの琴線《きんせん》に触れた」すなわちアメリカの逆鱗《げきりん》に触れたとの説も、中曽根らによって唱えられ、根強く流布されている。しかし、日本の首相が日本のために資源取得外交に貪欲となるのは当然のことであり、それを軽蔑される謂《いわ》れはない。第九章(三二六〜三二八頁)で検討したように、この「独自の資源取得外交で虎の尾を踏んだ」説を裏付ける資料は、それがあるならば秘密のままにしておく理由がないにもかかわらず、見当たらず、「台湾で虎の尾を踏んだ」説に比べて根拠薄弱だ。

ここまで検討してきたような観点から、自民党副総裁・麻生の呼号を見ると、どうなるだろうか。二〇二三年に断交中の台湾で「戦う覚悟です」などと安請け合いし、勝てるあてのない戦争へと国民を追いやろうと呼びかける政治家の言動を見たとき、それは関係国・地域の首脳らの目にどのように映っているだろうか。おそらく、その政治家は軽蔑の対象であるだろう。

元防衛庁長官、元自民党副総裁の山崎拓《やまさきたく》が麻生を批判して述べたように、「台湾を守るために集団的自衛権を行使して自衛隊が出動することはできない。なぜなら、我が国は台湾と国交がないから」。日本政府は、今も有効な平和友好条約を中華人民共和国(中国)と交わしており、台湾が中国の領土の不可分の一部であるとの中国政府の立場を理解し、尊重する立場にあり、また、台湾を国家として認めていない。「中華人民共和国政府と台湾との間の対立の問題は、基本的には、中国の国内問題である」というのが七二年以来の日本政府の見解だ。したがって、国交のない台湾の防衛のために中国と戦う覚悟を日本国民に求めるのは論理的に無理があるし、国際法にも日本の憲法にも沿っておらず、そうした覚悟を国民的な合意にするのに必要な大義や適法性を欠き、「法の支配」と矛盾する。「台湾だってできないことは分かっていますよ」と山崎が言うとおり、台湾も中国も米国もそうした事情を十二分に分かっているのであり、したがって、口先で「戦う覚悟」をいくら呼号しても、それは現実の抑止力につながらない。にもかかわらず、そうした言動を公にするのは単に「明確なあおり行為[6]」であり、戦争を抑止するどころか、緊張を高めるだけだ。

田中は、節操なく無思慮に言葉を軽んじ、相手国の怒りを不必要に買った。二〇二四年の日本で枢要な立場にいる政治家らは、その教訓を学ぶべきだし、これは、イスラエルがイランやハマスと対峙する中東への関わり方についても同様に言えることだと私は思う。

米政府は田中の資料を選んで日本に渡したのか?

田中は「アメリカの虎の尾を踏んだ」も同然であり、だから、キッシンジャーは、田中に関する資料が日本の検察に渡るのを容認した、との仮説のうち、前段の「虎の尾を踏んだ」説をここまで検証してきたが、それでは、後段はどうだろうか。

すなわち、アメリカ政府は、証券取引委員会や議会が集めたロッキード社の資料のうち、中曽根に関する資料を意図的に除いて、田中に関する資料だけを日本の検察に引き渡し、田中のみが罪に問われるように仕向け、中曽根を助けたのだろうか。

その状況証拠として確認しておきたいのは、ロッキード社による支払いの宛先として田中の名前が含まれていることについて、アメリカ政府の首脳らは知り得る立場にあった、ということだ。

すなわち、ロッキード社の賄賂工作について、CIA(中央情報局)は古くからその詳細を知っていたとみられ(第六章二一六〜二一八頁、二四六〜二四七頁)、国務省も同様に知っていたようだ(第九章三四〇〜三四一頁)。さらに、一九七五年夏以降、キッシンジャーの前任の国務長官のウィリアム・ロジャーズがロッキード社の弁護士として、国務省や議会との交渉にあたっており、その過程で、国務省に対し、議会に渡したすべての文書のコピーを渡すと約束し、また、日本政府高官に支払いがなされていたとの情報を伝えた(第三章一〇七〜一一〇頁、一二二頁)。

このような事情から推測すると、キッシンジャーがロッキード社の支払い先の名前を知らなかったはずがない。

だからこそキッシンジャーは、それら名前が公開されるのを嫌い、それを防ぐために知恵を絞り、一九七五年一一月末、司法長官を通じて裁判所に対し、第三者への開示に条件を付すよう求める手紙を提出したのだろう。日本の検察に資料を渡すにあたって、訴追手続き以外の場での公開を禁止する条件を付したのは、こうした経緯の延長線上にある。国務省、すなわちキッシンジャーらは、第三者である日本の検察に証券取引委が文書を渡すことについて事前に通知を受け、裁判所に不服を申し立てることのできる立場にあった。

キッシンジャーが日本に引き渡す資料から中曽根関連の資料を意図的に除いたのではないかとの疑問について、私は二〇二四年三月二九日、議会上院の多国籍企業小委員会でレビンソンの部下のスタッフだった弁護士のジャック・ブラムに電話で話を聞いた。ブラムは次のように述べ、私の疑問の趣旨を否定した。

「我々は田中に関連する文書だけを持っていた。中曽根に関連する文書は持っていなかった。だから、中曽根に関連する文書がなかったとしても、それは陰謀ではない。単になかったのだ」

ブラムによれば、証券取引委員会が入手した文書もすべて議会上院の多国籍企業小委員会に共有されており、そこにも中曽根に関連する資料はなかったという。

「我々は、証券取引委員会がロッキード社について持っていた文書をすべて受け取った。今となっては私は、それらの文書は中曽根氏に関して何かが起こる前の時期に関するものだったと信じているが、中曽根氏に関する文書を彼らから受け取っていない」

したがって、仮説の後段のうち、田中関連の資料のみを選択して日本に渡した、という部分は事実ではない可能性が高い。

しかし、そうであっても、ロッキード社の文書に、田中の名前がある一方で中曽根らの名前がないことを知って、キッシンジャーは心置きなく、それら文書が日本の検察に渡るのに任せた、との仮説はなお否定し得ない。

第九章で述べたとおり、中曽根は「虎の尾を踏む」のを恐れる心情を抱えていたと思われる。そして、中曽根だけでなく、日本の枢要な立場にある人たちの間に、そうした恐れが程度の差こそあれ今も共有されている。「虎の尾」仮説が正しいかどうかは別にして、というよりも、その仮説の当否の判定がきわめて困難であるからこそ、この仮説は今も影響力を保ち、日本の政治家たちにアメリカへの畏敬《いけい》の念と恐怖心を植え付け続けている。

弱みのまったくない人間はあまりいないだろうし、言語の壁があるとはいえ日本国内の通信や社会構造はアメリカから見て丸裸も同然であるだろう。なかでも、アメリカの軍需産業や情報機関と接点がある与党の大物政治家であれば、相手に何をどこまで把握されているかを知り得ないことに一抹の不安を覚えないはずがないだろうと思われる。

日本とアメリカの利益が共通している事項については、そうした恐れによって害される日本の利益はほとんどないであろう。しかし、日本とアメリカで利益が相反する事項、たとえば、台湾海峡での戦争への対処については、そうした恐れによって、日本国内で枢要な立場にある人の判断が無意識のうちに(もしかしたら意識下で)ゆがめられ、日本の国益が害されるリスクがあって、それは軽視するべきではない。

すなわち、将来、台湾が中国本土・共産党政府の人民解放軍による武力攻撃にさらされたとき、この仮説は亡霊のように彷徨《さまよ》って、ときの日本政府首脳らをして、日本の国益を脇に置いてでも、アメリカの「虎の尾」を踏まないようにその行動に追従する道を選ばしめる可能性があり、私は、そうした事態を恐れる。アメリカが中国と戦ったときの被害と、日本が中国と戦ったときの被害を比べれば、地理的に中国に近くて国土が狭小な日本の被害のほうがアメリカの被害よりはるかに大きいだろう。田中がなぜあのようにキッシンジャーらに嫌われたのか、その理由はきちんと知る必要があると私が思うのは、そういう恐れがあるからでもある。

そこに、この本の今日的な意義の一つがあると私は思う。

二〇二四年に相次いで失われた元首相宅

二〇二四年一月八日午後三時二二分、東京消防庁に「火事です。火がみえます」と一一九番通報が入った。

東京都情報公開条例に基づいて同庁から私に開示された一一九番通報の記録によれば、火事の場所は東京都文京区目白台一丁目。「個人に関する情報で特定の個人を識別することができるため」との理由で、開示された記録の一部は「●●●●家からもえています」と黒塗りにされたが、おそらく「田中角栄」という文字がそこにあるのだろう。

小石川消防署老松《おいまつ》出張所の記録によれば、田中が居をかまえた豪邸の目白通りに面した正門から東に二二四メートル、目白台運動公園をはさんで東の対面《トイメン》にある同出張所の車庫前で、消防士らは、大量の黒煙が上昇しているのを確認した。そのまま現場に向かって三時二三分に到着。同二四分に放水を開始した。

豊島消防署目白出張所の小隊は同二五分に到着し、敷地の西側の勝手口をエンジンカッターで切断して扉を開け、同三一分に放水を開始。小石川消防署大塚出張所の中隊は同二六分に到着し、北から敷地にホースを延ばし、同二九分に放水を始めた。最終的に、全部で五隊、一一六人が出動し、放水は一一口となった。

火勢は強かった。放水開始から一時間近く後の午後四時一六分、「辺りの木に燃え移ってるそうです」と新たな一一九番通報があり、同一八分、「斜面の木が燃えうつりそうです」、同二七分には、敷地の南にある老人ホームから「火が向かってきてます」と一一九通報があった。「入居者を一ケ所に集めてます。樹木にせまってる」。そんな悲鳴のような訴えが東京消防庁の記録にメモされた。敷地の東側のグラウンドの下草に飛び火も発生した。

延焼を食い止めたのは午後四時五七分。鎮圧したのは午後五時四二分。鎮火を確認して最後に老松出張所の小隊が放水を終えたのは午後九時二一分だった。

翌朝、朝日新聞の社会面に「旧田中角栄邸　八〇〇平方メートル全焼」という見出しのベタ記事が載った。その記事によれば、元首相の長女の田中真紀子は同紙記者の電話取材に「ぜんぶまる焦げ。私がお仏壇にお線香をあげて消し忘れた」と話したという。

ロッキード社の側から田中への請託の現場であり、秘書官の手で五億円が運び込まれた現場でもあったとされる「目白御殿」は、ほとんど「まる焦げ」となって、骨組みや壁の一部が残された。

同じ二〇二四年一月の月末、渋谷駅から坂を上って一五分ほど歩いた東京都渋谷区南《なん》平台町《ぺいだいちょう》の一角にあった豪邸が、「三木武夫」の表札を門前に掲げたまま、三木の近親者から積水ハウス株式会社に売却された。

塀の外側に張り出された「解体工事のお知らせ」に、二月一日から七月五日にかけて、地上二階地下一階、延べ床面積九九五平米余の居宅が、積水ハウスの東京マンション事業部の発注で解体される予定だと記載された。

三月三〇日、現場に赴くと、二月までそこにあった邸宅が取り壊され、がれきとなった木材が積み重ねられていた。紅色と赤黄色のパワーショベルの掘削機が一機ずつ計二機、敷地に置かれていた。

総理大臣だった三木が、ロッキード事件の資料の引き渡しをめぐって米政府のキッシンジャーらとの裏交渉で自身の密使とした平沢和重と密談を重ねた場であり、検察の捜査方針について法相の稲葉修から「釣るのは雑魚《ざこ》ばかりじゃない。上の方だ」と譬《たと》え話を用いた遠回しの表現で報告を受けた場でもあった南平台町の三木旧宅は、まるで田中の旧宅の後を追うように、二〇二四年三月下旬に消滅した。

文庫にするにあたって

この「秘密解除　ロッキード事件」の原稿を、ハードカバーの単行本として世に送り出したのが二〇一六年七月のことだから、それからまもなく八年が経過しようとするタイミングで、この本は、岩波現代文庫の一冊へと装いを新たにする。この八年の間に、目白台の田中旧宅と南平台町の三木旧宅が失われただけでなく、この本の主人公や証言者らの何人かがあの世に旅立った。

中曽根が二〇一九年に、レビンソンが二〇二〇年に亡くなった。三木の側近であり、自身も首相を務めた海部は、この本のための取材に応じてくれた貴重な証言者だったが、二〇二二年に他界した。この三人のその後の経緯を盛り込むため、文庫化にあたって、第四章、第五章、第八章の末尾に加筆した。

この本の主人公の一人、キッシンジャーは二〇二三年一一月二九日、一〇〇歳でこの世を去った。

キッシンジャー死去の報に触れて、日本の首相・岸田文雄は、SNSへの投稿で、

「米中国交正常化」を挙げてその功績と称え、「私自身も昔ホームパーティーにお邪魔するなど、若い頃からたびたびお会いし知見を賜ってきました」と敬意を表した[7]。私はこの投稿に大きな違和感を覚えざるを得なかった。学者として分析家として歴史の語り手としてキッシンジャーが傑出した人であり、米国人や中国人がキッシンジャーを称揚するのは理解できるものの、その日本に対する毒舌を知っている以上、日本人として彼を礼賛するのにはとうてい同意しづらいと私は思った。

キッシンジャーの他界については、本文中にそれを記すにふさわしい場所を見出せなかったので、ここに記した。

米議会上院の多国籍企業小委でロッキード社の問題の究明に従事した弁護士のブラムは、マネーロンダリング（資金洗浄）やタックスヘイブン（租税回避地）の専門家として、その害悪を是正しようとする活動を続けている。

二〇二四年三月二九日に私のインタビューに応じた際、ブラムは、日本に対するロッキード事件の影響を前向きに語った。

「長い目で見れば、日米関係を破壊したとは思わない。むしろ、日本の政治をよりオープンにしたと信ずる。そして司法への尊敬をもたらした。田中首相はジェイル（拘置所）に入ったのだから。日本の政治を非常に重要な形で切り開いたと私は思う」

私はこの見方におおむね同意する。

最後に、この八年の私自身の変化にも触れておきたい。

この本を出したおかげで、二〇一七年度に第二一回司馬遼太郎賞、二〇一八年度に日本記者クラブ賞を受賞する幸運に恵まれた。考えてみれば、それらの栄誉に浴することができたのは、ひとえに、この本の記述の素材となった公文書たちのおかげだった。それら公文書を作成し、保存し、ときの経過とともに公開するという国家や個々人の営みのおかげだった。特に、アメリカ側の公文書の充実ぶりは目を見張るものがあり、それがこの本の記述を生き生きしたものにしてくれた最大の要因だった。受賞を契機として、私は、はたとそのことに気がつき、以降、外交文書だけでなく、訴訟記録を含め、公文書の大切さについて、多くの原稿を発表したり、意見を申し述べたりする仕事に注力してきている。

二〇二二年春には、それまで三三年勤めた朝日新聞社を退職し、上智大学文学部新聞学科に移った。新聞論、ジャーナリズム論などの授業を担当するだけでなく、引き続き現役のジャーナリストとして活動し、その息吹を学生たちに肌で感じてもらい、この仕事の意義や機能を実地に伝えることが、新聞学科の実務家出身教員としての任務の一つなのだろうと思っている。この本を文庫として世に送り出すのは、その仕事の一環でもある。

二〇二四年四月八日　東京・麹町で

奥山俊宏(8)

(1) 麻生太郎、二〇二三年八月八日、二〇二三印太安全對話、開幕専題演講、凱達格蘭論壇YouTubeチャンネル。https://youtu.be/1z57XzUx6Uk?t=1465

(2) https://twitter.com/hosono_54/status/1615294003083382784

(3) 外務省、一九七二年九月、「米北1　資料8　田中総理大臣の米国訪問(ハワイ会談)」一七―一九頁。情報公開法の手続きで入手。

(4) Nixon Presidential Materials, National Security Council (NSC) Files, VIP Visits, Box 926, Folder "Tanaka Visit (Hawaii) 31 Aug-1 September (1972) 2 of 4", Department of State, Briefing Paper, International Issues, p. 5.

(5) 奥山俊宏、二〇一八年一二月、「公文書から見た戦後日米関係の一断面」瀬川至朗編著『ジャーナリズムは歴史の第一稿である。』成文堂。

(6) 榊真理子、二〇二三年一〇月二〇日、「この国はどこへ　これだけは言いたい『戦う覚悟』は軽率、無責任　自民党元副総裁・山崎拓さん　八六歳」『毎日新聞』夕刊二頁。

（7） https://twitter.com/kishida230/status/1730138405558952164、https://www.facebook.com/kishdafumio/posts/pfbid02z8fFZHjK3cpsSFU4b1zPGNWHE8Fn14YVh5pRmPBpP2MUaz4dCcGdYPxBqPoqZB1Kl?locale=ja_JP

（8） 奥山の連絡先は okuyamatoshihiro@gmail.com

解説　公文書が歴史を〝つくる〟

真山　仁

真実とは、なんだろうか。

『広辞苑』によると、うそいつわりでない、本当のこと。まこと。絶対の真理――などとある。

情報が氾濫した現代社会において、誰もが追い求めるが、最も手に入れ難いもの、それが「真実」ではないかと、私は思う。

多くの人が、「真実は、一つ！」と考えている。だが、立場が変われば、同じ事象を全く異なった視点、価値観で捉えるために、「絶対の真理」など、存在しない。

これは、けっして極論ではない。

私が新聞記者だった一九八〇年代後半、先人の偉大なるジャーナリストたちは、「真実を追い求める姿勢は大切だが、我々がそれを手に入れることは稀だ。大切なのは、何が起きたのかという事実を伝えることだ」と口を揃えて言い立てていた。

真実と事実を、同じに思う人もいるだろう。だが、両者は似て非なるものだ。

たとえば、パレスチナ自治区ガザ地区で起きているイスラエルとハマスの壮絶なる戦い。

昨年一〇月以来、両者による激しい軍事衝突が続いているのが「事実」だ。

何に端を発したのかを調べていくと、ガザを実効支配しているハマスが、イスラエルに向けて数千発のロケット弾を発射するという、大規模な越境攻撃に、イスラエルが応戦して始まった、とされる。

この「される」こそが、「真実」の難しさなのだ。なぜなら、ハマスの言い分とイスラエルの言い分は異なり、双方が「正当性」を主張し、相手を徹底的に非難しているからだ。

その結果、一方的な見解とならないよう、報道では「される」と付けられる。

遠い日本からは、現地の状況が分からない。国内外のメディアが伝える断片的な報道及び、両「政府」の発表で、読み取るしかないのだ。

メディアも政府も、それぞれが現場で得た事実を元に、情報発信をする。但し、その情報には、発信者の思惑も含まれる。

また、メディアは公正・中立であるべきだが、イスラエルに肩入れしている欧米メディアは、イスラエル寄りの報道となりがちだ。逆にアラブ諸国では、イスラエルを非難し、ハマスを支持する報道もある。

事実はこのように多面的であり、ジグソーパズルのピースのように、すべて集まれば最終的に一つの「真実」という絵を描けるわけではない。それどころか、情報を得るほどに新たな事実が手に入り、何枚もの絵が生まれ、それぞれが「これぞ、真実！」と訴える始末。

その結果、ますます「真実」は見えなくなってしまう。

では、「真実」は、存在しないのだろうか。

そんなはずはない。だから、ジャーナリストは、「真実」を追い求める。

追い求める時の拠り所が二つある。

一つは、自身が現場に足を運び、関係者に取材することだ。もう一つは、徹底的に公文書を集め、それを集約する。

この二つを丁寧に続けていけば、本当は何が起きたのかという「真実」に肉薄できるかも知れない。

実際は、この二つのアプローチに、もう一つ重要な要素がある。

それは、一定の時間を置いた上で、二つの作業を再度試みることだ。

何かが発生した直後、現場で取材して得た情報や、関係者の公的な発言こそが、最も精度の高い事実だと思うかも知れない。だが、それらは、瞬間的な事実に過ぎない。

時間が経過した後で、当時を顧みると、発生時とは違った眼で、事実を見ることができる。「発生」に至る端緒と経緯が分からなければ、入手した事実の意味が正確には見えないのだ。

また、発生当時は「機密」だった情報が、解除されることで、より重要な「事実」が明らかとなり、「真実」への探求が可能になる、と私は考えている。

本書『秘密解除 ロッキード事件』は、まさに前述した過程を経て、戦後最大の疑獄事件の「真実」に迫ろうと挑んだノンフィクションだ。

著者の奥山俊宏は、朝日新聞の社会部に長年身を置き、日本を揺るがせた多くの事件を取材したり、東日本大震災時に発生した原発事故の真相に迫るなど、飽くなきジャーナリスト魂で、「真実」に挑み続けてきた。

読み進めば分かるのだが、本書で奥山は、徹底的に公文書にこだわっている。

つまり、自身が取材をして情報を集め、自らの経験や想像力を駆使して「真実」を探り当てるという行為を封印しているのだ。

公文書として残されているのは、政府の政策決定過程や判断、さらには国内外の機関からもたらされた情報だ。

大使館から寄せられるリポートもあれば、大統領と補佐官のやり取り、外交交渉の経緯、さらには、各省庁間の交渉録もある。

すべてが、完全な報告書のようにまとまっているわけではなく、メモのようなものや、それだけでは意味が不明の言葉もある。

当事者に会い、話を聞いた上で記す原稿には、おのずと対象者の体温や感情が行間に滲む。だが、公文書には、いずれも無く、むしろ邪魔な存在だ。

そうした無機質とも言える文書を根気よくより分け、必要なものを探し、それを丁寧に読み解いていく作業は、気の遠くなるような時間が必要になる。さらに、今回は、四〇年以上も前の公文書が大半なため、当時の時代背景や人間関係を知らなければ、意味を取り違えてしまうのだから、十分な準備が必要だ。想像するだけで気が重くなる。

それを奥山は、ほぼ一人でやり遂げ、長い間、公文書の中で埋もれていた「隠された事実」を暴き出している。

実は私自身も、二〇一七年夏から、ロッキード事件について調べ始め、翌年五月から約一年半をかけて「週刊文春」で、ノンフィクションとして連載し、二一年一月『ロッキード』として刊行した。

私の場合は、奥山が封印した関係者への取材にこだわった。さらに、小説家としての手法を利用した。

すなわち、取材や資料によって得た事実をベースに、想像力を駆使して「真実の」可能性を浮かび上がらせようとしたのだ。

編集者からは「小説家ならではの妄想力」と言われたが、この妄想力を膨らませるためには、膨大な事実が必要になる。そんな時、本書は、極めて重要な水先案内人の役割を果たしてくれた。

本書がなければ、私の妄想は膨らませられず、真実に迫るモチベーションも萎えたかも知れない。それぐらい大きな存在だった。

解説では、内容に触れるべきではないので、多くは語りたくないが、本書を読んで、私自身が描こうとしていた「真実」に近いことを、奥山が考えているのが分かった。

尤も、彼は記者だから事実の裏付けがない（本書の場合は、公文書の記載がない）場合は、黙して語らず、行間からメッセージを投げるという高等手段を用いているのだが。

だから、連載の執筆中に奥山に取材もした。

彼は快く応じてくれただけではなく、私自身が抱いていた「真実」を追認してくれた。取材後も意見交換が続く中で、彼の調査報道記者としての厳格さ、さらに、徹底した事実へのこだわりや、愚直なまでの真実への探究心に触れ、何度も驚愕させられた。

こんな記者になりたかった、と何度思ったことか。

しかし、ないものをねだったところで、仕方のないことだ。

私は、自分自身のスタンスでロッキード事件というとてつもない山に挑んだ。執筆に際して、大きく奥山のスタンスと違う点があった。

それは、政府の歴史的記録であるはずの公文書すら、疑った点だ。

公文書は、政府が国家の記録として残すべくして残したものだ。大使館が国務省やホワイトハウス宛てに公電として送ったものや、政策決定の過程の記録がありのまま残されている。

だが、公文書であっても、発言者や記述者がウソをついている可能性はある。さらに、ウソより厄介なのが、「語らない」こと、つまり隠すことだ。

そもそも公式の歴史書は、常に為政者や勝者が、自己の行為を正当化するために残しているものだ。

つまり、歴史書は「真実」の記録ではなく、歴史として残しておきたい「都合の良い真実もどき」を記したにすぎない。

本書が、私の執筆に重要な影響を与えてくれた点も、そこにある。

徹底的に主観を排し、公文書記録をパッチワークのように綴り、当時起きたであろう事実を、本書が再構築してくれたことで、私にはその隙間から、別の可能性が覗けたのだ。結果的に、本書と相似形でありながら、別の角度から光を当てられたのではと思っている。

昨秋、奥山と話す機会があった。その時、彼は驚くべきことを言った。拙著を再読して、気になったことを調べ始めたというのだ。そして、本書では封印していた当事者への取材を行い、再びロッキード事件の「真実」に迫ろうというのだ。拙著が、奥山の中でそんな化学反応を起こしていたことが驚きであり、嬉しくもあった。

そして、今回改めて本書を再読して、私にも火がついてしまったようだ。かつてあるノンフィクションの編集者が、先輩から言われたという言葉を教えてくれた。

真実は、小説で書け——。

ロッキード事件を、小説で書きたい——。そんな想いが日々膨らんでいる。

（小説家）

S344-345
ショック・ドクトリン（上・下）
―惨事便乗型資本主義の正体を暴く―
ナオミ・クライン
幾島幸子
村上由見子 訳

戦争、自然災害、政変などの惨事につけこみ多くの国で断行された過激な経済改革の正体を鋭い筆致で暴き出す。〈解説〉中山智香子

S346
増補 教育再生の条件
経済学的考察
神野直彦

日本の教育の危機は、学校の危機だけではなく、社会全体の危機でもある。工業社会から知識社会への転換点にある今、真に必要な教育改革を実現する道を示す。〈解説〉佐藤 学

S347
秘密解除 ロッキード事件
―田中角栄はなぜアメリカに嫌われたのか―
奥山俊宏

田中角栄逮捕の真相は？ 中曽根康弘と米政府との知られざる秘密とは？ 秘密指定解除が進む当時の米国公文書を解読し、戦後最大の疑獄事件の謎に挑む。〈解説〉真山 仁

2024. 6

S338-339
あしなが運動と玉井義臣(上・下)
—歴史社会学からの考察—
副田義也

日本有数のボランティア運動の軌跡を描き出し、そのリーダー、玉井義臣の活動の意義を歴史社会学的に考察。〈解説〉苅谷剛彦

S340
大地の動きをさぐる
杉村新

地球の大きな営みに迫ろうとする思考の道筋と、仲間とのつながりがからみあい、研究は深まり広がっていく。プレートテクトニクス成立前夜の金字塔的名著。〈解説〉斎藤靖二

S341
歌うカタツムリ
—進化とらせんの物語—
千葉聡

実はカタツムリは、進化研究の華だった。行きつ戻りつしながら前進する研究の営みと、カタツムリの進化を重ねた壮大な歴史絵巻。〈解説〉河田雅圭

S342
戦慄の記録 インパール
NHKスペシャル取材班

三万人もの死者を出した作戦は、どのように立案・遂行されたのか。牟田口司令官の肉声や兵士の証言から全貌に迫る。〈解説〉大木毅

S343
大災害の時代
—三大震災から考える—
五百旗頭真

阪神・淡路大震災、東日本大震災、熊本地震に被災者として関わり、東日本大震災の復興構想会議議長を務めた政治学者による報告書。〈緒言〉山崎正和

2024. 6

S333
孤塁
―双葉郡消防士たちの3・11―
吉田千亜

原発が暴走するなか、住民救助や避難誘導、原発構内での活動にもあたった双葉消防本部の消防士たち。その苦闘を初めてすくいあげた迫力作。新たに「『孤塁』その後」を加筆。

S334
ウクライナ 通貨誕生
―独立の命運を賭けた闘い―
西谷公明

自国通貨創造の現場に身を置いた日本人エコノミストによるゼロからの国づくりの記録。二〇一四年、二〇二二年の追記を収録。〈解説〉佐藤優

S335
「科学にすがるな!」
―宇宙と死をめぐる特別授業―
佐藤文隆
艸場よしみ

「死とは何かの答えを宇宙に求めるな」と科学論に基づいて答える科学者vs.死の意味を問い続ける女性。3・11をはさんだ激闘の記録。〈解説〉サンキュータツオ

S336
増補 空疎な小皇帝
「石原慎太郎」という問題
斎藤貴男

差別的な言動でポピュリズムや排外主義を煽りながら、東京都知事として君臨した石原慎太郎。現代に引き継がれる「負の遺産」を、いま改めて問う。新取材を加え大幅に増補。

S337
鳥肉以上、鳥学未満。
―Human Chicken Interface―
川上和人

ボンジリってお尻じゃないの? 鳥の首はろくろ首!? トリビアもネタも満載。キッチンから始まる、とびっきりのサイエンス。〈解説〉枝元なほみ

2024. 6

岩波現代文庫[社会]

S328
人は愛するに足り、真心は信ずるに足る
―アフガンとの約束―

中村 哲
澤地久枝(聞き手)

戦乱と劣悪な自然環境に苦しむアフガンで、人々の命を救うべく身命を賭して活動を続けた故・中村哲医師が熱い思いを語った貴重な記録。

S329
負け組のメディア史
―天下無敵 野依秀市伝―

佐藤卓己

明治末期から戦後にかけて「言論界の暴れん坊」の異名をとった男、野依秀市。忘れられた桁外れの鬼才に着目したメディア史を描く。〈解説〉平山 昇

S330
ヨーロッパ・コーリング・リターンズ
―社会・政治時評クロニクル 2014-2021―

ブレイディみかこ

人か資本か。優先順位を間違えた政治は希望を奪い貧困と分断を拡大させる。地べたから英国を読み解き日本を照らす、最新時評集。

S331
増補版 悪役レスラーは笑う
―「卑劣なジャップ」グレート東郷―

森 達也

第二次大戦後の米国プロレス界で「卑劣な日本人」を演じ、巨万の富を築いた伝説の悪役レスラーがいた。謎に満ちた男の素顔に迫る。

S332
戦争と罪責

野田正彰

旧兵士たちの内面を精神病理学者が丹念に聞き取る。罪の意識を抑圧する文化において豊かな感情を取り戻す道を探る。

2024.6

S322
菌世界紀行
—誰も知らないきのこを追って—
星野保
大の男が這いつくばって、世界中の寒冷地にきのこを探す。雪の下でしたたかに生きる菌たちの生態とともに綴る、とっておきの〈菌道中〉。〈解説〉渡邊十絲子

S323-324
キッシンジャー回想録 中国(上・下)
ヘンリー・A・キッシンジャー
塚越敏彦ほか訳
世界中に衝撃を与えた米中和解の立役者であるキッシンジャー。国際政治の現実と中国の論理を誰よりも知り尽くした彼が綴った、決定的「中国論」。〈解説〉松尾文夫

S325
井上ひさしの憲法指南
井上ひさし
「日本国憲法は最高の傑作」と語る井上ひさし。憲法の基本を分かりやすく説いたエッセイ、講演録を収めました。〈解説〉小森陽一

S326
増補版 日本レスリングの物語
柳澤健
草創期から現在まで、無数のドラマを描きる日本レスリングの「正史」にしてエンターテインメント。〈解説〉夢枕獏

S327
抵抗の新聞人 桐生悠々
井出孫六
日米開戦前夜まで、反戦と不正追及の姿勢を貫きジャーナリズム史上に屹立する桐生悠々。その烈々たる生涯。巻末には五男による〈親子関係〉の回想文を収録。〈解説〉青木理

S317
全盲の弁護士　竹下義樹
小林照幸

視覚障害をものともせず、九度の挑戦を経て弁護士の夢をつかんだ男、竹下義樹。読む人の心を揺さぶる傑作ノンフィクション！

S318
一粒の柿の種
—科学と文化を語る—
渡辺政隆

身の回りを科学の目で見れば…。その何と楽しいことか！　文学や漫画を科学の目で楽しむコツを披露。科学教育や疑似科学にも一言。〈解説〉最相葉月

S319
聞き書　緒方貞子回顧録
野林健　納家政嗣　編

「人の命を助けること」、これに尽きます——。国連難民高等弁務官をつとめ、「人間の安全保障」を提起した緒方貞子。人生とともに、世界と日本を語る。〈解説〉中満泉

S320
「無罪」を見抜く
—裁判官・木谷明の生き方—
木谷明
山田隆司　嘉多山宗　聞き手・編

有罪率が高い日本の刑事裁判において、在職中いくつもの無罪判決を出し、その全てが確定した裁判官は、いかにして無罪を見抜いたのか。〈解説〉門野博

S321
聖路加病院　生と死の現場
早瀬圭一

医療と看護の原点を描いた『聖路加病院で働くということ』に、緩和ケア病棟での出会いと別れの新章を増補。〈解説〉山根基世

S312
増補 隔離
―故郷を追われたハンセン病者たち―
徳永 進

らい予防法が廃止され、国の法的責任が明らかになった後も、ハンセン病隔離政策が終わり解決したわけではなかった。回復者たちの現在の声をも伝える増補版。〈解説〉宮坂道夫

S313
沖縄の歩み
国場幸太郎
新川 明
鹿野政直 編

米軍占領下の沖縄で抵抗運動に献身した著者が、復帰直後に若い世代に向けてやさしく説き明かした沖縄通史。幻の名著がいま蘇る。〈解説〉新川 明・鹿野政直

S314
ぼくたちはこうして学者になった
―脳・チンパンジー・人間―
松本 元
松沢哲郎

「人間とは何か」を知ろうと、それぞれ新たな学問を切り拓いてきた二人は、どのような生い立ちや出会いを経て、何を学んだのか。

S315
ニクソンのアメリカ
―アメリカ第一主義の起源―
松尾文夫

白人中産層に徹底的に迎合する内政と、中国との和解を果たした外交。ニクソンのしたたかな論理に迫った名著を再編集した決定版。〈解説〉西山隆行

S316
負ける建築
隈 研吾

コンクリートから木造へ。「勝つ建築」から「負ける建築」へ。新国立競技場の設計に携わった著者の、独自の建築哲学が窺える論集。

S307
大逆事件
―死と生の群像―
田中伸尚

天皇制国家が生み出した最大の思想弾圧「大逆事件」。巻き込まれた人々の死と生を描き出し、近代史の暗部を現代に照らし出す。〈解説〉田中優子

S308
「どんぐりの家」のデッサン
漫画で障害者を描く
山本おさむ

かつて障害者を漫画で描くことはタブーだった。漫画家としての著者の経験から考えてきた、障害者を取り巻く状況を、創作過程の試行錯誤を交え、率直に語る。

S309
鎖塚
―自由民権と囚人労働の記録―
小池喜孝

北海道開拓のため無残な死を強いられた囚人たちの墓、鎖塚。犠牲者は誰か。なぜその地で死んだのか。日本近代の暗部をあばく迫力のドキュメント。〈解説〉色川大吉

S310
聞き書 野中広務回顧録
御厨貴
牧原出 編

二〇一八年一月に亡くなった、平成の政治をリードした野中広務氏が残したメッセージ。五五年体制が崩れていくときに自民党の中で野中氏が見ていたものは。〈解説〉中島岳志

S311
不敗のドキュメンタリー
―水俣を撮りつづけて―
土本典昭

『水俣―患者さんとその世界―』『医学としての水俣病』『不知火海』などの名作映画の作り手の思想と仕事が、精選した文章群から甦る。〈解説〉栗原彬

2024. 6

岩波現代文庫[社会]

S302
機会不平等
斎藤貴男

機会すら平等に与えられない〝新たな階級社会の現出〟を粘り強い取材で明らかにした衝撃の著作。最新事情をめぐる新章と、森永卓郎氏との対談を増補。

S303
私の沖縄現代史
―米軍支配時代を日本《ヤマト》で生きて―
新崎盛暉

敗戦から返還に至るまでの沖縄と日本の激動の同時代史を、自らの歩みと重ねて描く。日本〈ヤマト〉で「沖縄を生きた」半生の回顧録。岩波現代文庫オリジナル版。

S304
私の生きた証はどこにあるのか
―大人のための人生論―
H.S.クシュナー
松宮克昌訳

私の人生にはどんな意味があったのか？ 人生の後半を迎え、空虚感に襲われる人々に旧約聖書の言葉などを引用し、悩みの解決法を提示。岩波現代文庫オリジナル版。

S305
戦後日本のジャズ文化
―映画・文学・アングラ―
マイク・モラスキー

占領軍とともに入ってきたジャズは、アメリカそのものだった！ 映画、文学作品等の中のジャズを通して、戦後日本社会を読み解く。

S306
村山富市回顧録
薬師寺克行編

戦後五五年体制の一翼を担っていた日本社会党は、その誕生から常に抗争を内部にはらんでいた。その最後に立ち会った元首相が見たものは。

2024. 6

岩波現代文庫[社会]

S297
フードバンクという挑戦
―貧困と飽食のあいだで―
大原悦子

食べられるのに捨てられてゆく大量の食品。一方に、空腹に苦しむ人びと。両者をつなぐフードバンクの活動の、これまでとこれからを見つめる。

S298
いのちの旅
「水俣学」への軌跡
原田正純

水俣病公式確認から六〇年。人類の負の遺産「水俣」を将来に活かすべく水俣学を提唱した著者が、様々な出会いの中に見出した希望の原点とは。〈解説〉花田昌宣

S299
紙の建築 行動する
―建築家は社会のために何ができるか―
坂茂

地震や水害が起きるたび、世界中の被災者のもとへ駆けつける建築家が、命を守る建築の誕生とその人道的な実践を語る。カラー写真多数。

S300
犬、そして猫が生きる力をくれた
―介助犬と人びとの新しい物語―
大塚敦子

保護された犬を受刑者が介助犬に育てるという米国での画期的な試みが始まって三〇年。保護猫が刑務所で受刑者と暮らし始めたこと、元受刑者のその後も活写する。

S301
沖縄 若夏の記憶
大石芳野

戦争や基地の悲劇を背負いながらも、豊かな風土に寄り添い独自の文化を育んできた沖縄。その魅力を撮りつづけてきた著者の、珠玉のフォトエッセイ。カラー写真多数。

2024.6

岩波現代文庫創刊二〇年に際して

二一世紀が始まってからすでに二〇年が経とうとしています。この間のグローバル化の急激な進行は世界のあり方を大きく変えました。世界規模で経済や情報の結びつきが強まるとともに、国境を越えた人の移動は日常の光景となり、今やどこに住んでいても、私たちの暮らしは世界中の様々な出来事と無関係ではいられません。しかし、グローバル化の中で否応なくもたらされる「他者」との出会いや交流は、新たな文化や価値観だけではなく、摩擦や衝突、そしてしばしば憎悪までをも生み出しています。グローバル化にともなう副作用は、その恩恵を遥かにこえていると言わざるを得ません。

今私たちに求められているのは、国内、国外にかかわらず、異なる歴史や経験、文化を持つ「他者」と向き合い、よりよい関係を結び直してゆくための想像力、構想力ではないでしょうか。

新世紀の到来を目前にした二〇〇〇年一月に創刊された岩波現代文庫は、この二〇年を通して、哲学や歴史、経済、自然科学から、小説やエッセイ、ルポルタージュにいたるまで幅広いジャンルの書目を刊行してきました。一〇〇〇点を超える書目には、人類が直面してきた様々な課題と、試行錯誤の営みが刻まれています。読書を通した過去の「他者」との出会いから得られる知識や経験は、私たちがよりよい社会を作り上げてゆくために大きな示唆を与えてくれるはずです。

一冊の本が世界を変える大きな力を持つことを信じ、岩波現代文庫はこれからもさらなるラインナップの充実をめざしてゆきます。

（二〇二〇年一月）

秘密解除　ロッキード事件
──田中角栄はなぜアメリカに嫌われたのか

2024年5月15日　第1刷発行
2024年7月5日　第3刷発行

著　者　奥山俊宏《おくやまとしひろ》

発行者　坂本政謙

発行所　株式会社 岩波書店
〒101-8002 東京都千代田区一ツ橋2-5-5

案内 03-5210-4000　営業部 03-5210-4111
https://www.iwanami.co.jp/

印刷・精興社　製本・中永製本

ISBN 978-4-00-603347-7　　Printed in Japan

注

第1章

(1) National Archives at College Park, Record Group 59: General Records of the Department of State, Subject-Numeric Files, 1970-73, Folder POL JAPAN, Department of State Airgram, Tokyo A-286, From Amembassy Tokyo to Department of State, "Sato, the United States, and the Prime Ministerial Succession", April 22, 1971.

(2) 日本外務省外交史料館，2014-4135，第2回主要国首脳会議(発言応答要領).

(3) Nixon Presidential Materials, National Security Council (NSC) Files, Henry A. Kissinger Office Files, HAK Trip Files, Box 22, Folder "Japan Trip Memcons June 1972 - The President TS/Sensitive", Memorandum of Conversation.

(4) Nixon Presidential Materials, National Security Council (NSC) Files, Presidential Correspondence 1969-1974, Box 757, Folder "Japan (Sato Corr) 1969-8 Jul 1972", Memorandum for the President, July 22, 1971, Prime Minister Sato's Reply to your message to him.

(5) 外務省電信案，在仏中山大使あて福田大臣発，「キッシンジャー訪日」昭和47年6月22日発，第720号．北米局北米第1課作成の外交記録「日米要人往来／キッシンジャー米国大統領補佐官来日」(平成26年9月30日に目録公開，管理番号2014-4216，https://warp.ndl.go.jp/info:ndljp/pid/11684121/www.mofa.go.jp/mofaj/files/000054150.pdf#page=11，平成27年8月5日に利用決定)から．

(6) Nixon Presidential Materials, National Security Council (NSC) Files, Henry A. Kissinger Office Files, HAK Trip

Files, Box 22, Folder "Henry A Kissinger's Trip to Japan June 1972-TS/Sensitive".

(7) Nixon Presidential Materials, National Security Council (NSC) Files, Henry A. Kissinger Office Files, Country Files - Far East, Box 102, Folder "Japan March 6-June 8, 1972[2 of 2]", "Memorandum from Mike Armacost to Winston Lord, May 3, 1972, with attachement, 'Japan Adjusts to an Era of Multipolarity in Asia, April 21, 1972'".

(8) Nixon Presidential Materials, National Security Council (NSC) Files, Henry A. Kissinger Office Files, HAK Trip Files, Box 22, Folder "Henry A. Kissinger's Trip to Japan - Talking Points June 1972", "Your Schedule and Talking Points for Your Meeting with the Japanese Leaders".

(9) Nixon Presidential Materials, National Security Council (NSC) Files, Presidential/HAK MemCons, Box 1026, Folder "Memcon - Kissinger and Kakuei Tanaka, MITI June 12, 1972".

(10) Nixon Presidential Materials, National Security Council (NSC) Files, Henry A. Kissinger Office Files, HAK Trip Files, Box 22, Folder "Japan Trip Memcons June 1972 - The President TS/Sensitive", Memorandum of Conversation.

(11) Nixon Presidential Materials, National Security Council (NSC) Files, Henry A. Kissinger Office Files, HAK Trip Files, Box 22, Folder "Henry A. Kissinger's Trip to Japan - Talking Points June 1972", "Your Schedule and Talking Points for Your Meeting with the Japanese Leaders".

(12) 「対中姿勢など論議　キ補佐官，田中・竹入氏とも会談」朝日新聞夕刊1面，1972年6月12日.

(13) 「キ補佐官 会談終え帰国へ　チュメニ開発一致　通産相と会談」日本経済新聞夕刊1面，1972年6月12日．この記事には「ソ連のチュメニ油田を日米ソ3国による共同開発で進

めることを田中通産相が提案，キッシンジャー補佐官もこれに原則的に賛成した」とある．

(14) National Archives at College Park, Record Group 59: General Records of the Department of State, Subject-Numeric Files, 1970-73, Folder POL JAPAN, Department of State Airgram, Tokyo A-245, From Amembassy Tokyo to Department of State, "Updated Biographic Sketches on Prime Minister Sato and Cabinet Appointed by him January 14, 1970", March 26, 1970.

(15) 昭和49年11月12日，衆院法務委員会での政府委員答弁．

(16) National Archives at College Park, Record Group 59: General Records of the Department of State, Subject-Numeric Files, 1970-73, Folder POL JAPAN, Department of State Telegram, Tokyo 06838, From Amembassy Tokyo to SecState WashDC, "Former Prime Minister Kishi's Views of Political Scene", 28 Jun 72.

(17) National Archives at College Park, Record Group 59: General Records of the Department of State, Subject-Numeric Files, 1970-73, Folder POL JAPAN, Department of State Telegram, Tokyo 7017, From Amembassy Tokyo to SecState WashDC, "LDP Presidential Election", 03 Jul, 1972.

(18) National Archives at College Park, Record Group 59: General Records of the Department of State, Subject-Numeric Files, 1970-73, Folder POL 12-6 JAPAN, Department of State Telegram, Tokyo 07078, From Amembassy Tokyo to SecState WashDC, "Tanaka Press Conference", 05 Jul, 1972.

(19) TELCON(San Clemente), President/Kissinger, 11:42 a.m.-7/5/72, アメリカ秘密解除文書データベース(DDRS)から．

(20) 「父が代議士，窮屈さから留学　田中真紀子さん(むかし少

年・もと少女)」朝日新聞朝刊家庭面，1993年11月10日．

(21) National Archives at College Park, Record Group 59: General Records of the Department of State, Executive Secretariat, Briefing Books, 1958-1976, Box 166, Folder "Meeting of Richard Nixon and Kakuei Tanaka, Prime Minister of Japan, Aug-Sept 1972, Follow up Volume", Department of State Telegram, Tokyo 08344, Fm AmeEmbassy Tokyo To SecState WashDC, 05 Aug 72, "The Tanaka Government—A Preliminary Assessment".

(22) Department of State Telegram, Tokyo 08394, Fm AmeEmbassy Tokyo To SecState WashDC, 07 Aug 72, "Honolulu Summit Background Paper VI - Tanaka The Man".

(23) Nixon Presidential Materials, National Security Council (NSC) Files, Henry A. Kissinger Office Files, Country Files - Far East, Box 102, Folder JAPAN June 13, 1972.

(24) Nixon Presidential Materials, National Security Council (NSC) Files, Box 1026, Presidential/HAK Memcons, Folder Kissinger and PM Kakuei Tanaka, August 19, 1972, Memorandum of Conversation.

(25) Nixon Presidential Materials, National Security Council (NSC) Files, VIP Visits, Box 926, Folder "Tanaka Visit (Hawaii) 31 Aug-1 September (1972) 1 of 4", NSC Memorandum for Mr. Kissinger from John H. Holdridge, "Honolulu Meeting: Tentative Japanese Planning", July 31, 1972.

(26) 外務省電信案，昭和47年7月29日，在米牛場大使あて大平外務大臣発，日米首脳会談，「総理は国際興業系のホテルの一つ(サーフライダー)に宿泊することを希望しているので，このラインで米側と協議ありたく」とある．外務省記録文書ファイル「田中総理米国訪問関係(1972.8)(ハワイ会談)」第1巻「1.一般」7頁，CDナンバー：A'-434，ファイル管理番号：0120-2001-01494，分類番号：A'1.5.2.24．平成17

年2月25日の第19回外交記録公開で閲覧可能に．http://www.mofa.go.jp/mofaj/annai/honsho/shiryo/shozo/gshir/gshir_19_1.html

(27) 外務省電信写，1972年8月4日米国発，8月5日本省着，外務大臣殿牛場大使，日米首脳会談．同上ファイル18頁．

(28) 外務省電信写，1972年8月9日ホノルル発，8月10日本省着，外務大臣殿高良総領事，ハワイ会談．同上ファイル37頁．

(29) 外務省電信案，昭和47年8月10日，在ホノルル高良総領事あて外務大臣発，日米首脳会談．同上ファイル41頁．

(30) 外務省電信写，1972年8月10日米国発，8月11日本省着，外務大臣殿牛場大使，日米首脳会談．同上ファイル43頁．

(31) 外務省電信写，1972年8月13日ホノルル発，8月14日本省着，外務大臣殿高良総領事，ハワイ会談．同上ファイル．

(32) 外務省電信案，昭和47年8月15日，在ホノルル高良総領事あて大平大臣発，日米首脳会談(諸準備)．同上ファイル．

(33) 外務省電信写，1972年8月14日米国発，8月15日本省着，外務大臣殿牛場大使，日米首脳会談．同上ファイル52頁．

(34) 外務省電信案，昭和47年8月15日，在米牛場大使あて大平外務大臣発，日米首脳会談．同上ファイル．

(35) Nixon Presidential Materials, National Security Council (NSC) Files, VIP Visits, Box 926, Folder "Tanaka Visit (Hawaii) 31 Aug-1 September (1972) 1 of 4", Memorandum of Conversation, August 31, 1972, 1:00 p.m., Prime Minister Tanaka's Call on President Nixon.

(36) ヘンリー・キッシンジャー(斎藤彌三郎ほか訳)『キッシンジャー秘録　第1巻』小学館，1979年，48頁．

(37) 日本外務省が情報公開法に基づき開示した外務省記録，日米首脳会談(第2回会談)，1972年9月1日．

(38) 牛場信彦『外交の瞬間　私の履歴書』日本経済新聞社，1984年，145頁．

(39)　U. アレクシス・ジョンソン(増田弘訳)『ジョンソン米大使の日本回想』草思社，1989年，291頁.

(40)　"Japanese Feel Nixon Accepts Their Policy of Ties With China".

(41)　http://www.ioc.u-tokyo.ac.jp/~worldjpn/documents/texts/docs/19691121.D1J.html

(42)　Nixon Presidential Materials, National Security Council (NSC) Files, VIP Visits, Box 926, Folder "Tanaka Visit (Hawaii) 31 Aug-1 September (1972) 3 of 4", Memorandum for Henry A. Kissinger from John H. Holdridge, Your Meetings with Tanaka and Ohira, August 10, 1972.

(43)　Nixon Presidential Materials, National Security Council (NSC) Files, VIP Visits, Box 926, Folder "Tanaka Visit (Hawaii) 31 Aug-1 September (1972) 1 of 4", Memorandum for the President from Henry A. Kissinger, August 29, 1972, Your Meeting with Japanese Prime Minister Tanaka in Honolulu on August 31 and September 1.

(44)　Nixon Presidential Materials, National Security Council (NSC) Files, VIP Visits, Box 926, Folder "Tanaka Visit (Hawaii) 31 Aug-1 September (1972) 2 of 4", Memorandum for the President, Department of State.

(45)　Ibid., Box 926, Folder "Tanaka Visit (Hawaii) 31 Aug-1 September (1972) 1 of 4", Memorandum for the President from Henry A. Kissinger, August 29, 1972.

(46)　ヘンリー・キッシンジャー(読売新聞・調査研究本部訳)『キッシンジャー激動の時代①　ブレジネフと毛沢東』小学館，1982年，514頁.

(47)　リチャード・ニクソン(松尾文夫・斎田一路訳)『ニクソン回顧録　第1部　栄光の日々』小学館，1978年，340頁.

(48)　村田良平『村田良平回想録(上)』ミネルヴァ書房，2008年，220頁.

(49) Gerald R. Ford Library, National Security Adviser. Memoranda of Conversations, Box 2, Folder "August 3, 1973 - Kissinger, President's Foreign Intelligence Advisory Board", http://www.fordlibrarymuseum.gov/library/document/memcons/1552602.pdf

(50) "Telecon with Hummell and Kissinger at 12:20 P.M.," 1/6/1974. U.S. Department of State の Virtual Reading Room Documents Search で検索して入手.

(51) ヘンリー・キッシンジャー(読売新聞・調査研究本部訳)『キッシンジャー激動の時代② 火を噴く中東』小学館, 1982年, 387頁.

(52) Gerald R. Ford Library, National Security Adviser, NSC East Asian and Pacific Affairs Staff Files, Country File, Box 3, Folder "Japan - NSSM 172(2)".

(53) 『ジョンソン米大使の日本回想』240, 285, 287頁.

(54) Folder "March 11, 1974 - Kissinger, Schlesinger, Joint Chiefs", Box 3, National Security Adviser. Memoranda of Conversations, Gerald R. Ford Library, http://www.fordlibrarymuseum.gov/library/document/memcons/1552670.pdf

(55) ヘンリー・キッシンジャー(斎藤彌三郎ほか訳)『キッシンジャー秘録 第4巻』小学館, 1980年, 217頁.

(56) 『キッシンジャー激動の時代①』76頁.

(57) 『キッシンジャー激動の時代②』383頁.

(58) Nixon Presidential Materials, National Security Council (NSC) Files, VIP Visits, Box 927, Folder "JAPAN PM Tanaka's Visit July 31 1973[1 of 2]".

(59) Gerald R. Ford Library, National Security Adviser. Memoranda of Conversations, Box 6, Folder "September 21, 1974 - Ford, Kissinger", http://www.fordlibrarymuseum.gov/library/document/memcons/1552798.pdf

(60) Department of State, Memorandum of Conversation,

"Prime Minister Tanaka Call on President Ford", Folder "September 21, 1974 - Ford, Kissinger, Japanese Prime Minister Kakuei Tanaka", Box 6, National Security Adviser. Memoranda of Conversations, Gerald R. Ford Library, http://www.fordlibrarymuseum.gov/library/document/memcons/1552799.pdf, https://history.state.gov/historicaldocuments/frus1969-76ve12/d195

(61) 山岡淳一郎『田中角栄　封じられた資源戦略』草思社, 2009年, 258頁.

(62) Department of State, Memorandum of Conversation, Meeting with Brazilian Officials, September 23. 1974, U.S. Department of State の Virtual Reading Room Documents Search で検索して入手.

(63) Gerald R. Ford Library, National Security Adviser, NSC East Asian and Pacific Affairs Staff: Files, (1969) 1973-1976, Indochina Chronological File: May 20, 1975-June 3, 1975, Box 14, Folder "Kissinger Memcons (1)", Department of State, Memorandum of Conversation, September 27, 1974, Foreign Minister Toshio Kimura Call on The Secretary.

(64) Gerald R. Ford Library, Ford Library Project File of Documents Declassified through the Remote Archive Capture (RAC) Program: Photocopies, 1969-1977, Declassified Documents: Documents from the Scowcroft Daily Work Files (April 2012 Opening), Box 51, Folder "Japan (3)", Memorandum for Major General Brent Scowcroft, Subject: Finance Minister Fukuda's Meeting with Mr. Rush, June 7, 1974.

(65) Digital National Security Archive, JU01909, Briefing Paper, "Japan: Status of the Tanaka Cabinet", Location of original: Gerald R. Ford Library. Edward Savage Files, Box 3. Japan - President's Trip to Far East, 11/74 - Briefing Book.

(66) "Memorandum of Conversation: November 11, 1974 - Ford,

Kissinger", Box 7, National Security Adviser. Memoranda of Conversations, Gerald R. Ford Library, http://www.fordlibrarymuseum.gov/library/document/memcons/1552846.pdf

(67) Ford Library, NSC Institutional Files (H-Files), Box H-23, https://history.state.gov/historicaldocuments/frus1969-76ve12/d197

(68) Memorandum for Jerry Jones from John Guthrie, November 15, 1974, Folder "1974/11/15 Cabinet Meeting" in Box 3 of the James Connor Files at the Gerald R. Ford Presidential Library, http://www.fordlibrarymuseum.gov/library/exhibits/cabinet/cm741115.pdf

(69) "Memorandum of Conversation: November 16, 1974 - Ford, Kissinger", Box 7, National Security Adviser. Memoranda of Conversations, Gerald R. Ford Library, http://www.fordlibrarymuseum.gov/library/document/memcons/1552856.pdf#5

(70) ジェラルド・R・フォード（関西テレビ放送編）『フォード回顧録』サンケイ出版，1979年，250頁.

(71) Gerald R. Ford Library, National Security Adviser, NSC East Asian and Pacific Affairs Staff: Files, (1969) 1973-1976, Indochina Chronological File: May 20, 1975-June 3, 1975, Box 14, Folder "Kissinger Memcons (3)".

(72) http://www.fordlibrarymuseum.gov/library/document/0312/1552378.pdf#15

(73) http://www.fordlibrarymuseum.gov/library/document/0204/7459311.pdf#11

(74) 『キッシンジャー激動の時代②』383頁.

(75) Nixon Presidential Materials, National Security Council (NSC) Files, Presidential Correspondence 1969-1974, Box 757, Folder "Japan (Tanaka)".

(76) 27 JUL 1976, 1976TOKYO11294, "ARREST OF FORMER

PRIME MINISTER TANAKA", Electronic Telegrams, 1/1/1976-12/31/1976, Central Foreign Policy Files, created 7/1/1973-12/31/1976, Record Group 59, https://history.state.gov/historicaldocuments/frus1969-76ve12/d227

(77)　第5章後半参照.

第2章

(1)　National Archives at College Park, Record Group 59: General Records of the Department of State, Subject-Numeric Files, 1970-73, Economic, Box 645, Folder AV - Aviation 12-1 Japan, 20 September 1972, Aircraft Sales.

(2)　在日米国大使館公使レスター・E. エドモンド「日米経済関係の展望」1972年2月9日, 関西生産性本部・関西経済同友会共同主催第10回関西財界セミナーにおける演説, 米国大使館広報文化局報道出版部ニュース速報. 外務省移管ファイル2010-3879, 平成22年6月11日公表分,「米国経済／公表集(含, 対日関係)」, http://www.mofa.go.jp/mofaj/annai/honsho/shiryo/shozo/pdfs/ikan_1006.pdf

(3)　Nixon Presidential Materials, NSC Institutional("H")Files, Study Memorandums(1969-1974), National Security Study Memorandums, Box H-128, Folder NSSM-5[2 of 2], NSSM 5, 21 Jan 69, Japan Policy.

(4)　National Archives at College Park, Record Group 59: General Records of the Department of State, Subject-Numeric Files, 1970-73, Folder POL, Economic, Department of State Telegram, Tokyo 8348, From Amembassy Tokyo to SecState WashDC, Honolulu Summit Backgrond Paper IV, 06 Aug, 1972.

(5)　National Archives at College Park, Record Group 59: General Records of the Department of State, Subject-Numeric Files, 1970-73, Department of State Airgram, A-239, From

Amembassy Tokyo to Department of State, Japanese Non-Tariff Barriers, April 1, 1971.

(6) Nixon Presidential Materials, National Security Council (NSC) Files, Box 926, VIP Visits, Folder Tanaka Visit-Hawaii Background Papers, Aug-Sept, 1972.

(7) Nixon Presidential Materials, National Security Council Institutional ("H") Files, Miscellaneous Institutional Files of the Nixon Administration, NSC Subject Files, Box H-311, Folder [Japan][2 of 2], Policy Toward Japan: Revised Economic Section and Comments - NSSM 122, August 5, 1971.

(8) 「第13回日米政策企画協議報告(1971年5月19〜21日於河口湖)」, 1971年6月10日付, 外務省調査部企画課. 外交記録「日米政策企画協議(第13, 14回)」(平成24年11月29日に目録公開, 管理番号2012-2877)から.

(9) Nixon Presidential Materials, National Security Council (NSC) Files, Henry A. Kissinger Office Files, Country Files - Far East, Box 102, Folder "Japan June 13, 1972-", "Memorandum from John H. Holdridge to Henry A. Kissinger, August 10, 1972, with attachement, 'the State Draft of the Honolulu Joint Statement'".

(10) Nixon Presidential Materials, National Security Council (NSC) Files, Henry A. Kissinger Office Files, HAK Trip Files, Box 22, Folder "Japan Trip Memcons June 1972 - The President TS/Sensitive", Memorandum of Conversation, "Dr. Kissinger's Luncheon Meeting with International Relations Scholars".

(11) Nixon Presidential Materials, National Security Council (NSC) Files, Name Files, Box 813, Memorandum for John D. Ehrlichman, George P. Shultz from Henry A. Kissinger, Your September 16-26 Trip to East Asia, September 2, 1970.

(12)　秘密指定解除外交文書「日米首脳会談　背景，成果及び今後の展望」，外務省アメリカ局北米第1課，昭和47年10月4日．第19回外交記録公開の対象となった「田中総理米国訪問関係(1972. 8)(ハワイ会談)会談関係」(0120-2001-01497, A'1.5.2.24-1)に所収．

(13)　National Archives at College Park, Record Group 59: General Records of the Department of State, Subject-Numeric Files, 1970-73, Folder FT, Economic, Department of State Airgram, From Amembassy Tokyo to Department of State, Suggestions for Corrections U.S./Japan Trade Imbalance, July 17, 1974.

(14)　「日米経済協議会と日米経済関係諮問協議会について」，昭和47年3月31日付．北米局北米第1課作成の外交記録「日米要人往来／キッシンジャー米国大統領補佐官来日」(平成26年9月30日に目録公開，管理番号2014-4216，https://warp.ndl.go.jp/info:ndljp/pid/11684121/www.mofa.go.jp/mofaj/files/000054150.pdf#page=11，平成27年8月5日に利用決定)から．

(15)　Nixon Presidential Materials, National Security Council (NSC) Files, Henry A. Kissinger Office Files, Country Files - Far East, Box 102, Folder "Japan March 6-June 8, 1972[2 of 2]", "Letter from Yoshizane Iwasa to Henry Kissinger, September 14, 1971, with attachement, 'List of members of the Advisory Council on Japan - U.S. Economic Relations'".

(16)　Nixon Presidential Materials, National Security Council (NSC) Files, Henry A. Kissinger Office Files, HAK Trip Files, Box 22, Folder "Henry A. Kissinger's Visit to Japan - Talking Points June 1972".

(17)　「ハワイにおける日米首脳会談」外務省情報文化局国内広報課編集『世界の動き』第260号，1972年10月号．

(18) Nixon Presidential Materials, National Security Council (NSC) Files, Henry A. Kissinger Office Files, Country Files - Far East, Box 102, Folder "Japan June 13, 1972-", Department of State Telegram, State 136204, From SecState WashDC, To AmEmbassy Tokyo, July 27, 1972, "Japan/PRC Relations: Nixon/Tanaka Meeting".
(19) 日本外務省電信，在米牛場大使あて大平外務大臣発，日米首脳会談，昭和 47 年 7 月 29 日.
(20) Nixon Presidential Materials, National Security Council (NSC) Files, Box 926, VIP Visits, Folder Tanaka Visit (Hawaii) 31 Aug-1 September (1972) (4 of 4), Memorandum for Mr. Henry A. Kissinger, The President's Meeting with Prime Minister Tanaka at Honolulu, August 8, 1972, Robert H. Miller, Acting Executive Secretary, Department of State.
(21) Nixon Presidential Materials, National Security Council (NSC) Files, Box 926, VIP Visits, Folder Tanaka Visit (Hawaii) 31 Aug-1 September (1972) (1 of 4), Memorandum for the President from Henry A. Kissinger, Your Meeting with Japanese Prime Minister Tanaka in Honolulu on August 31 and September 1, August 29, 1972.
(22) Nixon Presidential Materials, National Security Council (NSC) Files, Henry A. Kissinger Office Files, Box 23, HAK Trip Files, Folder HAK's Secret Paris Trip Aug13, 14 & Switzerland, Saigon, Tokyo - Aug 14-19, 1972, Fm Situation Room Al Haig to Peter Rodman for Dr. Kissinger, WHS2137, August 16, 1972.
(23) National Archives at College Park, Record Group 59: General Records of the Department of State, Executive Secretariat, Briefing Books, 1958-1976, Box 166, Folder "Meeting of Richard Nixon and Kakuei Tanaka, Prime Minister of Japan, Aug-Sept 1972, Follow up Volume", Department of

State Telegram, Tokyo 08348, Fm AmeEmbassy Tokyo To SecState WashDC, 06 Aug 72, "Honolulu Summit Background Paper IV".

(24)　Nixon Presidential Materials, National Security Council (NSC) Files, Henry A. Kissinger Office Files, Country Files - Far East, Box 102, Folder "Japan June 13, 1972-", "The President's Meeting with Japanese Leaders at Honolulu, August 31-September 1, For Ambassador from Assistant Secretary Green".

(25)　日本外務省公信案，北米1第1200号，起案：昭和47年8月15日，受信者：在米牛場大使，発信者：外務大臣，件名：日米首脳会談参考資料の送付．

(26)　National Archives at College Park, Record Group 59: General Records of the Department of State, Subject-Numeric Files, 1970-73, Fm Amembassy Tokyo To SecState WashDC, Tokyo 8399, Follow-up on U.S. - Japan Trade Talks - Possible Japanese Aircraft Purchase, August 8, 1972.

(27)　National Archives at College Park, Record Group 59: General Records of the Department of State, Subject-Numeric Files, 1970-73, Folder FT, Department of State Telegram, From Amembassy Tokyo to SecState WashDC, Tokyo 8543, Follow-up on US/Japan Trade Talks—Call on Fonmin, 10 Aug 72.

(28)　Nixon Presidential Materials, National Security Council (NSC) Files, Box 926, VIP Visits, Folder Tanaka Visit (Hawaii) 31 Aug-1 September (1972) (3 of 4), Memorandum for Henry A. Kissinger from John H. Holdridge, Your Meetings with Tanaka and Ohira, August 10, 1972.

(29)　日本外務省電信写，外務大臣殿牛場大使，72年8月16日米国発，8月17日本省着，第2974号，「キッシンジャーの

来日」．外交記録「日米要人往来」(管理番号 2014-4216)から．

(30) Nixon Presidential Materials, National Security Council (NSC) Files, Box 1026, Presidential/HAK Memcons, Folder Kissinger and PM Kakuei Tanaka, August 19, 1972, Memorandum of Conversation.

(31) 中曽根康弘『天地有情　五十年の戦後政治を語る』文藝春秋，1996 年，150 頁．

(32) Nixon Presidential Materials, National Security Council (NSC) Files, Box 926, VIP Visits, Folder Tanaka Visit (Hawaii) 31 Aug-1 September (1972) (4 of 4), Secret State 146016, From SecState WashDC To AmeEmbassy Tokyo, The President's Meeting with Japanese Leaders at Honolulu, August 31-September 1, 11 Aug 1972.

(33) 日本外務省電信写，外務大臣殿牛場大使，日米首脳会談，72 年 7 月 30 日米国発，7 月 31 日本省着．

(34) 日本外務省電信案，在米牛場大使あて大平外務大臣発，昭和 47 年 8 月 21 日発，「本大臣・キッシンジャー補佐官会談」．外交記録「日米要人往来」(管理番号 2014-4216)から．

(35) Nixon Presidential Materials, National Security Council (NSC) Files, Henry A. Kissinger Office Files, Country Files - Far East, Box 102, Folder JAPAN June 13, 1972-, "Highlights of my Second Visit to Japan," Memorandum for the President from Henry A. Kissinger, August 19, 1972.

(36) Nixon Presidential Materials, National Security Council (NSC) Files, Henry A. Kissinger Office Files, Country Files - Faar East, Box 102, Folder Japan, June 13, 1972-, Department of State Telegram Tokyo 9009, From Amembassy Tokyo To SecState WashiDC, Amembassador's Meeting with Tsurumi Re Economic Package, 23 Aug 1972.

(37) Nixon Presidential Materials, National Security Council (NSC) Files, Box 926, VIP Visits, Folder Tanaka Visit (Ha-

waii)31 Aug-1 September(1972)(2 of 4), Memorandum for Dr. Henry A. Kissinger from W. M. Magruder, Japanese Trade Negotiations, August 30, 1972.

(38)　日米首脳会談に関する記述は，情報公開法に基づき日本外務省から開示された議事録と，米国立公文書館のニクソンプロジェクトに所蔵されている議事録の双方を根拠にした．米国側の議事録の出典は次の通り．Nixon Presidential Materials Staff, National Security Council(NSC)Files, Box 926, VIP Visits, Folder Tanaka Visit(Hawaii)31 Aug-1 September, 1972[1 of 4], Memorandum of Conversation.

(39)　National Archives at College Park, Record Group 59: General Records of the Department of State, Executive Secretariat Briefing Books, 1958-1976, Lot 74D416, Box 166, Memorandum of Conversation.

(40)　日本外務省電信写，外務大臣殿高良総領事，日米首脳会談(大平大臣記者懇談)，72年9月1日ホノルル発，9月2日本省着．

(41)　Richard Nixon Library, Presidential Daily Diary, September 1-21, 1972, https://web.archive.org/web/20151004221227/http://nixon.archives.gov/virtuallibrary/documents/PDD/1972/083%20September%201-15%201972.pdf#page=3, https://web.archive.org/web/20150331043150/http://nixon.archives.gov/virtuallibrary/documents/dailydiary.php

(42)　A. C. コーチャン(村上吉男訳)『ロッキード売り込み作戦──東京の70日間』朝日新聞社，1976年，158，179頁．

(43)　徳本栄一郎，ティム・シャロック「『角栄の犯罪』25年目の新事実」『文藝春秋』2001年8月号，191頁．

(44)　『ロッキード売り込み作戦──東京の70日間』180-184頁．

(45)　『ロッキード売り込み作戦──東京の70日間』181頁．

(46)　丸紅ルート1審判決311頁．

(47)　丸紅ルート検察官論告284頁．

(48) 06 FEB 1976, 1976TOKYO01887, "LDP DIET MEMBER REQUESTS APPOINTMENT WITH SENATOR CHURCH".
(49) National Archives at College Park, Record Group 59: General Records of the Department of State, Subject-Numeric Files, 1970-73, Economic, Box 645, Folder AV 12-1 Japan, 29 September 1972, Aircraft Sales.
(50) Nixon Presidential Materials, National Security Council (NSC) Files, VIP Visits, Box 927, Folder "Japan PM Tanaka's Visit July 31, 1973[1 of 3]".
(51) Declassified Documents Reference System, Gerald R. Ford Library, "Meeting with Japanese Prime Minister Tanaka, September 21, 1974, From Secretary Kissinger".
(52) 情報公開法に基づき外務省から開示された文書.「田中総理とフォード大統領との会談記録(昭和49年9月21日)」昭和49年9月30日, アメリカ局北米第1課.
(53) 検察官冒頭陳述書57頁, 1977年1月.
(54) 検察官冒頭陳述書69頁, 1977年1月.
(55) 昭和51年8月14日付検察官面前調書[乙51号証].
(56) 昭和58年10月12日宣告判決211頁.

第3章

(1) 日本外務省外交史料館, 特定歴史公文書「米国ウォーター・ゲート事件」(管理番号:2013-1955), 平成26年3月24日利用決定.
(2) Gerald R. Ford Library, National Security Adviser. Memoranda of Conversations, Box 2, Folder "August 3, 1973 - Kissinger, President's Foreign Intelligence Advisory Board", http://www.fordlibrarymuseum.gov/library/document/memcons/1552602.pdf
(3) SEC Rel. No. 33-5466, March 8, 1974, https://www.sec.gov/

news/digest/1974/dig030874.pdf

(4) National Archives at College Park, RG 21, District Court of the United States for the District of Columbia, Watergate Related Miscellaneous Cases, Box 97, CR 74-226, US v. Northrop Corp.

(5) Gerald R. Ford Library, Martin R. Hoffmann Papers, Box 32, Folder "Watergate Indictments, 1974-75(Northrop Corporation campaign contributions)", Report to the Board of Directors of Northrop Corporation on the Special Investigation of the Executive Committee, July 16, 1976.

(6) Gerald R. Ford Library, National Security Adviser, NSC East Asian and Pacific Affairs Staff: Files,(1969)1973-1976, Indochina Chronological File: May 20, 1975-June 3, 1975, Box 14, Folder "Kissinger Memcons(3)".

(7) 02 JUN 75, Jidda 3940, Corruption in Saudi Arabia: Northrop.

(8) 03 JUN 75, State 129754, Corruption in Saudi Arabia: Northrop.

(9) 「サウジ将軍へ贈賄を認める　米ノースロップ社」朝日新聞夕刊2面，1975年6月7日．07 JUN 75, State 133578, Northrop Relations with Saudi Arabia.

(10) Gerald R. Ford Library, White House Central Files, Name File, Box 1922, Folder "Lockheed Aircraft Corporation".

(11) Report of the Special Review Committee of the Board of Directors Lockheed Aircraft Corporation, p. 20, May 16, 1977.

(12) National Archives at College Park, RG 21, District Court of the United States for the District of Columbia, Watergate Related Miscellaneous Cases, Box 1-11, Misc 75-0189, Folder "75-0189 SEC v. Lockheed Aircraft Corp., etal 1 of 2".

(13) 朝日新聞夕刊2面，1975年8月2日．

(14) https://history.state.gov/departmenthistory/people/maw-carlyle-edward
(15) 30 JUL 75, State 179178, Daily Activities Report from the Principals, Tuesday, July 29, 1975.
(16) 31 JUL 75, State 180496, Daily Activities Report from the Principals, Wednesday, July 30, 1975.
(17) 16 AUG 75, State 194777, Daily Activities Reports from the Principals for Friday, August 15, 1975.
(18) Misc 75-0189, Memorandum in Opposition to Motion to Enforce Subpoena, and in Support of Cross Motion for Protective Order, Filed OCT 21, 1975.
(19) 11 SEP 75, Rome 13097, Visit of Staff Del Shields.
(20) 03 SEP 75, State 208637, Daily Activity Reports from the Bureaus.
(21) 12 SEP 75, State 216867, Daily Activities Reports from the Principals for Thursday, September 11, 1975.
(22) Hearings before the Subcommittee on Multinational Corporations of the Committee on Foreign Relations, United States Senate, Ninety-Fourth Congress, Part 12.
(23) 13 SEP 75, State 218786, Highlights of Lockheed Appearance before Church Subcommittee.
(24) 13 SEP 75, State 218708, Lockheed Hearings.
(25) Lockheed Data on Payoffs in L-1011 Sales Overseas Is Sent to Senate Unit by Mistake, By Jerry Landauer.
(26) http://www.fordlibrarymuseum.gov/library/document/0314/1553234.pdf
(27) 22 SEP 75, State 226136, Daily Activities Reports from the Principals for Monday, September 22, 1975.
(28) Misc 75-0189 SEC v. Lockheed.
(29) https://history.state.gov/departmenthistory/people/leigh-monroe

(30)　21 OCT 75, State 249515, Daily Activities Report from the Principals, Monday, October 20, 1975.

(31)　1975年9月12日の日経新聞夕刊の3面に「ロッキード社ワイロ　スハルト氏らに贈る　米上院委員　書類公表」との共同配信の記事が掲載されている．見出しとは異なり，記事本文では，スハルト氏の名前が登場するというだけで，スハルト氏が賄賂を受け取ったと断定されているわけではない．

(32)　National Archives at College Park, RG 21, District Court of the United States for the District of Columbia, Watergate Related Miscellaneous Cases, Box 1-11, Misc 75-0189, Folder "Misc 75-0189 SEC v. Lockheed Aircraft Corp., etal Transcripts", Transcript of Proceedings dated October 21, 1975, 5頁.

(33)　同上，33-34頁.

(34)　22 OCT 75, State 251539, Daily Activities Report from the Principals for Wednesday, October 22, 1975.

(35)　Gerald R. Ford Library, National Security Adviser, NSC East Asian and Pacific Affairs Staff Files, Subject File, Box 15, Folder "Kissinger Memcons(6)", Department of State Memorandum of Conversation, Date: October 23, 1975, Subject: Secretary's Trip to Peking and PRC Outlook.

(36)　https://kokkai.ndl.go.jp/txt/107605261X00419751023/231

(37)　14 NOV 75, State 270369, Grumman Seeks Caracas Agent on A-6 Sale.

(38)　Gerald R. Ford Library, Ronald H. Nessen, Press Secretary to the President Files, Press Secretary's Press Briefings, Box 16.

(39)　National Archives at College Park, RG 60, Entry P127, Office of the Deputy Attorney General: Subject Files, 1967-1979, Box 52, Folder "Lockheed". 米国の情報自由法に基づく筆者の請求に基づき，米国立公文書館から2009年9月に

開示された.

(40) 05 MAR 76, State 053547, Lockheed.

(41) National Archives at College Park, RG 59, Entry 5177, General Records of the Department of State, Office of the Secretary of State, Transcripts of Secretary of State Henry Kissinger's Staff Meetings, 1973-1977, Lot 78D443, Box 9.

(42) http://www.fordlibrarymuseum.gov/library/document/0314/1553408.pdf

(43) 29 MAR 76, Tokyo 4612, Lockheed - Current Developments.

(44) https://history.state.gov/historicaldocuments/frus1969-76ve12/d224

(45) 堀田力『壁を破って進め(下)』講談社, 1999年, 108頁.

(46) Gerald R. Ford Library, National Security Adviser Presidential Country Files for East Asia and the Pacific, Box 8, Folder "Japan - State Department Telegrams: To SECSTATE - NODIS(7)", 19 JUL 76, Tokyo 10849, Lockheed Scandal: Testimony of Clutter and Elliot.

(47) http://www.fordlibrarymuseum.gov/library/document/0314/1553571.pdf

(48) Civil Case No. 76-0611, Securities and Exchange Commission v. Lockheed Aircraft Corporation, etal.

(49) Securities and Exchange Commission File No. 2-2193, Form 8-K, Current Report, Lockheed Corporation, Feb 23, 1979.

(50) Criminal No. 79-270, United States vs. Lockheed Corporation, Accession Number: 021-90-0050, Location Number: 17/63: 21-3-4, Box 4.

第4章

(1) Telegram, Lockheed Affair, 20 February 1976, Folder "Ja-

pan - State Department Telegrams: To SECSTATE - NODIS(7)", Box 8, National Security Adviser. Presidential Country Files for East Asia and the Pacific, Gerald R. Ford Library. https://www.fordlibrarymuseum.gov/library/document/0324/1553724.pdf

(2) 05 FEB 1976, 1976TOKYO01794, "TOKYO PRESS COVERAGE LOCKHEED PAYMENTS", 米国立公文書館のウェブサイト(http://aad.archives.gov/aad/)の「Diplomatic Records(外交記録)」のページで検索すれば, 閲覧できる.

(3) 06 FEB 1976, 1976TOKYO01887, "LDP DIET MEMBER REQUESTS APPOINTMENT WITH SENATOR CHURCH".

(4) 首相だった田中は1973年2月9日の衆院予算委員会で「私とハワイ会談をやったニクソン米大統領との間に, 機種の選定その他に対して話があったのかという御指摘でありますが, 具体的な話は全くありません」と答弁している.

(5) 09 FEB 1976, 1976TOKYO01966, "JAPANESE POLITICAL VISITORS TO WASHINGTON".

(6) 07 FEB 1976, 1976STATE029998, "CHURCH SUBCOMMITTEE HEARINGS".

(7) 09 FEB 1976, 1976STATE031558, "STATE BRIEFING MEMORANDUM: JAPAN AND CHURCH SUBCOMMITTEE REVELATIONS".

(8) 12 FEB 1976, 1976STATE034145, LOCKHEED AFFAIR.

(9) 12 FEB 1976, 1976STATE034142, "STATE DAILY ACTIVITY REPORTS FROM THE BUREAUS", 12 FEB 1976, 1976STATE034145, Lockheed Affair.

(10) 09 FEB 1976, 1976TOKYO01967, "JAPANESE IMPACT OF THE LOCKHEED TESTIMONY SUMMARY".

(11) 10 FEB 1976, 1976TOKYO02000, "GOJ TACTICS FOR HANDLING LOCKHEED REVELATIONS".

(12) 13 FEB 1976, 1976TOKYO02218, "LOCKHEED AFFAIR: DIVIDED OPINIONS ON FURTHER RELEASE OF INFORMATION".

(13) 12 FEB 1976, 1976TOKYO02125, "WEEKLY HIGHLIGHTS".

(14) 衆議院事務局職員として衆院議長・前尾繁三郎の秘書を務めた平野貞夫は著書『ロッキード事件「葬られた真実」』や『小沢一郎　完全無罪』の中で，児玉の不出頭に中曽根が関与していたのではないかとの推論を展開している.

(15) 24 FEB 1976, 1976STATE043423, "LOCKHEED AFFAIR".

(16) 「真相究明，各党の姿勢　中曽根幹事長」朝日新聞朝刊 2 面，1976 年 2 月 20 日.

(17) 「ロッキード事件　国際条約に従って証拠固め　中曽根幹事長が方針」朝日新聞朝刊 2 面，1976 年 2 月 22 日.

(18) From Takeo Miki, Prime Minister of Japan to Gerald R. Ford, February 24, 1976, Folder "Japan - Prime Minister Miki(2)", Box 2, National Security Adviser. Presidential Correspondence with Foreign Leaders, 1974-1977, Gerald R. Ford Library.

(19) Gerald R. Ford Library, White House Central Files, Name File, Box 2166, Folder "Miki, Takeo".

(20) Gerald R. Ford Library, White House Central Files, Subject File, Box 31, Folder "CO 75 2/1/76-3/31/76".

(21) 20 FEB 1976, 1976TOKYO02576, "LOCKHEED AFFAIR", Central Foreign Policy Files, 1973-1976, Record Group 59, General Records of the Department of State.

(22) 2010-02-12, 10TOKYO286, JAPANESE MORNING PRESS HIGHLIGHTS, http://wikileaks.cabledrum.org/cable/2010/02/10TOKYO286.html

(23) 中曽根康弘『中曽根康弘が語る戦後日本外交』新潮社,

2012年, 261-265頁.

第5章

(1) Gerald R. Ford Library, White House Central Files, Subject File, Box 30, Folder "CO 75 Japan, 8/1/75-8/31/75".

(2) Ford Library, National Security Adviser, Presidential Briefing Material for VIP Visits, 1974-76, Box 12, 8/8/75, Japan, Prime Minister Miki[8], https://history.state.gov/historicaldocuments/frus1969-76ve12/d205

(3) 政策研究大学院大学『海部俊樹(元内閣総理大臣)オーラル・ヒストリー(上)』2005年, 190, 284頁.

(4) TOKYO09229, Miki Visit Paper: Miki's Standing and Prospects.

(5) Memorandum for Mrs. Ford, Visit of Prime Minister and Mrs. Miki.

(6) National Archives at College Park, General Records of the Department of State, Office of the Secretary, Executive Secretariat, Briefing Books, Box 262, Visit of Prime Minister Miki of Japan August 1975(2 folders)[Lot 75D358].

(7) Nixon Presidential Materials, National Security Council (NSC) Files, Henry A. Kissinger Office Files, HAK Trip Files, Box 22, Folder "Henry A Kissinger's Trip to Japan June 1972 - TS/Sensitive", "TALKING POINTS".

(8) https://www.fordlibrarymuseum.gov/library/document/0023/002301006.pdf

(9) https://history.state.gov/historicaldocuments/frus1969-76ve12/d201

(10) Gerald R. Ford Library, White House Central Files, Subject File, Box 30, Folder "CO 75 Japan, 8/1/75-8/31/75".

(11) https://history.state.gov/historicaldocuments/frus1969-76ve12/d206

(12) Gerald R. Ford Library, National Security Adviser, Memoranda of Conversation, Box 14, https://www.fordlibrarymuseum.gov/library/document/0314/1553200.pdf, https://history.state.gov/historicaldocuments/frus1969-76ve12/d207
(13) Gerald R. Ford Library, National Security Adviser Memorandum of Conversations, Box 14, Folder "August 5, 1975 - Ford, Japanese Prime Minister Takeo Miki", https://history.state.gov/historicaldocuments/frus1969-76ve12/d208
(14) 日本外務省外交史料館，2014-4135，第２回主要国首脳会議(発言応答要領).
(15) https://www.fordlibrarymuseum.gov/library/document/0314/1553202.pdf
(16) 29 OCT 1975, 1975STATE256447.
(17) 07 NOV 1975, 1975TOKYO16002, Miki Challenge in the Offing?
(18) 24 DEC 1975, 1975TOKYO18265, MIKI'S FIRST YEAR.
(19) Gerald R. Ford Library, National Security Adviser Presidential Country Files for East Asia and the Pacific, Box 7, Folder "Japan(10), 01/1976-06/1976", "Meeting with Japanese Ambassador Yasukawa".
(20) Gerald R. Ford Library, White House Central Files, Name File, Box 1467, Folder "Hodgson, James D."
(21) National Archives at College Park, General Records of the Department of State, Office of the Secretary, Executive Secretariat, Briefing Books, Box 242, Visit of Japanese Prime Minister Miki, 6/29-30/1976[Lot 76D250].
(22) Ford Library, National Security Adviser, Presidential Correspondence with Foreign Leaders, Box 2, Japan, Prime Minister Miki(2), https://history.state.gov/historicaldocuments/frus1969-76ve12/d218
(23) Gerald R. Ford Library, National Security Adviser Memo-

randum of Conversations, Box 18, Folder "February 24, 1976 - Ford, Japanese Ambassador Fumihiko Togo", http://www.fordlibrarymuseum.gov/library/document/0314/1553379.pdf#2

(24)　ヘンリー・キッシンジャー(読売新聞・調査研究本部訳)『キッシンジャー激動の時代①　ブレジネフと毛沢東』小学館，1982年，序文.

(25)　Gerald R. Ford Library, National Security Adviser, Staff Assistant Peter Rodman: Files, (1970) 1974-1977, Chronological File August 1974, Box 2, Folder "Chronological File, January-February 1976", Memorandum for Secretary Kissinger, "Miki's Confidential Adviser Wants to See You on Lockheed".

(26)　福島慎太郎編『国際社会のなかの日本 ── 平沢和重遺稿集』日本放送出版協会，1980年.

(27)　Gerald R. Ford Library, National Security Adviser, Staff Assistant Peter Rodman: Files, (1970) 1974-1977, Chronological File August 1974, Box 2, Folder "Chronological File, July-October 1975", Memorandum for Secretary Kissinger, "Confidant of Miki Wants To See You".

(28)　Ford Library, National Security Adviser, Presidential Briefing Material for VIP Visits, Box 12, 8/8-9/75, Japan, Prime Minister Miki[4], https://history.state.gov/historicaldocuments/frus1969-76ve12/d204

(29)　「北方領土で二島凍結論　首相側近平沢氏が米誌に寄稿」.

(30)　Gerald R. Ford Library, National Security Adviser Presidential Correspondence with Foreign Leaders, Box 2, Folder "Japan - Prime Minister Miki (2)".

(31)　https://history.state.gov/historicaldocuments/frus1969-76ve12/d219

(32)　20 MAR 76, Tokyo 4168, Lockheed Affair: Intermission.

(33) https://history.state.gov/historicaldocuments/frus1969-76ve12/d220

(34) Gerald R. Ford Library, National Security Adviser Presidential Country Files for East Asia and the Pacific, Box 7, Folder "Japan(10), 01/1976-06/1976", "Talking Point for Rodman to Use with Hirasawa".

(35) https://history.state.gov/historicaldocuments/frus1969-76ve12/d221

(36) National Archives at College Park, RG 59, Entry 5177, General Records of the Department of State, Office of the Secretary of State, Transcripts of Secretary of State Henry Kissinger's Staff Meetings, 1973-1977, Lot 78D443, Box 9.

(37) National Archives at College Park, General Records of the Department of State, Office of the Secretary, Executive Secretariat, Briefing Books, Box 242, Visit of Japanese Prime Minister Miki, 6/29-30/1976[Lot 76D250].

(38) 日本外務省外交史料館，2014-4135，第2回主要国首脳会議(発言応答要領).

(39) 三木総理・フォード大統領首脳会談，昭和51年7月1日，アメリカ局北米第1課．情報公開法に基づく筆者の請求(2014-00654)に応じた外務大臣の決定(情報公開第00266号)によって開示された行政文書．

(40) Ford Library, National Security Adviser, Memoranda of Conversation, Box 20, https://history.state.gov/historicaldocuments/frus1969-76ve12/d225

(41) Ford Library, National Security Adviser, Presidential Country Files for East Asia and the Pacific, Box 7, Folder "Japan(12)", Memorandum for Brent Scowcroft from Jay Taylor, "Miki Visit Suggested Toast", June 24, 1976.

(42) https://history.state.gov/historicaldocuments/frus1969-76ve12/d226, http://www.fordlibrarymuseum.gov/library/

document/memcons/1553492.pdf

(43)　Ford Library, National Security Adviser, Presidential Country Files for East Asia and the Pacific, Box 7, Folder "Japan(13), 09/1976-12/1976".

(44)　Gerald R. Ford Library, White House Central Files, Name File, Box 1467, Folder "Hodgson, James D."

(45)　上記(43)と同じ.

(46)　Gerald R. Ford Library, White House Central Files, Subject File, Box 31, Folder "CO 75 9/1/76-1/20/77".

(47)　政策研究大学院大学『海部俊樹(元内閣総理大臣)オーラル・ヒストリー(上)』2005年，174頁.

(48)　2010年1月22日，2016年6月8日，インタビュー，東京・永田町で.

第6章

(1)　C.I.A. Said to Have Known In 50's of Lockheed Bribes, By ANN CRITTENDEN, *New York Times*, April 02, 1976, http://select.nytimes.com/gst/abstract.html?res=F10D13F73F5F167493C0A9178FD85F428785F9

(2)　The Money Changer, Curious Customers of Deak & Co., By Tad Szulc, *The New Republic*, April 10, 1976, pp. 10-13.

(3)　Report of Investigation of Kodama, Yoshio, Ex-Class "A" Suspect, June 1948-October 1948, 1945-1952, Series: Miscellaneous File, compiled 1945-1952, Box 1521, UD-1319, Supreme Commander for the Allied Powers. Legal Section, Legislation and Justice Division, Record Group 331: Records of Allied Operational and Occupation Headquarters, World War II, 1907-1966, National Archives at College Park.

(4)　National Archives at College Park, RG 263 Records of the Central Intelligence Agency, Second Release of CIA Name Files under the Nazi War Crimes Disclosure Act and the

Japanese Imperial Government Disclosure Acts, Box 67, Folder "Kodama, Yoshio Vol. 1", https://catalog.archives.gov/id/139357849

(5) National Archives at College Park, RG 0319, Army Staff, Intelligence and Investigative Dossiers - Personal Name File, Box 416, Folder "XA 50 95 30, Yoshio Kodama, Volume I of III-Folder 2 of 3".

(6) National Archives at College Park, RG 263 Records of the Central Intelligence Agency, Second Release of CIA Name Files under the Nazi War Crimes Disclosure Act and the Japanese Imperial Government Disclosure Acts, Box 67, Folder "Kodama, Yoshio Vol. 2", https://catalog.archives.gov/id/139358050

(7) 児玉誉士夫「百戦の間，死生を観ず」『日本及日本人』1968年9月.

(8) 児玉誉士夫「処世に王道なしを悟る」『日本及日本人』1968年11月.

(9) National Archives at College Park, RG 0319, Army Staff, Intelligence and Investigative Dossiers - Personal Name File, Box 416, Folder "XA 50 95 30, Yoshio Kodama, Volume II of III-Folder 1 of 2".

(10) 「児玉誉士夫が佐藤総理に公開質問状」『別冊潮』1969年2月.

(11) 岸信介『岸信介回顧録』広済堂出版，1983年，457頁.

(12) National Archives at College Park, RG 0319, Army Staff, Intelligence and Investigative Dossiers - Personal Name File, Box 416, Folder "XA 50 95 30, Yoshio Kodama, Volume III of III-Folder 1 of 1".

(13) 「日ソ復交に警備万全」朝日新聞夕刊1面，1956年10月4日.

(14) 中曽根康弘『天地有情』文藝春秋，1996年，314頁.

(15)　『天地有情』76-77頁.
(16)　『天地有情』313頁.
(17)　1977年4月13日，衆院のロッキード問題に関する調査特別委員会で証人として喚問された中曽根の証言.
(18)　弁論要旨，主任弁護人横井治夫，昭和56年5月.
(19)　「甦えらせよ民族の矜持　児玉誉士夫の信念と提言」『日本及日本人』1966年6月.
(20)　児玉誉士夫及び太刀川恒夫に対する外国為替及び外国貿易管理法違反等被告事件論告要旨20頁.
(21)　「児玉被告の陳述要旨」朝日新聞夕刊2面，1977年6月2日.
(22)　電信写，76年4月2日米国発，4月3日本省着，外務大臣殿，東郷大使，CIAの対日工作，第1446号．日本外務省の電信写や電信案は情報公開法に基づき2009年に筆者に開示された.
(23)　電信写，76年4月2日米国発，4月3日本省着，外務大臣殿，東郷大使，CIAの対日工作，第1459号.
(24)　鹿地亘の事件については，共同通信ワシントン支局長などを歴任した春名幹男の著書『秘密のファイル　CIAの対日工作(上)』(新潮文庫版428頁以降)に詳しい.
(25)　『天地有情』150頁.
(26)　「首相の所信表明と一問一答(要旨)」朝日新聞夕刊2面，1976年4月3日.
(27)　「外務省　抗議取り次がず　CIA資料まず収集」朝日新聞朝刊1面，1976年4月4日.
(28)　電信案，昭和51年4月3日，米東郷大使あて，外務大臣発，CIAの対日工作.
(29)　03 APR 1976, 1976STATE081238, “LOCKHEED AND CIA”.
(30)　03 APR 1976, 1976TOKYO04913, “LOCKHEED—SENSATION ABOUT ALLEGED CIA INVOLVEMENT”.

(31) 「在日CIAのメンバー　共産党がリスト発表」朝日新聞朝刊3面，1976年4月15日．

(32) National Archives at College Park, RG 59, Entry 5177, General Records of the Department of State, Office of the Secretary of State, Transcripts of Secretary of State Henry Kissinger's Staff Meetings, 1973-1977, Lot 78D443, Box 9.

(33) 16 APR 1976, 1976STATE091629, "CIA IN JAPAN".

(34) 電信写，76年4月15日米国発，4月16日本省着，外務大臣殿，東郷大使，CIA(対日工作)，第1670号．

(35) 電信写，76年4月16日米国発，4月17日本省着，外務大臣殿，東郷大使，ロッキード問題(CIAとの関連)，第1696号．

(36) 16 APR 1976, 1976STATE093316, "CIA ACTIVITIES IN JAPAN".

(37) 電信写，76年4月20日米国発，4月21日本省着，外務大臣殿，東郷大使，CIA(対日工作)，第1741号．

(38) 米国立公文書館は2010年春に1976年の国務省公電のデータベースをインターネット上に公開したが，1976年5月6日の会談の模様を報告した在日大使館公電については，2016年6月の時点で，そのデータベースから抜き取られた状態となっている．06 MAY 1976, 1976TOKYO06612, "LOCKHEED: PRIME MINISTER'S COMMENTS ON SPECIAL ENVOY AND DIET DELEGATION".

(39) 外務省電信案，昭和51年5月7日発，米大使あて，外務大臣発，三木総理・ホドソン大使会談，第1434，1435，1436号．

(40) Telegram, Lockheed: Prime Minister's Comments on Special Envoy and Diet Delegation, 06 May 1976, Folder "Japan - State Department Telegrams: To SECSTATE - NODIS(7)," Box 8, National Security Adviser. Presidential Country Files for East Asia and the Pacific, Gerald R. Ford

Library.

(41) 児玉誉士夫ら2名に対する所得税法違反等被告事件，弁護人冒頭陳述書，主任弁護人横井治夫，昭和53年12月14日．

(42) 「首相が哀悼の意」朝日新聞夕刊，1984年1月18日．

(43) *New York Times*, October 09, 1994, Tim Weiner, "C.I.A. Spent Millions to Support Japanese Right in 50's and 60's", http://www.nytimes.com/1994/10/09/world/cia-spent-millions-to-support-japanese-right-in-50-s-and-60-s.html

(44) ティム・ワイナー(藤田博司訳)『CIA秘録(上)』文藝春秋，2008年，176–181頁．

(45) http://www.archives.gov/iwg/

(46) Interagency Working Group(IWG), CIA Name Files – 2nd Release, https://www.archives.gov/iwg/declassified-records/rg-263-cia-records/second-release/name-files.html#k, https://www.archives.gov/iwg/about/press-releases/2007-oct-23.html, https://catalog.archives.gov/id/640446

(47) Foreign Relations of the United States, 1964–1968, Vol. XXIX, Part 2, Japan, http://2001-2009.state.gov/r/pa/prs/ps/2006/69122.htm

(48) Foreign Relations of the United States, 1964–1968, Volume XXIX, Part 2, Japan, Document 1, https://history.state.gov/historicaldocuments/frus1964-68v29p2/d1

第7章

(1) Nixon Presidential Materials, National Security Council Institutional("H") Files, Box H-128, Folder "NSSM-5[2 of 2]", Paper on U.S. Trade Mission to the Far East for NSC Meeting – Wednesday, May 7.

(2) National Archives at College Park, Record Group 59: General Records of the Department of State, Subject Numeric Files, 1970–73, Political & Defense(以下「NARA RG59 SN

Files」とする), Military Sales to Japan(Grumman E-2).

(3) NARA RG59 SN Files, Box 1754, DEF, Department of State Memorandum of Conversation, March 13, 1970, Grumman Corporation's Activities in Japan and Singapore.

(4) 「早期警戒機, 4次防見送り　輸入せず自主開発　中曽根長官, 緊急要さぬと裁断」朝日新聞朝刊2面, 1971年4月2日.

(5) NARA RG59 SN Files, Box 1753, DEF, 8 APR 71, Tokyo 03180, Subject: Japanese Defense－Airborne Early Warning.

(6) NARA RG59 SN Files, Box 1753, DEF, 10 APR 71, Tokyo 03261, Subject: Japanese Defense: Airborne Early Warning (AEW).

(7) NARA RG59 SN Files, Box 1753, DEF, 15 JUN 71, Tokyo 05750, Subject: Japanese Defense: Airborne Early Warning (AEW).

(8) NARA RG59 SN Files, Box 1752, DEF, Department of State Memorandum of Conversation, Secretary Rogers' Luncheon for Foreign Minister Fukuda, Date: September 10, 1971, Subject: Japanese Arms Purchases.

(9) Gerald R. Ford Library, Laird Papers, Box C8, Folder "Japan, Documents 9-12, 1969-1973", Defense Security Assistance Agency, Memorandum for the Secretary of Defense, 8 DEC 1971, Subject: Japanese Procurement of US Military Hardware.

(10) NARA RG59 SN Files, Box 1752, DEF, Department of State Telegram, Drafting date: 12/14/ 71, Subject: Japanese Procurement U.S. Military Equipment Joint State/Defense Message.

(11) NARA RG59 SN Files, Box 1754, Folder "DEF Japan－US".

(12) Nixon Presidential Materials, National Security Council (NSC) Files, VIP Visits, Box 925, Folder "Japan Jan 72 Sato San Clemente (1 of 3)".

(13) NARA RG59 SN Files, Box 1754, DEF, Department of State Telegram, Drafting Date: 11/ 3/71, Drafted by EA/J REricson, Subject: Defense Support Costs - Japan, Approved by J - Amb. Johnson.

(14) Nixon Presidential Materials, National Security Council (NSC) Files, VIP Visits, Box 925, Folder "Japan Jan 72 Sato San Clemente (2 of 3)", Memorandum for the President's File, Subject: Meeting with Eisaku Sato, Japanese Prime Minister, on Friday, January 7, 1972 at 9:30 a.m. in San Clemente.

(15) NARA RG59 SN Files, Box 1753, Folder "DEF 12-5 Japan - US", 13 JAN 72, Tokyo 0410, Subj: Military Sales: F-5-B.

(16) NARA RG59 SN Files, Box 1753, Folder "DEF 12-5 Japan - US", Department of State Telegram, Drafting Date: 1/14/72, Subject: Military Sales: F-5-B.

(17) NARA RG59 SN Files, Box 1753, Folder "DEF Japan - US", 18 JAN 72, Tokyo 0565.

(18) Nixon Presidential Materials, National Security Council (NSC) Files, Henry A. Kissinger Office Files, Country Files - Far East, Box 102, Folder "Japan June 13, 1972-", Memorandum for Dr. Kissinger from Robert Hormats, Subject: Trade Aspect of Tanaka Summit Preparations, August 8, 1972.

(19) Nixon Presidential Materials, National Security Council (NSC) Files, Box 1026, Presidential/HAK Memcons, Folder Kissinger and PM Kakuei Tanaka, August 19, 1972, Memorandum of Conversation.

(20) Nixon Presidential Materials, Henry A. Kissinger Telephone Conversation Transcripts (Telcons), Chronological File, Box 15, Nelson Rockefeller, 7/28/72 2:58 p.m.
(21) The White House, President Richard Nixon's Daily Diary.
(22) National Archives at College Park, Record Group 59: General Records of the Department of State, Bureau of East Asian and Pacific Affairs. Office of the Country Director for Japan, Records Relating to Japanese Political Affairs, 1960-1975, Box 10, Folder "DEF 12-5-1-Grumman, 1973".
(23) 青木冨貴子『昭和天皇とワシントンを結んだ男「パケナム日記」が語る日本占領』新潮社, 2011年, 125-132頁.
(24) 『昭和天皇とワシントンを結んだ男』13, 211頁.
(25) 『昭和天皇とワシントンを結んだ男』14, 184-186頁.
(26) 岸信介ほか『岸信介の回想』文藝春秋, 1981年, 118, 132, 133頁.
(27) 『昭和天皇とワシントンを結んだ男』21頁.
(28) C.I.A. Established Many Links To Journalists in U.S. and Abroad, written by John M. Crewdson.
(29) 佐藤榮作『佐藤榮作日記』(全6巻)朝日新聞社, 1997-99年.
(30) National Archives at College Park, Record Group 59: General Records of the Department of State, Executive Secretariat, Briefing Books, 1958-1976, Box 166, Memorandum of Conversation, September 1, 1972.
(31) https://web.archive.org/web/20160320041146/https://www.nixonlibrary.gov/forresearchers/find/textual/special/smof/krogh.php
(32) Nixon Presidential Materials, White House Central Files, Subject Files, PQ (Procurement), Box 3, Folder "[EX]PQ 2 8/1/71-[6 of 7]", For Bud Krogh, September 21, 1972, Subject: Grumman - Call from Governor Rockefeller".

(33) NARA RG59 SN Files, Box 1753, Folder "DEF Japan - US", 19 OCT 72, Tokyo 10788, Subject: Fourth Defense Buildup Plan: Major Items.

(34) 「次期対潜機・早期警戒機　輸入含み国産白紙」朝日新聞夕刊1面, 1972年10月9日.

(35) NARA RG59 SN Files, Box 1752, DEF, Memorandum of Conversation, October 12, 1972, Subject: Gruman E-2 Project.

(36) NARA RG59 SN Files, Box 1753, DEF, 13 OCT 72, Tokyo 10981, Sub: GOJ Decision on Gruman E2C.

(37) National Archives at College Park, Record Group 59: General Records of the Department of State, Bureau of East Asian and Pacific Affairs. Office of the Country Director for Japan, Records Relating to Japanese Political Affairs, 1960-1975, Box 10, Folder "DEF 12-5-1-Grumman, 1973", Department of State Memorandum of Conversation, Date: January 18, 1973, Subject: Visit of Grumman International Executives.

(38) January 22, 1973, From EA/J - Richard A. Ericson, Jr., To EA - Mr. Green, Subject: Grumman International and Japan.

(39) ハリー・カーンの息子のナサニエル・カーン氏は2009年7月14日にワシントンDCで筆者のインタビューを受けた際,「父は田中と会ったことはないと思います. 少なくとも私は, 会ったという話を知りません」と述べた.

(40) NARA RG59 SN Files, Box 1754, DEF, Department of State, Memorandum for Mr. Henry A. Kissinger, July 27, 1973, Subject: Japanese Procurement of U.S. Military Equipment.

(41) 昭和54年1月8日21時10分発, 外務大臣あて在米東郷大使発, 件名：グラマン社問題(C), 第78号. 情報公開法

に基づく行政文書開示決定(平成21年12月16日，情報公開第03060号，開示請求番号：2009-00591)によって筆者に開示された．

(42) Jimmy Carter Library.

(43) ハリー・カーンの息子のナサニエル・カーン氏に2009年7月14日にワシントンDCでインタビューした際に聞き取った話．

(44) Jimmy Carter Library, Name File, Folder "Kern, H-K".

(45) Jimmy Carter Library, Counsel's Office, Robert J. Lipshutz Files, Box 30, Folder "Kern, Harry F.(Grumman - Japan), 03/1979".

(46) 政策研究大学院大学『海部俊樹(元内閣総理大臣)オーラル・ヒストリー(上)』2005年，354，355頁．

(47) http://www.mod.go.jp/asdf/equipment/keikaiki/E-2C/

第8章

(1) 2010年2月11日に筆者が電話でブラム氏にインタビューした際に聞き取った話．

(2) National Archives at College Park, RG 59, Entry 5177, General Records of the Department of State, Office of the Secretary of State, Transcripts of Secretary of State Henry Kissinger's Staff Meetings, 1973-1977, Lot 78D443, Box 9.

(3) "Pat M. Holt, Chief of Staff, Foreign Relations Committee" Oral History Interviews, Senate Historical Office, Washington, D.C., page 293, https://web.archive.org/web/20220303181438/http://www.senate.gov/artandhistory/history/oral_history/Pat_M_Holt.htm, https://web.archive.org/web/20220303181618/http://www.senate.gov/artandhistory/history/resources/pdf/Holt_interview_9.pdf#page=12

(4) ロンドン サミット，ダウニング街首脳会議宣言(外務省仮訳)，1977年5月8日，http://www.mofa.go.jp/mofaj/gai

ko/summit/london77/j03_a.html

(5) Foreign Corrupt Practices and Investment Disclosure Bill Statement on Signing S. 305 Into Law., December 20, 1977, https://www.presidency.ucsb.edu/node/243095

(6) Jerome I. Levinson, *Who Makes American Foreign Policy?*, 2004.

(7) Investigative Files Relating to Lockheed Aircraft Corporation of the Committee on Foreign Relations from the 93rd Congress, U.S. Senate. Committee on Foreign Relations, Committee Papers, Record Group 46: Records of the U.S. Senate, https://catalog.archives.gov/id/7066010

(8) http://www.archives.gov/legislative/research/rules-of-access.html

第9章

(1) 中曽根康弘『天地有情』文藝春秋，1996年，471頁．

(2) Lockheed Data on Payoffs in L-1011 Sales Overseas Is Sent to Senate Unit by Mistake, By Jerry Landauer.

(3) 2010年2月11日に筆者が電話でブラム氏にインタビューしたときに聞き取った話．

(4) 13 SEP 75, State 218708, Lockheed Hearings.

(5) この連載はのちに単行本となった．坂上遼『ロッキード秘録――吉永祐介と四十七人の特捜検事たち』講談社，2007年，262-263頁．

(6) 中曽根康弘は1983年2月19日の衆院予算委員会で首相として次のように答弁している．「もし侵略，外国からの武力攻撃があった場合に，日本の北海道から沖縄に至るまで外国機の侵入を許さない，排除する，そういう頭がありまして，そういう意味においては日本列島が航空母艦，不沈空母みたいに，これは動きません，島ですから．(中略)外国機がもし万一侵入しようという有事の際に，そういう場合にはみんな

舞い立って，そして外国機の侵入を許さない．（中略）日本の航空部隊あるいはミサイル群がいざというときに外国機の侵入を許さない，そういう意味のイメージを持っておって言った次第なのでございます」．https://kokkai.ndl.go.jp/txt/109805261X01019830219/498

(7) 竹下登は 1987 年 12 月 1 日の衆院本会議で首相として次のように答弁している．「私が，このプラザ合意の際は大蔵大臣であったことは事実であります．米国内の保護主義の鎮静とか，いろいろなことが私の念頭にありました．しかし，余りにも円高が急速であった，こういうことからして種々混乱を招来した，こういう事実は私どもも十分認識しております」．https://kokkai.ndl.go.jp/txt/111105254X00319871201/13

(8) Jerome I. Levinson, *Who Makes American Foreign Policy?*, 2004.

(9) "Ironic Payoff: Foreign Bribery Trials May Show U.S. Knew Of Some Payments - If So, Washington May Have Problems in Prosecuting The Executives Involved Were Firms Spy Havens?", By David Ignatius.

(10) Gerald R. Ford Library, White House Central Files, Subject File, Box 32, Folder "CO 75 Japan, 3/1/76-1/20/77".

＊ なお，ロッキード事件をめぐる主な出来事に関する年表を，下記のウェブサイトに掲げるので参照されたい．
http://www.iwanami.co.jp/moreinfo/0245260/

本書は二〇一六年七月、岩波書店より刊行された。